大唐二十帝

历史绝对不简单

曹金洪 ◎ 编著

唐高祖李渊
唐太宗李世民
唐高宗李治
唐中宗李显
唐睿宗李旦
武则天
唐玄宗李隆基
唐肃宗李亨
唐代宗李豫
唐德宗李适

唐顺宗李诵
唐宪宗李纯
唐穆宗李恒
唐文宗李昂
唐武宗李炎
唐宣宗李忱
唐懿宗李漼
唐僖宗李儇
唐昭宗李晔
唐哀宗李柷

陕西新华出版传媒集团
三秦出版社

图书在版编目(CIP)数据

大唐二十帝 / 曹金洪编著. -- 西安：三秦出版社，2014.5（2022.3 重印）
（历史绝对不简单）
ISBN 978-7-5518-0778-4

Ⅰ.①大… Ⅱ.①曹… Ⅲ.①皇帝－生平事迹－中国－唐代－通俗读物 Ⅳ.①K827=42

中国版本图书馆 CIP 数据核字(2014)第 097499 号

大唐二十帝

曹金洪　编著

出版发行	陕西新华出版传媒集团　三秦出版社
社　　址	西安市雁塔区曲江新区登高路 1388 号
电　　话	（029）81205236
邮政编码	710061
印　　刷	河北浩润印刷有限公司
开　　本	710mm×1000mm　1/16
印　　张	16.25
字　　数	200 千字
版　　次	2014 年 5 月第 1 版 2022 年 3 月第 3 次印刷
印　　数	6001-11000
标准书号	ISBN 978-7-5518-0778-4
定　　价	48.00 元
网　　址	http://www.sqcbs.cn

前　言

从古至今，中华民族历经数千年的风云变化，刀光剑影早已暗淡，鼓角争鸣业已远去，秦皇汉武的霸业亦归入尘土，银台金阙的浮华也日渐沉寂。轻轻地将岁月的尘埃拭去，五千年的历史才会清晰地显现出来。

然而，如果想要了解中国历史，尤其是各个朝代的历史脉络，并不是一件简单的事情。不过，人是历史的主宰，若能了解具有代表性的君王、后妃、名将、谋士等重要人物，那么就能轻松地理清各朝代的历史发展。

春秋战国时期，群雄争霸，百家争鸣，史书翻开了新的一页。不管是春秋霸主齐桓公，还是卧薪尝胆的越王勾践，为了各自的霸业都在不懈地努力着……

两汉时期虽已成为历史，但其对后代的影响，却随着车轮的滚动越发清晰。品读两汉时期十八位杰出帝王的丰功伟绩，体会他们的治国才略与经典人生。

自古以来，帝王需要名将辅佐、谋士的相助，方能成就霸业；而名将与谋士，也需要帝王的慧眼识珠，才能发挥所长，功成名就。在三国这个纷乱的时代，这十二位名将与十二位谋士具有怎样的传奇经历？

三国两晋时期的美女都带有当时战乱割据的特点，貂蝉成了连环计的主角，西施成就了夫差的美名。似乎每个美女都有一段可歌可泣的传奇故事，似乎每一段传奇都由一位美女所铸成。且看这十二美女的人生经历与内心的悲欢离合。

唐朝是我国历史的巅峰时期，开创了中国历史的新纪元。在唐朝三百年的统治时期，出现了多位杰出的帝王，让我们穿越时光，走进斑斓的岁月，去品味帝王的传奇经历。

宋朝是一个经济富饶、文化繁荣的时代。回首两宋十六帝的传奇人生，感受宋朝皇宫中的雄浑质朴之风、智谋天下之术……

有人说明朝是最为黑暗的时代，也有人说它是捉摸不定的时代。不妨将明朝皇帝请出来，让他们为你"讲述"当时的历史剧目……

清朝十二帝与清朝十二后妃的人生经历，展现了作为皇帝的治国经略，作为后妃的悲欢离合，同时也显示了清朝荣华兴衰的发展。从他们的身上，你可以看到人生的辉煌，也能够看到人性的阴暗……

本丛书共分为《春秋战国十君王》《两汉十八帝》《三国十二名将》《三国十二谋士》《三国两晋十二美女》《大唐二十帝》《两宋十六帝》《明朝十二帝》与《清朝十二后妃》九册，详细地讲述了发生在那个年代的故事……

目 录

第一章 唐朝的开国太上皇——唐高祖李渊 ... 1
- 帝王档案 ... 2
- 人物简评 ... 3
- 生平故事 ... 3
  - 皇亲国戚拥有无限权力 ... 3
  - 站在男人背后的女人 ... 5
  - 让李渊起兵的美人计 ... 7
  - 李靖得到李渊重用 ... 9
  - 让李渊头疼的继承人问题 ... 10
  - 凄凉的晚年 ... 11

第二章 明主贤君——唐太宗李世民 ... 13
- 帝王档案 ... 14
- 人物简评 ... 15
- 生平故事 ... 15
  - 天下是我打下的 ... 15
  - 任用贤能 修订法律 ... 17
  - 唐太宗开创了贞观盛世 ... 19
  - 太宗的个人生活 ... 23

第三章 女强人背后的弱丈夫——唐高宗李治 ... 25
- 帝王档案 ... 26
- 人物简评 ... 27

生平故事	27
情陷武才人	27
被迫行贿长孙	29
夫妻同心治国舅	31
治病之谜	33
一生功绩	34

第四章　懦弱之君——唐中宗李显 … 37

帝王档案	38
人物简评	39
生平故事	39
无奈被生母"流放"	39
再度登基	40
唯一的功绩	43
文化盛行	44

第五章　对皇位心灰意冷的皇帝——唐睿宗李旦 … 47

帝王档案	48
人物简评	49
生平故事	49
实则无权	49
让位给哥哥	51
再一次做了皇帝	52
再一次让位	55
冤死的两位皇后	57

第六章　把握乾坤的女皇——武则天 … 59

帝王档案	60
人物简评	61
生平故事	61
武媚娘入宫	61

　　二次入宫后当上皇后 63
　　手握大权 65
　　史上第一位女皇登基 67
　　女皇帝的生活 69
　　拥立新皇帝 70

第七章　功败乃在一手间——唐玄宗李隆基 71
　帝王档案 72
　人物简评 73
　生平故事 73
　　坎坷的幼年 73
　　生活在潞州 76
　　李隆基登基后 78
　　安史之乱 80
　　晚年凄惨的光景 82

第八章　生逢乱世的皇帝——唐肃宗李亨 83
　帝王档案 84
　人物简评 85
　生平故事 85
　　号称乱世的天子 85
　　太子登基为帝 89

第九章　放任藩镇割据——唐代宗李豫 93
　帝王档案 94
　人物简评 95
　生平故事 95
　　生为长子　备受宠爱 95
　　收复两京 96
　　在宦官的拥立之下即位 97
　　割据藩镇存在隐患 98

擅长处理君臣关系	100
代宗的女人们	102

第十章　从勤俭变奢侈的皇帝——唐德宗李适 ……… 105

帝王档案	106
人物简评	107
生平故事	107
下定决心要有所作为	107
用兵削藩	108
德宗的蜕化	110
德宗的好帮手陆贽	111
茶叶税征收开始	112
两税的法则	113
找寻生母　册封皇后	115

第十一章　哑巴皇帝——唐顺宗李诵 ……… 117

帝王档案	118
人物简评	119
生平故事	119
行胜于言	119
短暂的革新	122
很有特点的人	126

第十二章　元和中兴——唐宪宗李纯 ……… 129

帝王档案	130
人物简评	131
生平故事	131
小天子　大志向	131
对割据势力严厉打压	132
崇尚佛教不可自拔	140

第十三章　吃喝玩乐样样精通的皇帝——唐穆宗李恒 ... 145

 帝王档案 ... 146
 人物简评 ... 147
 生平故事 ... 147
  与众不同的爱好 ... 147
  推行新办案程序 ... 152
  坚决抵制作弊行为 ... 153
  搞好民族团结 ... 154
  皇帝儿子特别多 ... 156

第十四章　身不由己的皇帝——唐文宗李昂 ... 159

 帝王档案 ... 160
 人物简评 ... 161
 生平故事 ... 161
  天生优柔　养肥了太监 ... 161
  心有余而力不足 ... 164
  甘露之变 ... 165
  抑郁而终 ... 169

第十五章　致力会昌中兴的皇帝——唐武宗李炎 ... 171

 帝王档案 ... 172
 人物简评 ... 173
 生平故事 ... 173
  抓住时机　乘机称帝 ... 173
  赏罚有度　稳定朝纲 ... 174
  平定叛乱　树立威严 ... 175
  改革前弊　排挤宦官 ... 178
  毁寺灭佛　重振经济 ... 179
  求生不成　反遭其害 ... 181

第十六章　有"小太宗"美誉的皇帝——唐宣宗李忱 183

帝王档案 184
人物简评 185
生平故事 185
　　宦官觅傀儡　光王继皇位 185
　　排挤李党　任用牛党 186
　　重视科举　严律利己 188
　　收复河西　内乱不断 190
　　以美德治天下 191
　　中毒身亡　死后大乱 193

第十七章　滥杀的皇帝——唐懿宗李漼 195

帝王档案 196
人物简评 197
生平故事 197
　　无名皇子当皇帝 197
　　穷奢极欲顾玩乐 198
　　掌上明珠是非多 200
　　用人不当　百姓受苦 202
　　官逼民反 203
　　痴迷佛教入巅峰 205

第十八章　被迫逃亡的皇帝——唐僖宗李儇 207

帝王档案 208
人物简评 209
生平故事 209
　　在宦官的支持下登上皇位 209
　　马球忠实爱好者 210
　　逃跑到蜀地 211
　　一路流亡　终回长安 214

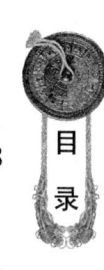

　　糊涂皇帝促良缘 …………………………………………… 218

第十九章　无力回天的悲情皇帝——唐昭宗李晔 …… 221

　帝王档案 …………………………………………………… 222
　人物简评 …………………………………………………… 223
　生平故事 …………………………………………………… 223
　　混乱中即位 ……………………………………………… 223
　　雄心大志 ………………………………………………… 224
　　打压杨复恭 ……………………………………………… 226
　　皇权卑弱 ………………………………………………… 227
　　昭宗被废 ………………………………………………… 230
　　昭宗复出 ………………………………………………… 233
　　强藩放肆 ………………………………………………… 234
　　辗转赴死 ………………………………………………… 237

第二十章　末代傀儡皇帝——唐哀宗李柷 …………… 239

　帝王档案 …………………………………………………… 240
　人物简评 …………………………………………………… 241
　生平故事 …………………………………………………… 241
　　傀儡皇帝被扶上位 ……………………………………… 241
　　滥杀朝臣　打击藩镇 …………………………………… 243
　　唐哀帝孤苦伶仃 ………………………………………… 245
　　禅位后惨死 ……………………………………………… 248

第一章

唐朝的开国太上皇——唐高祖李渊

帝王档案

☆姓名：李渊

☆民族：汉族

☆出生日期：566年

☆逝世日期：635年

☆配偶：窦皇后

☆子女：22个儿子，19个女儿

☆在位：9年（618年~627年）

☆继位人：李世民

☆庙号：高祖

☆谥号：神尧大圣大光孝皇帝

☆陵墓：献陵

☆生平简历：

公元566年，李渊出生于山西。

公元618年5月，李渊称帝，国号唐，定都长安，不久之后便统一了全国。

公元627年，玄武门之变，李渊退位。

公元635年，李渊去世，享年69岁。

第一章 唐朝的开国太上皇——唐高祖李渊

人物简评

李渊是唐朝的开国先祖，是一位杰出的政治家和军事家。他文武双全、才高八斗，最重要的是他具备一个领导者的素质，诸如深思熟虑的性格、当机立断的气魄等，进而因势得力，一举攻克长安城，继而统一全国。正所谓，有其父必有其子，他的儿子们也个个胸有大志、熟识兵法，成为他的左膀右臂，帮助他统一天下。但是，登基之后的他性情大变，在处理问题方面表现得犹豫不决，最后以至于儿子们反目成仇，发生了历史上著名的玄武门之变，被迫让位，度过了九年失意寡淡的太上皇生活。

生平故事

皇亲国戚拥有无限权力

李渊出生于名门望族，其祖父李虎在南北朝时期在西魏担任要职，与李虎同朝为官的还有杨忠、孤独信与宇文泰等人。这三个人的名气都没有他们的儿子有名气。在他们中间，有两家的儿子都凭借自己的雄才谋略创建了王朝，登上了皇帝的宝座。而李家，是等到了孙子李渊出生之后，才真正将李家发扬光大。当然，还有一点是毋庸置疑的，那就是高官之间的相互联姻，让家族之间的关系变得错综复杂，当真堪比《红楼梦》中四大家族之间的关系。

孤独信把自己的三个女儿分别嫁给了上面三个人的儿子。其中一个女儿嫁给了宇文泰的大儿子宇文毓，宇文毓一举歼灭西魏，创建了北周，登上王位，号周明皇帝，他的夫人就是孤独信的女儿。

杨忠的儿子迎娶了孤独信的另外一个女儿，潜伏20年之后，终于灭掉了北周建立了大隋朝，并最终统一了天下，他就是历史上赫赫有名的开国皇帝——隋文帝杨坚。孤独信的这两个女儿，都为婆家增添了帝王之气。可是，孤独信嫁给李虎的儿子李昞的女儿，似乎就没有另外两个姐妹那样幸运了，结婚没多久丈夫李昞就去世了。但是生下了一个儿子——李渊，让李家的皇运龙脉发达，而且发达了几百年之久。在李昞去世45年之后，李渊灭掉了隋朝，建立了大唐王朝。

李渊的生母是隋文帝杨坚的老婆——独孤皇后的亲姐姐，所以说，隋文帝是李渊的姨夫，李渊是隋文帝的外甥。因此，李渊同隋朝亡国之君——隋炀帝杨广是姨表兄弟。李渊算得上是皇亲国戚，官职也是一路高升，拥有非常多的军事、政治、财政大权，正是基于此，才能最终成为开国皇帝。还有一点就是，李渊娶了一个好老婆，为什么这样说呢？是因为李渊的老婆窦皇后是北周宣帝的姑姑，而隋文帝杨坚又是周宣帝的国丈。

由此可见，李渊的地位之尊贵，正是凭借着这层关系网，年仅7岁的李渊就被授予唐国公称号。成年之后的他更是得到了隋炀帝杨广的重用，在隋朝担任要职。出生于书香世家的李渊从小受到家庭环境的熏陶，是一个文武全才。如果没有这层说得清道得明的皇亲国戚关系，李渊或许不会拥有如此高的地位，更不会成为开国皇帝。隋炀帝登基之后，李渊根本不用为自己的官路担忧，因为有太多高官厚禄的职务等待着他选择，就看他想要去哪里了。最终，他选择了荥阳（今河南郑州）、楼烦（今山西静乐）两地，成为了这两个郡的太守，官职相当于现在的行署官员之类的职务。不久之后，又调任为殿内少监、卫尉少卿。虽然是平级之间的调度，但是他还是进入了国家最高层的皇宫内苑，又是在国家的核心机关任职，由此可见，隋炀帝对他的重视。公元615年，李渊晋升为山西河东慰抚大使、太原留守，在当时，这是一个十分有油水的职务，通常担任这一职位的官员都特别有钱。有些人说是因为山西的煤矿开采，还有人说是因为山西是一个军事重地，兵马充足，交通便利，所储军粮十年都用不完。所以，在这样一个风水宝地开始自己的反隋大业，李渊占据了相当的优势，可以说是赢在了起跑线上。

李唐皇室自称祖宗为老子，是家室显赫的陇西贵族。但是很多历史专家认为，李唐一族仅出身普通庶族，相当于现在的中产阶层。只是因为李渊与隋炀帝的亲戚关系，再加上隋炀帝又是一个用人唯亲的君王，才让李渊不仅有可以在中央工作的见闻阅历，还可以在地方上独当一面，获得了诸多经验之后，最终完成反隋大业，建立了唐朝。

站在男人背后的女人

窦氏不仅是李渊的妻子，还是北周武帝的外孙女。聪明伶俐的她一直得到周武帝的喜爱，并允许留在宫中生活。当隋炀帝取代北周自立为帝的时候，窦氏才是一个10岁的小女孩，她看着自己的外公和舅舅们倒在自己的面前，心中充满愤恨，咬着牙说："我痛恨自己不是男儿身，否则我就可以帮助外公灭掉这些贼子。"父亲听到这些话，胆颤心惊，立刻捂住她的嘴巴，小心翼翼地说："不许胡说，这可是杀头的死罪啊！"

由此可见，窦氏骄傲聪慧，倘若身为男子一定可以创出一番事业，可是身为女子，最重要的是找到一个如意郎君，如果夫君事业有成，身为成功男人背后的女人，注定也要名垂千古的。窦氏的父亲也认为自己的女儿并非池中之物，一定要选择一个非同一般的女婿才可以。

因此在选择女婿的时候窦氏的父亲想了很久才想出了一个绝佳的方案：让画师在门屏上画了两只孔雀图，让前来向窦氏求婚的人向孔雀的眼睛射箭，每人只有两次机会，每人只有两支箭，如果没有射中就没有机会见到窦小姐。当然，即便是射中了，也要让窦小姐自己愿意才可以。窦氏的父亲还真是民主，在那个朝代可以让自己的女儿挑女婿。

前来应招的几十个人中无一人射中，看来他们没有娶到这位睿智的女人的福气。少年们都跃跃欲试，每一个人都那样的有勇气、有自信，可是当箭射出去的时候，却一一射飞了。最后，人们不得不承认，想要射中那门屏上的孔雀的眼睛是非常困难的。两天过去了，没有一个人射中，到了第三天，人们确定这天下没有谁可以娶到这位聪明、美丽的窦氏为妻，并且用这件事来教育他们的女儿说："说到底，女子无才便是德，过于聪明的女人反倒不会有好福气。"

当天边美丽的夕阳映红了府门上的孔雀时，李渊偶然路过这里，那一位窦小姐的事情早已经在乡邻之间传开了，李渊也对窦家这位小姐产生了浓厚的兴趣，对于如传奇一般美丽的女子他当也十分渴求，当真印证了那句话"窈窕淑女，君子好逑"。可是，李渊对窦家小姐例外。因为、窦氏对自己的姨夫杨坚充满恨意，也并不尊重，要知道杨坚可是李渊最为崇拜的人。当时的李渊排斥一切不敬重杨坚的人，窦氏就是其中一个。

但是，当然听到窦家小姐因为招不到女婿而被众人幸灾乐祸、议论

5

纷纷的时候，侠肝义胆的李渊开始蠢蠢欲动，内心既有对窦家小姐的好奇，还有一种莫名的痛楚于内心不断加温。因此，李渊停下脚步向那道门和门上的雀屏看了一眼，他的眼睛与那对清澈的孔雀的眼睛相对。一刹那间，那双眼睛好似活了一般，他看到了其中无限的情怀与心意，内心竟然狠狠地抽搐了一下。等到前面所有人都为了失败沮丧不已时，李渊出现在门屏前，只见他双手接过递过来的弓箭，望着那一双水灵的眼睛，心里充满了对窦氏小姐的情意，拉开了弓箭。只听"嗖嗖"两声，两箭全部命中！人们因此感到十分诧异，他的第一次弯弓就将孔雀的眼睛射穿。紧接着，他的眼睛与另外一双眼睛相对，在那一双眼睛中流露出了与孔雀眼睛相同的情谊，那是属于窦家小姐的。窦府的大门打开了，她望着他浅浅的行了礼，秋水明眸柔情深种，面若芙蓉淡染胭脂……父亲自然欣慰一场，立下宣布将自己的女儿许配给李渊，藏在幕后的窦氏更是被李渊的风流倜傥深深吸引，正所谓"郎情妾意"，描述当下是再合适不过了。当然，更加惊诧的事情还在后面，那就是窦家小姐与李渊写出的字体、字迹几近相同，普通人真的难以分辨究竟是出于谁的笔下。由此可见，这两个人还真是命中注定要在一起的，如果那天李渊不是正好路过窦家门前，又或者是匆匆离开，就不会有这样传奇的爱情故事发生了。也就是从那个时候起，"雀屏中选"的故事就成为了人们茶余饭后的笑谈，唯美的爱情故事一直流传到今天。

　　李渊虽然长相不比隋炀帝俊美，但长相颇为粗犷，一看就知道绝非池中之物。当隋炀帝见到李渊脸上的皱纹时，就戏称李渊为"阿婆"，李渊听到之后很不高兴，这不明摆着是说自己长得老吗？可是对方是堂堂的一国之君，自己也不好反驳，只能忍下。回到家之后，李渊的脸色十分难看，窦氏追问缘由之后，笑着说道："老爷，这是吉兆啊，你所继承的是唐国公，'唐'就是'堂'，'阿婆面'，说的就是'堂主'啊！"窦氏的意思就是说李渊会取代隋炀帝成为一代君王。李渊听到夫人这样说，自然欣慰不已。由此可见，窦氏是一个具有先见之明且思想开明的智慧女人。

　　窦氏为李渊前后诞下了四男一女，老大李建成，老二李世民，老三李元霸，老四李元吉。因为她年纪轻轻就去世了，没有亲眼看到自己的丈夫当上皇帝，也没有看到儿子相残的惨剧，也是一件幸事。窦氏最初葬于寿安陵，李世民称帝之后将其葬于献陵，尊为太穆皇后。

让李渊起兵的美人计

李渊为什么会反叛呢？可以这样说，李渊是迫不得已才选择反隋立唐的，毕竟他与杨家是如此近的亲戚。而且，他们并没有任何亏待自己的地方，年纪轻轻就将自提拔为太原留守，这已经充分表现出对自己的信任！虽然当时正处于乱世之中，各地纷纷起兵反隋，英雄辈出，自己也曾经混迹其中，但是完全取代杨家江山这件事真是没有想过，登基称帝并非小事，各路英雄好汉都对皇位虎视眈眈，自己又有几分胜算呢？由此可见，李渊是一个心思缜密、目光长远的人。虽然私底下也在招兵买马，但是毕竟都是"见不得光"的。

那么，为什么李渊决定起兵，与自己的表弟反目呢？源于两个宫妃，自己落入了儿子李世民的"美人"陷阱，犯下了欺君之罪，才不得不起兵。当时，隋末造反的军队越来越多，细算起来有近两百支队伍在进行反隋运动。李渊家老二李世民早已经有了起事之心，但是又害怕父亲拉不下面子，心想这件事要是和父亲商议，他一定不会同意的，于是就偷偷地与父亲的两个下属，也是自己心腹的隋炀帝杨广在太原别墅的管理中心主任（行宫宫监）裴寂和晋阳令刘文静密谋。裴寂与李渊情同手足，感情远胜同胞，所以这件事由他办再合适不过了。于是，三人经过一番商议之后，决定让裴寂在晋阳行宫设宴款待李渊。一番吆三喝四、你来我往之后，李渊有些醉了。就在这个时候，推开门进来两位绝色美人，争着抢着向李渊敬酒。李渊哪里招架得住这样猛烈的攻势，一会儿工夫，就喝得不省人事，在毫无意识的情况下被两位美女扶进房间，稀里糊涂上了美女的床。

第二天早晨，李渊的鼻子似乎嗅到了胭脂香味，身边好像还躺着两位粉扑扑的肉团，他强迫自己睁开惺忪的睡眼，发现自己身边竟然躺着两位赤身裸体的女子，李渊有些懵了，完全不知发生了什么事情。仔细一询问才知道这两个女子竟然是隋炀帝晋阳行宫的宫女。地处偏远地区的李渊身为一个地方官员，竟然敢与皇上的女人有如此亲密的接触，让暴君戴上了绿帽了，这件事情要是传到了杨广的耳朵里，几个脑袋也是不够砍的啊。

李渊顿时两腿发软，后背冒出冷汗，身子哆嗦着，脑袋里反复播放

7

着被杨广知道此事之后的惨剧。两位美人见到李渊害怕的样子，连衣服都没来得及穿，赤裸着身子钻出被窝跪拜说："如今天下大乱，皇上远在千里之外的长安，我们早已无人可依附，只希望可以托身于君，在您的保护下过上安定的生活。"

此时，裴寂正好闯进来，李渊一把抓住他大声斥责道："裴寂，你好大的胆子，竟然敢陷害我？"裴寂笑着回答说："并不是我要陷害你，而是你早已经有了谋反之心，借着陛下不在行宫的时候，竟然偷偷跑到宫里坐龙椅、睡龙床，现在还淫秽皇上的妃子，你可知道这是欺君之罪吗？当今圣上残暴不仁，全国上下乱作一团，已经到了不可收拾的地步。如果现在你起兵，不但可以保住自己的脑袋，还可以得到百姓的拥护，继而坐拥江山。"紧接着，裴寂又将与李世民商议准备起兵反隋的事情说了出来。李渊听后表示说回去之后好好考虑一下。

回到府上后，李渊思索再三，他深知隋炀帝喜欢猜忌杀戮，如今政局混乱，隋炀帝自身都已难保，从龙椅上滚下来也是迟早的事情。经过宫妃的引诱与裴寂的逼迫，李渊终于决定举义起兵，建立属于自己的天下。就是因为他对自己的属下没有设防，糊里糊涂地淫秽了杨广的妃子，才迫使他一步步成为一代开国皇帝。后来，这两个妃子成为了大儿子李建成的宫妃，就连李渊也变成了不折不扣的乌龟。玄武门事变李建成被李世民杀死之后，李世民又将其中一个宫妃杨氏收入自己宫中，成为自己的宠妃。中国古代历称汉经学、晋清谈、唐乌龟、宋鼻涕、清邋遢，其中唐乌龟指的就是后宫妃子屡次红杏出墙，让皇子们戴绿帽子。当然，这也证明了唐朝的开放，人家父子三个人都没有嫌弃，只不过是后来的史学家们看不过去，也算得上是对唐朝的戏谑吧。

公元617年7月，李渊率领三万精兵，从山西太原起兵，举起了晋字号的义旗，正式宣布西征讨伐。李渊虽然与杨家是至亲，但是在人人觊觎的皇位面前，父子反目也已是寻常事，表亲又算得了什么呢。李渊断然发布了征讨杨广的檄文，他痛斥杨广陷害忠良，听信谗言，穷兵黩武，行为之恶劣已为天下人不耻。正是因为如此，我李渊才会起兵征讨隋炀帝，将昏君拉下马，重新建立一个太平盛世，让百姓安居乐业。李渊的军队势如破竹、士气高涨，很快挺进关中，11月就攻克了长安，在关中地区站稳了脚跟。

毕竟自己与杨广是表兄弟，面子还是要给的，虽然天下百姓都对杨

广憎恶至极,但是李渊终究还是他的表哥,总不好自立为王。所以,在占领长安之后,李渊首先立隋炀帝杨广的孙子代王侑为天子,即为隋恭帝,改元义宁,尊隋炀帝为太上皇。公元618年5月,隋炀帝被叛军勒死之后李渊就无所顾忌了,立刻效仿姨夫杨坚,逼迫杨侑让出皇位,自立为王建立了唐朝,冠冕"唐"皇。建唐之后,李渊做的第一件事就是将各地的割据势力一一扫除,实现全国的统一,并最终开创了唐朝近三百年的帝王基业。

李靖得到李渊重用

李渊占领长安之后,很多隋朝官员都自愿归附李渊,其中就有一个小官名叫李靖,担任马邑郡丞,简单地说,就是马邑郡的第二号长官,李渊的下属。殊不知,李靖可不是一般的人物,他出身名门,15岁就当上了长安县功曹,职位相当于现在的县人事局长。20岁担任汲县令,之后又出任安阳与三原的县令,每一次的效绩考核结果都是优秀。

李靖在隋朝的官路还算顺利,可是到了唐朝就不那么幸运了。原因就是李靖发现李渊心生谋反之意,去向杨广告发。由此可见,李靖对于隋炀帝还算忠心,完全忽略了隋炀帝是暴君这一事实,究其原因或许是因为杨广对自己还不错吧。于是,李靖千辛万苦地从马邑到了长安,才发现杨广根本不在长安而去了江都。可是,当时的局势这样混乱,去往江都的路早已经被各个割据势力截断了,只怕自己还没有到达江都就已经被反动分子抓起来杀了,想要见到隋炀帝就更是痴心妄想了。李靖素来以"奇谋"著称,几乎没有什么是可以难住他的,经过深思之后他决定将自己关在囚车里,通过司法系统将自己送到江都。可世事难料,还没等他动身,李渊的军队就已经进驻长安城了。其实李靖此时是否告发李渊已经不再重要了,因为天下人都已经知道李渊与杨广"决裂"了。

当李渊知道李靖在长安的时候,立刻下令将他带到自己的面前,询问道:"你究竟犯了什么大罪,要将你关在囚车里?"此时,只要李靖随便说一个谎话,就可以再次得到李渊的重用。可是李靖就是一个直肠子,坚定地回答道:"我什么罪都没有,我只是想要去告发你谋反。"什么?你竟然要去告发我?!李渊十分生气,立刻下令将李靖推出去斩首。倘若李靖真的就这样死了,就不会有后来的故事了。不过李靖死了倒真是可惜，他满腹经纶，本想要成就一番大事，哪知壮志未酬身先死。在执行前他大声疾呼道："您兴起义兵，原本是为百姓除暴，现在您不想要成就一番大事，反而因为个人恩怨斩杀有志之士吗？"

李靖是一个幸运儿，因为他遇到了对自己敬仰的李世民，李世民十分重视人才。听到李靖这样的呼喊之后，立刻向父亲求情，恳求可以放过李靖。李渊想着儿子都求情，就勉强先留下李靖的脑袋，看他今后的表现如何。

李靖差一点小命不保，既然是李世民在这千钧一发的情况下救了自己，自然要效忠于李世民。在李世民的保护下，李靖开始一心一意为李家出谋划策。公元621年，李靖经过深思，向朝廷献上了平定萧铣的十策，李渊任命李靖为行军总管李孝恭的行军长史，并且按照李靖的十策进行。由此可见，给上司提建议不是轻松的差事，因为并非提完建议之后就万事大吉了，最重要的是还要去执行。上司认为，既然你提出来了，那么你就有能力去执行。当然，李渊也算是给了李靖一个名垂青史的机会。可见，只要才能出众，为哪个皇帝做事都没有关系！

李靖绝非寻常之人能及，不但提出了宏观战略，还可以付诸实践。就这样，李靖凭借自己的智慧，最终成为了唐朝杰出的战略家与军事家。

让李渊头疼的继承人问题

李渊当上皇帝之后才知道，创业容易守业难，这天下也不是那么好治理的。他时常教导自己的儿子们说，从来都没有无功而帝者，希望儿子们不要只懂得吃喝玩乐，要栉风沐雨地战斗，才可以成就一番事业。

因为李渊的儿子们从小接受战争的洗礼，每一个智勇双全：李建成、李世民、李元霸、李元吉，都颇具才干，而且很早就带领军队行军作战，个个都可以独当一面。但是皇位只有一个，兄弟几个势必要为了皇位争个你死我活，只可惜李渊并没有意识到事情的严重性。

按照封建宗法制与历朝的惯例，长子李建成是皇帝的合法接班人。当然，李渊也没有违背祖宗之法。但是，二儿子李世民却有着独特的领袖潜质，手下有一群誓死拥护他的强兵悍将，文有十八学士，诸如杜如晦、房玄龄等；武有秦叔宝、程咬金、尉迟敬德等著名勇将。这些人的关系非同一般，可以说一荣俱荣、一损俱损，他们誓死跟随李世民。因此，李世民与大哥李建成的争夺战是不可避免了。

李世民是一个颇具才干的人，有鸿鹄之志，最重要的是他一举平定了各地的武装势力，军功赫赫。因此，在选择让谁成为继承人这件事情上李渊真是伤透了脑筋，李世民的势力过大，可李建成又是长子，选择他也是遵循了历代的惯例和封建宗法制。但是，据说李渊在攻克城池的时候，曾经许诺过册立李世民为太子。

可是，等到平定天下之后，李渊却册立李建成为太子，而立下赫赫战功的李世民仅被封为秦王。李渊违背了自己的诺言，在李世民的心里一定会有所芥蒂，也导致了李世民后来对父亲的冷漠。李建成成为太子之后，对李世民怀恨在心，于是与弟弟李元吉联合起来对付李世民，拉拢李渊的妃子在李渊的面前说李世民的坏话，让父亲慢慢疏远李世民。

在李渊的眼中，两个儿子都是自己的继承人，可以放心得将唐朝的天下交给他。他们一个是嫡亲长子，另一个是帮助自己打下江山的国家栋梁，面对如此优秀的两个人，该做出怎样的选择呢？之所以会有悲剧的发生，主要原因就在于李渊没能及早地处理好这件事情，既然已经确定要册立李建成为太子，却又不断地培植李世民的势力，甚至以"谁可以夺得天下谁就是太子"这样的话来激励李世民。两兄弟被父亲这种犹豫不决的说辞吊足了胃口，而在他们的心中也一直存在这样的信念——我是有希望成为未来的继承人的，正因为如此，两兄弟才发展到水火不相容的地步，最终在玄武门展开厮杀。而兄弟相残，李渊是要负主要责任的，当然，他也为老来丧子、被逼退位种下了苦果。

凄凉的晚年

玄武门事变之后，李世民杀死了大哥李建成、四弟李元吉。两天之后，李世民被册立为太子。两个月之后，朝廷上下已经完全被李世民所控制，上下归心。李渊迫不得已只好退位，甚至贴出告示"主动让贤"，宣布太子李世民登基。

唐高祖被迫退位之后，虽然被尊为"太上皇"，但实际上他已经没有过问政事的权利了，成为了一个真正的"甩手掌柜"。三不五时，李渊还会被李世民邀请出席宫廷礼仪，其他的时间都是自己孤孤单单的。李世民即位三年之后，将李渊迁出太极宫，送到宫城西边不太宽敞的大安宫。

宫中已经很长时间没有人居住了，一副破败的景象，荒草成堆，而且身为太上皇，身边却只有几个宫女、太监伺候，每天也只是吃一些残羹剩饭，生活十分艰苦。

公元632年，监察御史马周上疏陈诉：高祖已然年迈，居住在宫城西部狭窄的大安宫内，虽然皇上居住的宫殿距离太上皇的大安宫并不远，但是皇上已经很久没有去看望过了，现在太上皇已经年老，皇上应该多尽孝道。李世民听到很不以为然，并未立即答应去看望父亲。同一年，李世民前往九成宫消暑，没有带着李渊一起。马周再一次批评李世民说，太宗去夏宫避暑，却将年迈的老父亲留在炎热的长安受尽煎熬。李世民已经没有将马周的批评当做一回事，兴致勃勃地去了九成宫，将父亲留在了酷热的长安城内。

李渊的晚年怎一个凄凉了得，还好李世民的夫人——长孙皇后还算孝顺，经常前去看望李渊，带些衣服、补品等，儿子没有做到的事情媳妇补上，不然人们一定会说李世民是一个不孝子。长孙皇后温柔娴淑、通情达理、尊老爱幼，每天早晚都会去大安宫请安，十分细心地照顾赋闲的李渊，而且提醒太上皇身边的宫人要小心伺候太上皇的生活起居，这让李渊得到了一点欣慰。

或许是因为冷落父亲太久了，太宗认为自己的所作所为真的有些过分了。作为补偿，李世民想要让父亲再次体验一下当皇上的感觉，热闹了一通。公元633年冬，李世民在未央宫内设宴，邀李渊上座，而且对父亲十分恭敬。李渊已经很久没有感受这样热闹的场面了，而且儿子对自己如此恭敬，心里十分高兴。心情愉悦的李渊让在座的番邦首领唱歌跳舞，宴会上传出一阵阵笑声，李世民还亲自将酒杯端到李渊的面前，说现在各民族一家亲，征服四夷，这些都是源于父亲的教诲。

还有一次，太宗邀请父亲同他一起去避暑，李渊谢绝了儿子，说自己年纪大了，舟车劳顿太辛苦了。李世民顾念父亲年事已高，就在宫城的东北面建造了大明宫作为他的避暑行宫，但是大明宫还没有修建完成，李渊就病重，于公元635年6月于大安宫驾崩。

第二章

明主贤君——唐太宗李世民

帝王档案

☆姓名：李世民

☆民族：汉族

☆出生日期：599 年

☆逝世日期：649 年

☆配偶：长孙皇后

☆子女：14 个儿子，21 个女儿

☆在位：23 年（627 年~649 年）

☆继位人：李治

☆庙号：太宗

☆谥号：文武大圣大广孝皇帝

☆陵墓：昭陵

☆生平简历：

公元 599 年 1 月 23 日出生于陇西成纪。

公元 627 年，李世民继承皇位，改元贞观。

公元 628 年，太宗派兵部尚书杜如晦出兵攻突厥。

公元 629 年，太宗以房玄龄为左仆射，杜如晦为右仆射，以尚书右丞魏徵守秘书监，均参与朝政。房玄龄善谋略，杜如晦善决断，为唐朝名相，并称"房杜"。

公元 630 年，唐太宗称天可汗。

公元 636 年，太宗皇后长孙氏卒，享年三十七岁。

公元 640 年，唐文成公主入藏。

公元 643 年，太子李承乾造反，被废，立晋王李治为皇太子。

公元 649 年，太宗驾崩于翠微宫含风殿，享年 52 岁。

人物简评

唐太宗李世民所处的时代，英雄辈出。从隋朝末年的大乱到唐朝初年政治安稳，李世民付出了常人难以想象的努力。不得不说，李世民是一位杰出的军事家、政治家，也是中国封建帝王少有的一代明君。他慧眼识英才，重用房玄龄、魏徵、杜如晦等人。他胸怀天下，最终实现了国家的统一，称为各族的"天可汗"。

生平故事

天下是我打下的

李世民于武功别馆中出生，聪明伶俐的他胆识过人，身为将门之后，而且在那个崇尚武力的时代，李世民从小就受到家庭环境的熏陶，接受骑射征战的教育。因此，青年时期的李世民便练就了一身精湛的武艺，养成了"善于骑马，好弄弓矢"的良好习惯。李世民文武双全，不仅喜欢骑射，还喜欢浏览兵书战策，年少的时候熟读了《孙子兵法》，活学活用，常用孙子之言和父亲谈论兵法，很得父亲的喜欢。

因为父亲李渊在隋朝做官，职务经常变动，青少年时代的李世民和全家就随着父亲职务的调动，迁徙到不同的地方，有各种各样的生活经历。他了解了大量的社会现实情况，逐渐开阔了眼界，交到了很多朋友。他的性格刚烈豪放、意志倔强，喜欢思考，遇到事情不慌不忙，每次都能又快又好地解决掉难题。

公元615年，隋炀帝杨广到北方巡视，突厥派遣几十万大军偷袭北方边塞，将隋炀帝困在雁门孤城。18岁的李世民奉命应征从军，参加了屯卫将军云定兴的勤王部队，不久便提出退敌的良策：虚张声势。云定兴将军对其赞赏有加。第二年，李世民跟随父亲来到太原，参加了镇压甄翟儿领导的农民军，李世民在这两次战争中，不但得到了初步的军事锻炼，也充分展现了自身的才华。

隋炀帝的暴政导致农民起义风起云涌，隋朝的势力开始土崩瓦解。隋炀帝困守江都，随时有可能被起义军攻入江都杀死，隋王朝注定要灭亡。李渊早就有了取代隋朝的野心，此时，隋炀帝已作困兽之斗，根本无力挽回隋朝的颓势。时机刚刚好，李渊和自己的儿子在太原密谋策划准备起兵。

李世民年轻有为、善于谋略，作为父亲李渊反隋的得力助手，参与了起兵的全部密谋和决策活动，做了大量的组织和发动工作。他一方面协助父亲招募军队、集结力量，同时又在父亲的授意下，利用各种关系和手段，结交了大批英豪人物。

公元617年5月，在各个方面成熟之后，李渊于晋阳举义旗起兵，正式宣告反隋。于晋阳起兵之后，李世民的哥哥李建成、弟弟李元吉以及妹夫柴绍也前后各自率领一支队伍从河东、长安秘密赶往晋阳会合，起义军的力量迅速扩大。在明确西入关中挺进长安的战略目标之后，李渊下令让李元吉于晋阳镇守，以李建成和李世民作为领军都督，分别率领大军，誓师入关，直逼长安城。

占领长安以后，李渊于公元618年在长安称皇帝，改国号为唐，定年号为武德，正式建立了中国历史上著名的唐王朝。唐朝建立后，李世民被封为秦王，他的哥哥建成以嫡长子身份被立为皇太子，弟弟元吉被立为齐王。从此以后，李世民就以秦王的身份活动于政治舞台，叱咤于陇西、关东。

唐王朝建立后，李渊既然当了皇帝，先过过皇上的瘾，不再挂帅出征，哥哥李建成被封为太子，也就留京协助父皇处理各项政务。所以，统一全国的重任就落在了秦王李世民的身上。

这个时候，李世民只有22岁，已经能够统帅千军万马，进行了4年多艰苦卓绝的统一战争。李世民首先占领了洛阳，统一了关东地区，进而统一了全国。俗话说功高震主，幸亏当今皇上是李世民的父亲，唐高祖心里肯定很高兴，但是有一个人心里非常不爽。这就是太子李建成，看着弟弟的威望一天比一天高，父皇又让秦王担任尚书令这么重要的宰相职务，心里真不是滋味。

不仅如此，李世民有众多的谋臣猛将为他出谋划策，逐渐形成了一个以他为核心的政治集团，这个集团里有很多赫赫有名的人才，李世民对帝位的野心也渐渐膨胀起来。只是因为哥哥李建成是嫡长子就能名正言顺的继承皇位，而李世民可以说是打下江山的人，很多人都认为这个皇位应该是李世民的。

太子李建成感受到了李世民集团的威胁，为了维护皇位继承权，李建成也大力收罗忠于自己的人马，扩充势力，许诺四弟齐王李元吉"皇太弟"的封号，将李元吉拉入自己的东宫集团，俩人合谋对付李世民。统一战争结束之后，李世民与太子建成的争权活动愈演愈烈，从暗处转向明争，最后导致了玄武门之变。李世民杀死了建成和元吉，顺利继承皇位。公元627年，改年号贞观。

任用贤能　修订法律

李世民是经过流血才当上皇帝的，东宫的人都见识到了李世民的手段。登上皇位之后，首先要做的就是稳定人心，建立以自己为核心的最高领导集团。唐太宗采纳了尉迟敬德提出"杀人太多，不利于天下安定"，安抚和任用东宫的属僚，建成太子一党的人才安下心来。

李世民把温彦博、王珪、魏徵、戴胄、侯君集等人才都集中到了宰相班子中来，励精图治，开创了贞观之治的新局面。李世民亲眼看到隋朝的灭亡，引以为戒，决定以大治天下作为自己的施政方针。

确定了治国方针后，唐太宗认为国家的治理需要人才，于是选拔了大量真正懂得治政方法的人才。唐太宗不计较恩怨，任用了东宫集团的重要谋臣魏徵、王珪、韦挺等人。唐太宗曾说，内举不避亲，外举不避仇，这一举措让很多的人才对他死心塌地，东宫的人悔恨自己当初跟错了建成太子，好在唐太宗慧眼识英才，让有才有德之人大施拳脚。唐朝初年，可谓人才济济，只要有才有德，在唐太宗的英明领导下，就能冒出头来，才能不至于被埋没。

历史上最著名的谏臣魏徵提出"兼听则明、偏信则暗"，以此告诫唐太宗虚怀纳谏。魏徵敢于直言，即使皇上生气，面不改色，也不害怕哪一天唐太宗气急了，把他杀了。有一次，魏徵在上朝的时候，意见不合，跟唐太宗争得面红耳赤。唐太宗实在太恼怒了，但是又不好发作。于是，回到内宫，见到长孙皇后，太宗怒气冲冲地说："总有一天，我要杀死这个乡巴佬！"

长孙皇后见到太宗发那么大的火，问他说："陛下想杀谁呀？"

唐太宗说："还不是那个魏徵！他总是当着大家的面侮辱我，一点儿不给朕面子，朕忍得实在受不了！"

长孙皇后听了，没有说话，而是回到自己的内室，换了一套朝见的礼服，向太宗下拜。

唐太宗对皇后的举动感到奇怪，问道："你这是干什么？"

长孙皇后说："我听说只有英明的天子才有正直的大臣，现在魏徵这样正直，正说明陛下的英明，我怎么能不向陛下祝贺呢！"

长孙皇后真是聪明，不仅维护了魏徵，还间接地把太宗给夸奖了一番，太宗的怒气也就下去了。

公元643年，魏徵去世了。太宗李世民悲痛万分，他眼中含着泪说："用铜制成镜子，可以知道自己的穿着是不是得体；用历史作为镜子，可以看到国家兴亡的原因；用人作为镜子，可以知道自己的做法究竟是对还是错。失去了魏徵，我就失去了一面好镜子。"

任用人才是一方面，但是还要靠法制才能创造出让百姓安居乐业的良好的社会环境。唐太宗对法制进行了改革和建设，采取慎刑宽法和加强法的措施。

赏罚分明很重要，这是治国的原则，按照原则行事，就能形成一个相互信任、政治清明的社会，对个人的发展是大大的好事。唐太宗认为：赏罚是国家大事，假若被赏的是有功的人，无功者自然就后退了。犯罪的人及时受到惩罚，那些作恶的人就能悬崖勒马。

唐太宗任命房玄龄、长孙无忌修改《武德律》，制定《贞观律》，明确赏罚的标准。后来长孙无忌组织十九名法学家，专门为《唐律》作注，到永徽年间才完成，即《唐律疏议》。这是封建社会最完备的法典。五代以后各朝法律大都以此为本酌加增改。唐朝的律令包含了国家、社会的各个方面，连民间的婚丧嫁娶等方面，都有详细规定。

为了保证法制的贯彻执行，唐太宗亲自选拔了一批正直无私、断狱公平的人担任法官，可见唐太宗对法制的重视。他经常告诫大臣："死者

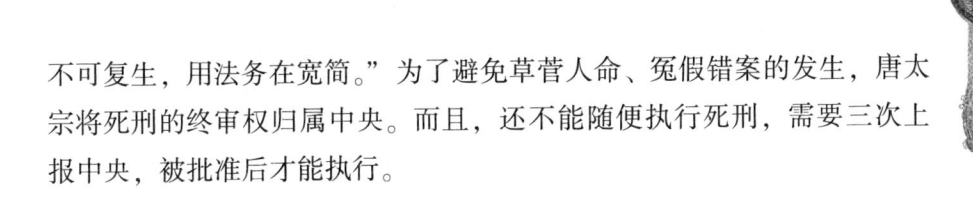

不可复生，用法务在宽简。"为了避免草菅人命、冤假错案的发生，唐太宗将死刑的终审权归属中央。而且，还不能随便执行死刑，需要三次上报中央，被批准后才能执行。

唐太宗开创了贞观盛世

皇帝的态度能够影响法律的贯彻。贞观时期，作为皇帝，唐太宗带头遵守法律的约束，以身作则，既然皇帝都能守法，那么他的亲属和部属也必须严格的遵守法律。如果有人违反，对不起，管你是什么皇亲国戚，都要接受法律的惩处。

贞观初期，法律得到了严格的执行，并且在唐太宗的示范作用下，政治稳定，政府官吏都能够做到清正廉明，王公贵戚和豪族大姓都不敢违法乱纪，欺压百姓。因为法制严明，所以百姓和百官知道什么事该做、什么事不该做，就不会轻易做触犯法律的事情。这一时期，犯法的人很少，被判死刑的人也很少。

政治和法制建设取得了一些成果，民间得以安定。唐太宗将视角转向了社会经济的恢复和发展。在经历了长久的战乱之后，经济和民生凋敝到什么程度。又适逢自然灾害频繁发生，普通百姓的日子更不好过了。

唐太宗征战多年，对民间疾苦很是了解。一方面从中央到地方，他大力提倡戒奢崇简，节省开支；另一方面积极地推行轻徭薄赋、与民休养生息的政策，使农民能够缓口气，先生存下来，再重建家园。

唐太宗继位后住在隋朝修筑宫殿里，虽然宫殿有些破败，但是唐太宗一直都不允许修作。唐太宗还严厉禁止厚葬和官员的奢侈行为。贞观初年，形成了以崇尚节俭为荣，奢侈浪费为耻的风气，有一大批大臣因为节俭而出了名。比如户部尚书戴胄，官职不小，但是连一处像样的房子都没有，死后甚至连个祭祀的地方也没有。一代名臣魏徵为官一世，家里却连个正堂屋都没有。

唐太宗推行了轻徭薄赋、与民休养生息的政策，并且还大力倡导兴修水利。比如修复了关中、河南等地原有的渠道，还新修了大量的排水和引水工程。这些水利工程的修建，对农业生产的尽快恢复和发展起了重要的作用。

贞观初年，人口很少，劳动力普遍缺乏，为了增加人口，唐太宗下诏规定：民间男20岁、女15岁结婚，以繁殖人口。到公元649年，全国户数增加到三百八十万户，比唐高祖时代增加了一百八十万户。

由于唐太宗采取了一系利于农业发展的积极措施，使社会经济很快得到了恢复。从贞观三年开始，全国连续大丰收，粮价由原来一匹绢换一斗粮食，下跌到一匹绢换数十斗粮食。粮食增加，百姓就不会挨饿，社会秩序自然也得到安定，以往成群结队的流浪灾民不见了，人民开始过上了安居乐业的生活。

到贞观中期，社会迅速达到了昌盛阶段，出现了牛马遍野、丰衣足食、夜不闭户、道不拾遗的升平景象，成为被历代所称道的太平盛世。

贞观初期，在国内政治形势逐渐好转、国力逐渐强盛的条件下，唐太宗又开始为统一疆土的战争积极准备着，最终妥善地处理了与各个少数民族之间的关系，为建立强大的多民族国家奠定了坚实的基础。

那时，在周边的诸多少数民族中，东突厥是大唐王朝最大的威胁。唐朝初年，东突厥就不断地支持北方的各种割据势力，极力阻止大唐完成统一，而且经常南下进行骚扰，甚至抢夺人口，破坏农业生产，一度威胁到唐都长安的安危。唐太宗刚刚登基的时候，东突厥首领颉利可汗认为唐太宗此时统治还不够稳定，就亲自率领20万骑兵直逼长安，并派大将执失思力逼近长安，严重威胁唐太宗的生命安全。

唐太宗可谓是身经百战，正确地分析了突厥入侵的目的，突厥入侵不过是要捞些好处，没有统一天下的大志向。即使二十万骑兵对长安虎视眈眈，唐太宗也不慌不忙，果断地下令扣押执失思力，并亲自率领高士廉等六人骑马来到渭水岸边，与颉利隔水而立，指斥他的侵略行为。这一强硬的举动，灭了颉利的威风。

随后，唐太宗命令唐军迅速布阵。颉利见太宗毫无畏惧之色、神态自若，竟然亲自御驾亲征，又见唐军士气旺盛，军容严整，认为唐军早有准备，再加上使者被押，颉利更加摸不透唐太宗的疑兵之计，思前想后，不敢贸然率兵过河。颉利最后与唐太宗在渭水桥上杀白马祭天结盟，带着唐太宗馈赠给他的金银绢帛，引兵退去。

这次，唐太宗冒着巨大的风险，凭借着自己的机智和勇敢，没折一兵一卒，便退去了二十万突厥大军。日后，颉利获悉唐太宗根本无力抵

挡二十万骑兵，肠子怕都悔青了。此后，唐太宗不敢疏忽，突厥始终是唐朝统治的威胁，一方面抓紧备战，积蓄力量准备反攻；另一方面在外交上采取远交近攻的方针，扶持颉利可汗的反对势力，牵制颉利。

公元628年，唐太宗派遣使臣与曾经臣服于东突厥的强大势力薛延陀部落联合起来对付东突厥的势力。同时，唐太宗还借机利用东突厥激烈的内部矛盾，竭力拉拢与颉利可汗发生严重冲突的突利可汗，突利可汗的归顺，让唐太宗如虎添翼，形成了里应外合的是有利局势。

公元629年，唐太宗任命李靖为统帅，率领柴绍、薛万彻、李世勣等将领，统兵十多万，兵分四路围剿东突厥，接连击败东突厥军队。12月，在大唐军队的沉重打压之下，颉利可汗也支撑不住了，假装求和作为缓兵之计。唐太宗明知其用意，却不点破，将计就计，只是秘密命令李靖率领一万精兵，对颉利可汗的军队展开突然围剿，颉利可汗战败被俘，东突厥被灭。

经过一番苦战之后，唐朝终于收复了北部边境，收回了大阴山至大漠的大片领域，彻底接触了东突厥对唐朝中原边境的骚扰和威胁，让西北地区的少数民族与中原的联系更加紧密。周围各部落、部族的首领看到唐太宗击败了不可一世的颉利可汗，目睹了唐朝的实力，纷纷前来归降，尊称唐太宗为天可汗。

在收复了北方的领土之后，唐太宗又一鼓作气收复了吐谷浑、高昌、焉耆、龟兹等地，并且在龟兹建立了安西都护府，重新恢复了对西域少数民族的管制，让唐朝西部与北部的边境得到了扩大和巩固，也让著称于世的丝绸之路得以畅通，大大加强了中原与西域及其中亚地区的联系。

北部与西部是少数民族的聚集地，李世民的家族也流着鲜卑人的血。对此，唐太宗实行了开明的民族政策，在很大程度上改善了各民族之间的是关系。不管是征服还是主动归降的唐太宗都不会强行改变他们的生活习惯和民族习俗，而且让首领们在当地任职，管理本地区或本部的人民，还送给他们农作的工具，帮助他们进行农业生产。

除此之外，为了进一步加强与少数民族的联系，唐太宗实行和亲政策。其中最著名的就是文成公主远嫁吐蕃首领松赞干布，松赞干布还算得上是一个杰出的人物，创造了吐蕃奴隶制王朝。他颇有远见，主动派使臣前来求婚。

21

唐太宗统治时期，中原与西北少数民族的安定与团结，在很大程度上促进了各民族之间的文化交流与经济、政治的发展，对社会的进步产生了巨大的影响。与此同时，唐朝与世界其他国家的政治、经济、文化的交流也日渐频繁，亚非地区很多国家的商贾、学者、使者、僧侣、艺术家等，纷纷来大唐进行访问，京都长安一度成为了世界各国访问者集会的地方，更成为了世界性的大都会。

唐太宗可以算得上是一位胸怀博大的君主，不仅对少数民族采取团结友好的政策，对中外交往采取了积极友好的态度，专门设立鸿胪寺接待各国使者，设立商馆以招待外商，那时和唐朝交往的国家达到七十多个。大批外国商人从陆路或海路来到长安、洛阳、扬州、广州等大城市，唐政府允许他们长期居住，还可以和中国人通婚。

因为交流广泛，所以在这一时期从国外引进了很多种子。例如胡椒、郁金香、天竺干姜菠菜等相继从波斯（今伊朗）和印度等地传入中国。除此之外，佛教经典也传入中国，被翻译成汉文。

贞观时期，高度先进的封建文化也对亚洲各国甚至其他地区产生了重要影响。中国的丝绸、茶叶、瓷器、纸张等商品大量销往波斯等亚洲国家，又通过他们销往西方。中国四大发明之一的造纸术，就是在贞观时期传到阿拉伯和印度，又通过阿拉伯传到欧洲和非洲，对西方文化事业的发展产生了巨大的推动作用。汉文化对朝鲜、日本的影响更大。

公元631年，日本派出了一大批遣唐使，来到中国进修和学习。之后，更有日本遣唐使与僧人不断来到中国访问，人变得越来越多。公元645年，日本展开了废除氏族制度的"大化改新"。在这一场具有革命性的变革中，它们主要以唐代的租庸调制、官制、府兵制、均田制和刑律等作为参考，逐渐建立起完整的国家机构和国家制度，在很大程度上提高了日本的封建化进程。

在贞观时期，强盛的唐王朝享誉盛名。中国的僧人、使臣与商贾的足迹遍布亚洲。"唐家子"就是外国人对中国人的统称。一直到今天，在诸多西方国家中，还保留着用"唐人"称呼中国人的习惯。

在唐太宗即位的23年中，他主要奉行大治天下的方针，励精图治，锐意进展，让唐王朝迅速达到了大治天下的局面。可是，面对自身的成功，唐太宗有些飘飘然了，狂妄地认为自己在武功、文治与怀远这三个

方面远远超过了古人，行为与思想也逐渐偏离了正确的轨道，将隋朝灭亡的惨痛教训抛到了九霄云外。

晚年的唐太宗下令大肆修建宫殿，增加农民的赋役，执着于奢华的生活。唐太宗也不像早期那样积极纳谏，猜忌心理也越来越严重。唐太宗对朝臣们动辄问罪，轻则贬黜，重则杀戮。

当然，唐太宗并没有坠落成为一个昏庸的君主。他创造出来的贞观盛世是中国封建社会最突出的太平盛世，而唐太宗也成为最杰出的皇帝，一直得到后世好评。

太宗的个人生活

唐太宗的妻子长孙皇后是历史上一位赫赫有名的人物，身为男人背后的女人，他并不是因为丈夫李世民而出名，而是以自己独特的聪明睿智与才干被人们熟知的。就连唐太宗对她也十分尊敬。

长孙皇后身世显贵，从小受到良好的教育，聪明贤淑，宽厚孝顺，知书善文。长孙皇后时常提醒唐太宗不要赋予长孙家族太多的权利，但是唐太宗对于长孙皇后的哥哥长孙无忌信任有加。而且，太宗还时常与长孙皇后讨论国家大事，在一些难以抉择的大事上听从她的意见。贞观初年，唐太宗可以做到选贤任能，与长孙皇后的叮嘱是分不开的。每当唐太宗不能虚心纳谏的时候，长孙皇后就有想方设法进行规劝，一直保持贤能的良好作风。因为长孙皇后熟读经史，因此她也时常运用一些典故劝谏唐太宗。

在唐太宗晚年，对他影响较大的是贤妃徐惠。徐惠是当时著名的才女，聪明绝顶，博览群书，还未成年就已经有了很大的名气。徐惠入宫以后，对国家大事也十分关心，经常和唐太宗谈论国家大事，议论朝政，并能提出自己的一些见解和看法。唐太宗喜欢她知书善文、纵论古今的才华，对她的见解也颇多接受。

唐太宗不但是一个政治家、军事家，还是一位多才多艺的君主。他能弓善射、吟诗作赋，样样精通，着实称得上是一位文武全才的皇上。

众所周知，唐太宗马上夺取天下，在用武力统一中原与边疆的过程中，多得力于马上骑术，所以对弓马特别熟练。在没有称帝之前，他每天与弓马相伴。唐太宗使用的弓箭，比平常人使用的弓箭大很多，命中率更高，威力更大。他在指挥作战的时候，每天骑马射箭，冲锋陷阵。即便是后来当了皇上，他骑马射箭的技术依旧不减当年。

唐太宗还十分擅长书法与诗文。他的一生写下了很多诗作，后来被清朝编入《全唐文》与《全唐诗》中的主要有文七卷、赋五篇，诗一卷六十九首。唐太宗的写的主要是论文、史论、诏敕之类的文章，其中《帝范前后序》、《金镜》等都是他的代表作。唐太宗所写的文章注重辞藻华丽、重视典故的运用。

唐太宗极其擅长飞白书法，造诣颇深，尤其喜欢晋代著名书法家王羲之的书法。唐太宗喜欢钻研书法，并且写了《笔意论》、《笔法论》、《指法论》等文章，其中对书法进行了深刻的剖析。因为唐太宗对王羲之书法的推崇，引领了一场贞观时期的书法革新运动，王书一度成为全国书法的正宗。

即便是再英明的皇帝也有犯错误的时候，或许是因为身体长期受到疾病的侵扰，人的意志力也变得异常薄弱。晚年的唐太宗，旧疾缠身，久治不愈，逼不得已只好寻求其他方法，求助方士炼制的金石丹药，希望自己可以长生不老。

公元649年5月，唐太宗因为服用了过多的丹药中毒身亡，享年52岁。

第三章

女强人背后的弱丈夫——唐高宗李治

帝王档案

☆姓名：李治

☆民族：汉族

☆出生日期：628年

☆逝世日期：683年

☆配偶：武皇后

☆子女：8个儿子，4个女儿

☆在位时间：34年（650年~683年）

☆继位人：李显

☆谥号：天皇大圣大弘孝皇帝

☆陵墓：乾陵

☆生平简历：

公元628年，李治出生

公元631年，李治被封为晋王

公元633年，李治被授并州都督，后又加封右武候大将军

公元636年，长孙皇后薨逝，李治与同母妹妹晋阳公主一起被太宗亲自抚养

公元643年，李治被立为太子

公元649年5月，太宗去世，李治即位，是为唐高宗，时年22岁

公元652年3月，李治建大雁塔

公元655年10月废皇后王氏为庶人，立武则天为皇后

公元674年8月高宗李治称天皇，武则天称天后

公元675年3月，诏令武则天摄国政

公元680年8月，废皇太子李贤为庶人，立英王哲为皇太子，10月文成公主卒

公元683年12月，高宗卒，李显即位，政事决于武则天

人物简评

李治是唐朝的第三位皇帝，即唐高宗。其实，李治算得上是一个幸运儿，因为他继承了父亲的辉煌基业，但是从他的皇帝生涯来看，"子承父业"又是一件很不幸的事情，他始终笼罩在太宗的光环之下，为人说道。之后就是李治身后也是历史上唯一一位女皇帝——武则天，他们两个并驾齐驱，但武则天总是抢占风头。

但是，就这这样一位被几乎被人们遗忘的皇帝，却在皇位上安稳地度过了35年的时间，在唐朝所有的皇帝中，除了玄宗之外他是在位时间最长的。

生平故事

情陷武才人

李世民在迎娶了武媚娘这一位比自己小几十岁的女人之后不久就去世了。李世民生病这段时间，太子李治帮忙处理国事，而且这位太子每天下朝之后都会守护在父皇的病床前，这是其他的皇子做不到的，这也让李世民十分欣慰。实际上，太子之位是轮不到李治的，但是，在激烈的是竞争中，他凭借自己与世无争的仁善之意坐上了太子之位。历朝历代皇位的继承人由父皇说了算，不管你的能力强还是弱，只要父皇说你可以，你就可以。可是，让李世民万万没有想到的是，因为经常出入宫内的李治竟然与自己的宠妃武媚娘产生了情谊。当时，李治年仅22岁，武媚娘比他大4岁，这在当时是不被人们接受的。武媚娘的性格十分要强，而且善于谋断，在性格上与懦弱的李治形成互补。或许正是因为李治的软弱，才急需找一个可以让自己依赖的主心骨，而武媚娘想要掌握朝政大权，这也是他们产生感情的原因之一。

　　李世民驾崩之后，只要是他的女人，就要剃光头去感业寺当尼姑，当然，武则天也难逃此劫。武皇后出家之后一直没能与李治见面，一直到李世民的忌日，李治前往感业寺上香的时候，两个人才见面。武媚娘一见到李治就泪如雨下，伤心不已，高宗被眼前这位梨花带雨的美人感染了，眼泪流了下来。自此之后，李治只要一有时间就到感业寺来看望武媚娘，由此可见，他还是十分喜欢武媚娘的。不得不承认，武媚娘是一个十分聪明的女人，她很会抓住一个男人的内心。就像心理学中讲述的那样，只有能够揣摩男人的心思，才能够抓住男人的内心。

　　时间一长，李治认为总是这样偷偷外出与武媚娘见面，并非长久之计，于是想方设法接武媚娘回宫，这样见面就方面多了。但是应该找一个什么理由将她接回来呢？这实在是一个头疼的问题。但是没过多久，机会就来了。后宫出事了——一直没有子嗣的王皇后与诞有皇子的萧淑妃争宠。王皇后知道皇上一直想要将武媚娘接回宫，但是一直没有机会。于是，王皇后想着不妨以自己的名义将武媚娘接回宫，如此一来，不但帮了李治的大忙，还可以联合武媚娘一同对付萧淑妃，一箭双雕，何乐而不为呢！当然，王皇后接武媚娘回宫还有一个原因就是她认为武媚娘的身份不高，即便是将来得势了，也不会掀起什么大浪。即便是武媚娘将来得势，自己对她也算是有"引进"之恩，她应该要感激才对。她的这种想法的确不错，但是她没有想到竟然有人会忘恩负义。王皇后给了武媚娘一个天大的机会，但是武媚娘却没有像自己想象中那样，对她心存感激。

　　武媚娘进宫之后，一开始没有名分，仅仅是一名宫女。武则天认为只要进宫，就可以得到自己想要的一切。果然，武媚娘进宫之后不久，就被封为昭仪，位居九嫔之首，地位仅次于妃。这是她命运当中一个转折点，之前她所担心的一切伦理、礼法、舆论上的障碍，在得到这个封号之后就全部粉碎了。从此，萧淑妃失宠，王皇后的目的达到了。在册封昭仪之前，武媚娘居住在王皇后的宫中，李治想要见到武媚娘就要到王皇后这里来，萧淑妃自然就被冷落了，但是武媚娘在册封昭仪之后，

李治就再也不到王皇后的宫里了,此时,王皇后才醒悟了,"黄雀"原来在这里!

"黄雀"武媚娘封为昭仪之后,就开始捕捉螳螂了:武昭仪首先编造巫蛊案试图废掉王氏的皇后之位;之后,又污蔑王皇后杀死了自己的小女儿,终于,于公元655年,李治废去了王氏的后位与萧氏的妃位,贬为庶人,还被打入冷宫。没多久,李治便思念与王、萧二人的往日情分,在经过冷宫的时候,只看到一个送饭的小洞,根本见不到人,于是李治大喊道:"皇后、淑妃还好吗?"王氏哭泣着说:"我们有罪,已经被贬为庶人,哪还有什么尊称呢?"落魄的王氏仅仅向李治提出了一个要求,就是将冷宫改为"回心院"。武媚娘知道这件事情之后十分愤恨,下令将王、萧二人各杖一百,然后去掉手足,放到酒中,被称为"骨醉",没过多久,王氏就被活活折磨死了,当时只有28岁,史称"废后"。

没过多久,武媚娘就从后娘、情人、尼姑、宫女、昭仪一路坐到皇后的宝座,坐上皇后的宝座之后,开始协助李治处理前朝的政事。

被迫行贿长孙

李治将武媚娘从感业寺接回来封为昭仪之后,还想将武昭仪封为皇后,但是想要封后必须先封妃,于是,李治就提出,在"四妃"之外,再加封武则天为"宸妃"。唐朝的四妃制度为贵、淑、德、贤四妃,是没有宸妃名号的。很明显,这是李治为了将武昭仪封为皇后,而随便加的一个妃号。但是这一建议,遭到了群臣的强烈反对,最重要的是,对这一提议持反对意见的人都是有地位的人,而且理由充分,诸如"妃嫔有数,今立别号,不可"的说法,高宗只好选择放弃。

这一次封妃没有达到目的,可是,李治与武媚娘并没有放弃,而是直接去找具有决定权的长孙无忌,为了达到目的,甚至向长孙无忌行贿说情。在中国历代皇帝中,李治或许是皇帝中唯一一个向臣子行贿的。李治与武媚娘特意前往崇德坊长孙府,长孙一见,皇上亲自登门,赶紧命人设宴款待,两人开怀畅饮。席间,在武媚娘的建议下,高宗当场封

29

长孙宠姬生的三幼儿为朝散大夫。这是个散官衔，没有实质，只是散官。通常，唐代授予散官衔，起封点都非常低，即便是国公的儿子荫封也只能从六品开始。这三个黄口小儿一下子就当上了五品，很明显是高宗刻意笼络。就连封官的意向也别有深意——是专门封给长孙的宠姬所生的儿子，意思便是希望长孙无忌支持自己的决定。接着，高宗说："皇后（指王皇后）没有孩子，怎么样呢？"长孙无忌谢过皇上的恩典，但是对于封后一事一再躲避。李治没有办法，只要秘密遣派人前往长孙无忌的府上，送去大量的金银、珠宝、绸缎等，这是在无计可施的情况下，李治想出的办法，用糖衣炮弹腐蚀臣子，但是面对高官重礼，长孙无忌依然坚持自己的意念。由此可见，长孙无忌是一个立场十分坚定的人。在这样的情况下，武媚娘并没有生气，她忍住性子，让母亲杨氏亲自到长孙无忌的府上说情，但是长孙无忌依旧不给任何承诺。李治知道再这个耗下去，也不会有任何结果，想要将自己的提议实施下去，唯一的办法就是让长孙无忌离开现在的职位。

这时候，一直受到长孙无忌压制的机要秘书李义府，听说长孙无忌想要将自己发配到四川壁州当差，他感到很愤恨，于是他趁着在中书省值班的时间，写了一封"请废王皇后、立武昭仪，以应兆民之心"的奏折递给了皇上。这让李治和武媚娘都十分高兴，立刻赏赐非李义府很多金银财宝，并且将其提拔为中央机关的中书省侍郎。得到了李义府的支持，武媚娘就开始向长孙无忌宣战了！而且，李义府的提议很快就得到了相关部门的支持。李义府因此一路高升，可是，朝中人人都明白武媚娘绝非是一个省油的等，坐上皇后之位也是迟早的事情，倒不如做个顺水人情，因此越来越的人支持册立武则天为皇后，并且在朝中逐渐形成一股势力，这股势力的成员就是武则天图谋"大业"的第一批功臣。废后的舆论逐渐成为了朝廷中的一个热门话题，长安县县令裴行俭针对此次舆论说了一句话"这是国家之祸端"，就被贬到西州任都督府长史去了。

公元655年9月1日，李治传长孙无忌、李勣、褚遂良等人，进宫商议。所有人都知道一定是针对册立皇后一事，他们认为大臣们坚决不能

够同意。等到人聚集之后，李治就坦率地问道："不孝有三，无后为大，如今皇后没有子嗣，昭仪有子，因此朕想要册立武昭仪为皇后，你们意下如何？"话刚刚说完，就遭到了众臣的反对，听到的只有反对之声，所以这次商议在冷漠的气氛中不欢而散。高宗因此很不高兴，等到第二天，李治再次询问众臣的建议时，与长孙无忌同为顾命大佬兼宰相的褚遂良十分愤怒，说自己无论如何都不会同意的。其他的大臣也都慷慨陈词，坚决表示反对，甚至用妲己、褒姒、西施、赵飞燕等加以影射，他们都认为如果将武氏封为皇后，那么国不将国！

面对大臣们的反对声，高宗也表现的有些踌躇了。国家的政权一直掌握在这群贞观老臣手中，自己虽然身为君主，即便是与大臣们闹翻了，恐怕也不会有什么结果的。高宗感到无比沮丧，正要放弃的时候，李勣的一番话让他重新燃起了信心，李勣认为只要皇上想要册封，就可以册封，这是皇上的家务事，根本没有必要和大臣们商量。于是，高宗决定不再和大臣们商议，直接于公元655年10月12日下诏废除王氏皇后身份，10月19日正式立武昭仪为皇后。

夫妻同心治国舅

公元648年的夏天，李治刚刚登基，房玄龄就去世了。他的爵位由长子房遗直继承，这让次子房遗爱的妻子也就是李世民十分宠爱的高阳公主十分不高兴，高阳公主一心想要丈夫与哥哥房遗直平分家产，甚至让丈夫谋取哥哥梁国公的爵位，这遭到了房遗直的强烈斥责，于是，高阳公主就状告房遗直对自己非礼。长孙无忌奉旨彻查此事，竟然查出了震惊朝野的四人谋反案。这一次的审查结果是：高阳公主是整个事件的背后"主使者"，房遗爱是一个胆小怕事的人，也只能跟着跑跑腿。高阳公主与另外两个驸马爷都尉薛万彻（高祖女丹阳公主之夫）、柴令武（太宗女巴陵公主之夫）联合起来想要谋害房遗直，但是他们并没有做成什么事情。实际上，这属于房家的内部纠纷，可是长孙无忌却故意将事态扩大，抓住机会对一些政治对手进行打压。在这个案子审查过后，一大批皇亲国戚都受到了打压，这在当时产生了巨大的影响。李治请求赦免这些皇亲国戚的死罪，但却遭到了长孙无忌的拒绝。无奈之下，李治只得下诏书将三驸马砍了头，二王二公主赐死。

此次事件发生之后，长孙无忌的权势地位得到很大的提升，而且一些始终忠于长孙无忌的人才有很多被调到了中书省、门下省和尚书省担任要职。永徽时期，唐朝的政治格局是这样的：李治虽是皇上，但是真正掌权的确实长孙无忌。长孙不但是李治的舅舅，而且是托孤大臣，是官场上的老油条。而且唐太宗和唐高宗之所以能登基称帝，他有着不可磨灭的功勋，所以如今长孙无忌手上有些权利，似乎很平常。可是，在国舅这些贞观老臣的包围下，即使李治有天大的抱负也无法施展。国舅是志得意满，而高宗是落寞无奈，长孙无忌似乎已经忘记了自己只是一位大臣，他的有些行为似乎已经超出了一个大臣应有的范围。要知道，无论再懦弱的人，都有自己的尊严，更何况是一位皇帝。李治与国舅长孙无忌之间的战争，就此拉开了帷幕。

同时，武媚娘开始与李治频繁地讨论政事，她时常鼓励高宗要打起精神，应该树立起一个君王应有的权威，身为皇帝就应该有一个皇帝的样子！从此之后，李治对武媚娘更加依赖了，武媚娘也逐渐深入到朝政之事中，插手一些朝政之事，对于长孙无忌排除异己的做法，武媚娘采取统一战线的策略，团结一切可以团结的力量，尤其收买那些被长孙无忌收买的那些人。就这样，朝廷内出现了一批拥护皇上的官员，他们就是是卫尉卿许敬宗、御史大夫崔义玄、御史中丞袁公瑜，当然还有李义府、王德俭等。在这些官员中，在朝廷中并非官居要职。但是对于皇上而言，这已经非常好了，因为在此之前，皇上几乎是孤军奋战，许敬宗算得上是一员老将，而且是高宗的心腹，原本是一个做宰相的材料。但是在高宗即位之后，许敬宗受到了长孙无忌等人的排挤，权力大大减弱，地位也逐渐下降，最终被贬到郑州当差。原本已经心灰意冷的他甚至向高宗上奏，表示自己要辞官回乡。实际上，他是想要以退为进，提醒皇上要重用自己。武媚娘看出了端倪，建议李治将许敬宗调回长安任职，调回之后先让他修国史，只要不重用就不会引起大臣们的议论。李治认

为这个方法非常好，于是，就下旨将许敬宗调回长安，先在国史馆工作，自此，许敬宗就变成了武媚娘的亲信。

可以想见，此时的武媚娘早已经不是刚刚进宫时那个天真烂漫的小姑娘了，朝中的各派她都了若指掌，从此，她开始了与国舅这群元老级大臣之间的斗法之争。

治病之谜

李治从小身体羸弱，生病已然是家常便饭，因此他从小就十分喜欢医理方面的书籍，也很喜欢研究医学方面的知识。他命人主持编写的《新修本草》，在中药学的发展史上占有举足轻重的地位。而且，他并不像太宗那样痴迷于道家丹术，对于人的生老病死他有自己的客观看法。

李治才 30 几岁，就经常出现头昏目眩的感觉，只要是稍微劳累一些，就会非常严重，这是遗传的心血管疾病，之后，**慢慢地眼睛就看不到了**。根据史书记载，这是因为视神经受到压迫，于是召唤御医医治。秦鸣鹤和张文仲是两个民间医生，他们时常漂泊在长安，简称"长漂"一族，这些人没有固定的居食。他们被宫廷聘请为御医之后，才有了相对稳定的生活。他们两个奉命进宫为高宗医治。秦鸣鹤经过一番诊断之后，认为是风热之毒进入到眼部与头部造成的，他提出用针刺百会穴出血之后就可以痊愈。但是这个时候的武媚娘野心勃勃，一心想要掌握政权，根本不希望有人可以治好李治的病。只是在李治面前，武则天表现得十分关心自己，绝对不可以让自己受到半点苦楚，当秦鸣鹤提出这个想法之后，武则天严厉斥责："大胆秦鸣鹤，你不想活了吗，竟然敢在天子头上放血？来人啊，将秦鸣鹤拉出去斩了！"秦鸣鹤吓得两腿发软，连忙跪下磕头。而唐高宗说："医生给人治病，本就应该尽情施展医术，不应该有所限制，更何况，放血治病也未必不是好事啊。"李治相信自己具备抵抗风险的能力，也相信秦鸣鹤具有治愈自己疾病的能力，更相信秦鸣鹤不敢谋害自己。秦鸣鹤当真是一代名医，他给李治放血之后，李治顿时感觉身体轻松了很多，不久就睁开了眼睛。秦鸣和终于松了一口气，总算免去了杀头之罪。此时，武则天表现出对秦鸣鹤的无限感激，并且给了他重重的赏赐。但是武则天并未真正的对秦鸣鹤心存感激。高宗可以让御医在自己的头上扎针放血可谓是勇气可嘉，而秦鸣鹤可以大胆提出这样的医治方法也是很令人佩服的。他的做法之所以得到高宗的认可，主要是因为高宗自身对医学十分看重，如果秦鸣鹤遇上的是秦始皇或者隋炀帝之类的，恐怕就性命难保了。

一生功绩

在李治还没有即位之前，生母长孙皇后就去世了。他为了怀念自己的母亲，命人修建了慈恩寺。这座寺院坐落于长安城东南的晋昌坊，这个工程充分显示了唐高宗的仁孝之意。唐高宗李治随即任高僧玄奘为慈恩寺住持，并且授予他纲纪天下僧侣的权力。

当年唐僧离开大唐西天取经的时候，并不像《西游记》中演绎的那样，由皇上送别，而是在一些热心教徒的帮助下，经历了重重磨难才离开唐朝。当唐僧取经回来的时候，正是唐朝最为鼎盛的时候，因此他得到了朝廷的特殊津贴。公元652年，玄奘奏请皇上，要在慈恩寺内建塔，以保存那些从印度带回来的佛经和佛像，李治很快答应了玄奘的要求。当时修建的塔就是现在坐落于西安的具有象征性的建筑大雁塔，也是唐高宗李治在位期间实行宗教自由弘扬佛教的一项政绩。

大雁塔的建筑风格仿照印度塔的外形建造完成。建造之初因为资金不足，所采用的是砖表土心，工程的质量不高，不能够攀登。50年之后，在重新改建的时候，特意使用了砖表空心，塔的内部建立了螺旋状环形梯。塔的平面呈四方形，是建立在一座方45米、高5米的台基上，每一层的四面都有一个圆拱形的石洞，站立在这座塔上就可以见到长安城的全景。"十层突兀在虚空，四十门开面面风。却怪鸟飞平地上，自惊人语半天中。回梯暗踏如穿洞，绝顶初攀似出笼。落日凤城佳气合，满城春树雨濛濛。"（章八元《题慈恩寺塔》）这是历史上的章八元登上大雁塔之后写下的。即便除去诗人登上塔产生的心潮澎湃之感所产生的误差，

大雁塔也是一个十分巍峨的高塔了。当时的空气清新，并不像今天这样污浊，因此登上大雁塔：向南可以纵观逶迤的终南山；向北可以眺望银波闪闪的渭水，当然，还可以鸟瞰古城长安的宫阙古韵；向东遥望霸陵，在杨柳之间隐隐约约可以见到那一辆辆送别的车马；西望长安，街道笼罩在一片朦胧的金色之中，让看到这一切的人突然有一种"下窥指高鸟，俯听闻惊风"的感觉。或许是因为宗教的缘故，又或者是长安城内的人们的心灵就是这样的简约，就连大雁塔本身的也不具有很多华丽的装饰。

在唐诗中我们可以看出，当时人们对于大雁塔的描述主要以"慈恩寺塔"为主，很少有人将其称为"雁塔"。一直到唐文宗在位期间，"雁塔"才引入许玫登的诗句中。自此，大雁塔就不仅仅是佛教的殿堂了，而成为了带有娱乐性质的休闲场所，从此之后，大雁塔进入了它的黄金时代。

在大雁塔下，还保存着太宗李世民与高宗李治撰写的《大唐三藏圣教序碑》和《述三藏圣教序记碑》石刻。之后，唐僧在慈恩寺这件事很快传播开来，前来观光的人越来越多。李治体恤玄奘大师的苦衷，就把离宫玉华宫修建为寺院，才让玄奘有了置身之地，将取回来的经文重新翻译。

大雁塔修建完成之后，就变成了达官贵人的娱乐场所，也就是诗人们吟诗作画的地方，到此作诗的人多多少少会留下一些痕迹，就如同现代人写的"某某人到此一游"一样，诗人们如画般的作品也让我们看到了大雁塔的千姿百态。暮春时，白居易登上高塔，用一种伤感的情绪写下了一首《三月三十日题慈恩寺》；杜甫登上高塔，心中满怀悲愤，于是写下了《同诸公登慈恩寺塔》；38岁刚刚从前线打仗回来的军人岑参，登上大雁塔之后，心中依然有当年当军人的豪情万丈，描述了自己登上大雁塔之后看到的长安城内不同方位的秋天景象，于是赋《与高适薛据登慈恩寺浮图》一首。后来，只要是进士及第，都要登上大雁塔，并且在塔上题名，其中当然也不乏狂傲之作，和早年的高考有很多相似之处，录取率为百分之几，因此任何的豪言壮语都是可以被接受的。之后，大雁塔又形成了"塔院小屋四壁，皆是卿相题名"的景象。只见到，那些长袍飘飘的诗人在这里吟诗作赋，甚至可以说，这里是人们见证功名的地方，诗人诗会已经让大雁塔成为人人皆知的地方，以至于大雁塔成为现代人的旅游地之一，而这与诗人诗会是密不可分的。

虽然大雁塔在建造之初是以佛教的名义修建的，但是它与世俗凡尘有着千丝万缕的纠缠。如今的大雁塔虽然失去了往日的风采，但是它的盛名犹在。在夕阳的映射下，大雁塔被一层层金色的光芒笼罩着，犹如身穿佛衣的僧人，从此远离凡尘俗物。

第四章

懦弱之君——唐中宗李显

帝王档案

☆姓名：李显

☆民族：汉族

☆出生日期：656年

☆逝世日期：710年

☆配偶：韦皇后

☆子女：4个儿子，9个女儿

☆在位时间：5年（684年~684年、705年~710年在位）

☆继位人：李旦

☆谥号：孝和皇帝

☆陵墓：定陵

☆生平简历：

公元656年，李显出生

公元680年，李显被立为太子

公元683年，唐高宗病逝，李显即位。

公元684年，李显被母亲武则天废掉，改为庐陵王。

公元698年，李显又被重新立为皇嗣。

公元705年，大臣们联合起来发动政变，武则天被迫让位，第二次即位，恢复唐朝，国号。

公元706年，突厥大举进攻内地，吐蕃也跟着作乱，李显不得不把养女金城公主下嫁吐蕃赞普尺带珠丹，平息了这次吐蕃的入侵。

公元707年，太子李重俊发动政变，杀死武三思等人，但随后被反戈一击的士兵杀死。

公元710年，李显被皇后韦氏和女儿安乐公主毒杀。

人物简评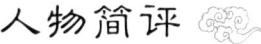

唐中宗李显虽然身世显贵，但即位之后的他却一直碌碌无为。纵观中国历史，自商朝太甲以来，李显是第一位两朝天子，也是一位复辟的君王。他不但缺乏政治头脑，而且亲小人远贤臣，对于权臣、宗室与皇后之争更不能加以控制，是一位评价中下的唐皇。

生平故事

无奈被生母"流放"

唐中宗李显含着金汤匙出生，这一点是毋庸置疑的。可就是这样一位本应该风光无限的皇帝，竟然被生母流放15年之久。这究竟是怎么回事呢？

事情的原委还要从唐中宗的生母武则天说起。武则天统治时期，大唐不管在政治、经济、文化等各个方面都得到了突飞猛进的发展，从这一点上讲，她算得上是唐朝的大功臣。可是，就在这伟大功绩的背后，却隐藏着一颗阴险毒辣的心肠。她的狠已经达到了极致，之所以这样说，是因为武则天为了争权夺利，可以亲手杀掉自己的孩子。试问，哪一个父母会如此心狠呢？

李显的性格如此软弱，大概也是因为家庭环境所致。他是武则天的第三个儿子，原本太子之位不属于他，但是他的两个哥哥李弘与李贤因母亲武则天，前后都经历了立太子、废太子、被斩杀的过程，小小年纪的他又怎会不心生畏惧呢？所以，在大权独揽的生母武则天面前，他又怎敢造次呢，而这或许就是造成他软弱性格的原因。当然，他的这种性格的确起到了实质性的效果，稳坐太子之位，直到唐高宗驾崩之后，登上皇位。

39

李显即位之后，尊称武则天为皇太后。可是，登基之后他，一反常态，认为自己做了皇上，天下就是自己的了，可以为所欲为，因此多次违背武则天的意愿。

公元684年，李显想要任命国丈韦玄贞为侍中，宰相裴炎坚决反对。李显大怒，道："如果韦玄贞愿意，我可以将天下双手奉给他，难道还会在乎一个小小的侍中吗？"裴炎听到之后，立刻告诉了武则天，武则天气得火冒三丈。公元684年2月，即位只有两个月的李显被武则天废黜，降为庐陵王，卷铺盖离开了长安城。

李显万万没有想到，自己只坐了几十天的龙椅，就被母亲拽了下来。不幸的他前后被流放到均州（今湖北省丹江口市）、房州（今湖北省房县）15年时间，而这些年一直是韦氏陪伴在他的身边。外放的生活简直度日如年，锻炼的苦闷暂且搁置不提，这些年他们几乎尝尽了世间的酸甜苦辣。而且，当时朝廷上有很多大臣都反对武则天的做法，纷纷打着"推翻武周、匡复李显"的旗号，这就更加剧了李显内心的恐惧，整天提心吊胆的，只要一听说武则天派遣使臣来了，就吓得魂飞魄散，曾经一度想到自杀。在这段艰难的日子里，韦氏时常安慰李显说："祸福本就无常，并不一定就是赐死啊，你有何苦自己吓自己呢？"在韦氏的鼓励、劝慰下，李显终于度过了人生中最艰难的时期，顽强地活了下来。当然，在这15年的时间里，也将李显与韦氏的感情磨砺得更加深厚，李显甚至对韦氏立下誓言："倘若有朝一日我可以重新登上皇位，一定会满足你的任何愿望。"

韦氏的内心十分强大，有着如钢铁一般的意志力，这一点与武则天极其相似。也正是因为有了韦氏的陪伴和照顾，才让李显度过了这艰难的15个年头。

再度登基

公元699年，武则天的身体越来越差了，于是下旨将李显召回。李显和韦氏在均州、房州的这些年，一直过着提心吊胆的日子，生怕武则天会一反常性，将自己杀死。现在，竟然要恢复尊号，重新登基坐殿了，韦氏忍不住喜极而泣："总算是盼到了这一天！"可是，李显却有些担心，

犹豫着不愿回京,甚至吓得钻到了桌子底下,似乎这是一道索命符。最后,还是大臣们以死相逼,李显才勉强同意,临行之前却手脚哆嗦,四肢发软,根本无法上马,还是在一旁服侍的人拖着他坐到了马鞍上。

这一次李显可以回京,并最终登基,是重臣狄仁杰等劝说武则天之后,武则天作出的一项战略性决策。当时,武则天的侄子们对皇位虎视眈眈,一心想要接替武则天,当然,这其中也包括武三思。

李显被召回宫之后,并没有立即称帝,而是重新被立为太子。二度回宫的李显似乎更注重搞好与武氏家族的人际关系,出于此种动机,他决定和武氏亲上加亲。就这样,他将自己的女儿也就是后来的永泰公主嫁给了母亲的侄孙武延基,变成了魏王武承嗣的儿媳妇;小女儿安乐公主嫁给了母亲的另外一个侄孙武崇训,成为了梁王武三思的儿媳妇。

李显之所以想到与武家联姻,无非是想利用裙带关系稳固自己的地位。公元701年9月,李显的儿子李重润与永泰公主夫妇因为年轻气盛,对武则天的心腹张易之、张昌宗两兄弟产生不满情绪,被张易之报告武则天,并扬言说他们诽谤朝廷,目无皇上,结果武则天逼迫三人自缢而亡。当然,因为牵扯面不广,武则天并没有深度追究,很显然,张易之、张昌宗两兄弟对李家构成了严重的威胁。

公元702年,武则天病重,宰相张柬之、右羽林大将军李多祚等人率领精兵五百多人,斩杀张易之、张昌宗二人,威逼武则天将皇位传于中宗。在如此紧急的时刻,武则天只得让出皇宫,搬往上阳宫养病。当然她也只能回到当初后妃的位置,将朝政大权交给唐中宗李显。

复位之后的唐中宗,立刻册封韦氏为皇后,并且不顾大臣的发对,追封韦皇后的父亲为王,甚至批准让韦皇后干预朝政,对于张柬之等忠臣、重臣越发的不信任。而且,还册封上官婉儿为昭仪,并让她专掌制命,主要工作为起草皇上的诏令,直接掌握生杀大权。

回宫之后的韦氏性情大变,竟与武三思的关系暧昧,而且对武三思信任有加,两人的联合形成了一股强大的政治势力,这股势力对朝政造成了巨大的威胁。

武三思并不是什么正人君子,虽然他小有文采,但是生性残暴,而且权欲极重。在武则天统治时期,武三思就以专横跋扈出名。李显回到长安城后,满朝文武一心思念唐朝,武三思也只得将自己的野心暂时放下，对李显表现忠心，俯首称臣。刚刚登基的李显见到自己的表兄对自己如此忠诚感到十分高兴。于是，将武三思视为知己，并加官进爵。所以，在武则天病逝之后，武三思的权势反而越来越大了，但是武三思的志向远不在此，因为他是曾经皇位的继承人选，他从心眼里看不起李显。正巧此时，韦皇后自己送上门来，两个人都有着一样的"抱负"，各取所需，很快就成为一对政治盟友、床上情人。

武则天广养面首，可这毕竟是在李治去世之后，但是韦皇后则是在中宗的眼皮子地下秽乱后宫，上至武三思、宗楚客、马秦客等重臣，下至宫中的御医和厨子，即使是儿女的丈夫都不放过。更加令人难以相信的是，中宗对于韦皇后与武三思的奸情不予理会，每天笑呵呵的。武三思身为皇帝的表兄、知己，皇后的情人，经常进宫与李显和韦皇后谈心，每次见面都能够其乐融融。而且，只要武三思几天不进宫，李显与韦皇后就会出宫私访。这三个人的关系就是这样亲密，以至于武三思与韦皇后当着李显的面调情，李显也当做没有看到，甚至武三思与韦后讲男女之事时他还能在一旁傻笑，当真不知这中宗是装糊涂还是真不在乎。

有一天，两个人刚刚"完事"，就在床上衣冠不整地赌起钱来，唐中宗上朝回来之后，看到二人正在赌博，还兴奋地帮人家数钱，没过久，安乐公主来了，几个人在一起玩得更加尽兴了！李显这样的皇帝还真是前无古人，后无来者。

张柬之等重臣眼见又要故事重演，鼓励唐中宗除掉武三思。但是软弱的中宗不但没有听从，反而将这件事情一五一十地告诉了武三思，最终导致一代名相张柬之的惨死。安乐公主一心想要当第二个祖母，她鼓动中宗将不是韦皇后亲生的太子李重俊废黜，册立自己为皇太女，而韦皇后与武三思也鼓动中宗废掉李重俊。于是，李重俊联合李多祚率领军队攻入皇宫，虽杀死了武三思父子，却未能如愿杀死韦皇后与安乐公主，因为寡不敌众，命丧黄泉。

韦皇后借此机会大做文章，诬陷宰相魏元忠和乱臣贼子勾结，将魏元忠贬离京城，大权独揽。韦后在后宫肆无忌惮地大卖官职，中宗视若无睹，任凭其为所欲为，只独自一人过着悠闲快乐的生活。

韦后的淫乱，李显似乎是睁一眼闭一眼。一方面是他的性格决定的，一方是他认为自己欠韦后的，毕竟，韦后陪他度了他一生中最艰难的15

年，只要大家都高兴，一团和气就够了。公元710年，有人向皇上公开揭发韦皇后淫乱。尽管李显对韦后的丑事并不介意，但是，在被公众摊开议论，皇上脸面还是过不去的，因此也就不能不追究。韦后担心李显这次动真格，一扫长期以来的绿帽之耻，于是就想先下手为强。而韦后的爱女安乐公主还希望韦后能帮助自己做上皇太女从而登上皇帝的宝座，于是也支持韦后在这个关键时刻应该当机立断。终于，韦后和安乐公主母女俩狠下毒手了，韦后亲手制作了加毒药的酥饼，然后，安乐公主送到中宗皇帝面前，并看着他吃下这个"美味馅饼"。中宗边吃边说"好吃"，当晚毒药便发作致使中宗身亡！

李显死后，韦后进行了改制。她要登基了，开始团结一切可以团结的力量，甚至拉拢太平公主，一起对付可能上台的李隆基。实际上，韦后犯了特大的错误，太平公主和李唐一帮的，她不可能把李唐的江山给一个外姓人，更何况她一直希望自己能像武则天一样，统领天下，而且她现在离江山也只有一步之遥。这么多年来她一直注视着韦后和安乐公主的一举一动，一直隐忍不发。终于，太平公主出手了，一天夜晚，太平公主与侄子李隆基，率领羽林军上把后宫包围了，并且诛杀了韦皇后、安乐公主等人，从此，韦氏一派就被彻底清除。

唯一的功绩

中宗李显的一生没有什么政绩可言，唯一值得一提的就是李显率领的唐朝球队与吐蕃举行马球比赛，唐朝的球队取得了胜利。

吐蕃赞普派往前来迎娶金城公主的使者，在长安逗留了一段时间，中宗邀请他们前往梨园亭子观看击球比赛，有一位使者说："我的部落也有马球的爱好者，是不是可以让他们与汉人进行比赛呢？"李显同样热爱马球，心想：既然吐蕃使者有意比试，那还等什么呢。于是，李显爽快地答应了。对吐蕃的使臣说道："朕准许你们在梨园的亭子里观看比赛。"很显然，李显在口头上占据了主动权，赢得了面子。

唐代的梨园是中国历史上第一座规模完备的国立皇家音乐、舞蹈、戏剧学院，里面建有马球场，时常在这里举行马球比赛、拔河比赛等。梨园的马球场，或许是当时世界上规模最大的马球场了。在唐朝，尤其

第四章 懦弱之君——唐中宗李显

是长安城内，马球场的设计是十分讲究的。在每一个马球场的旁边，都建造有亭子之类的建筑物，这是各级领导的座位席，在栏杆外面的则是普通的观众。球场虽然没有塑胶的地面，但大多都是经过精心处理的，十分光滑。唐人阎宽在《温汤御球赋》中这样写道："广场惟新，扫除克净，平望若砥，下看犹镜。"杨巨源的《观打球有作》中也说："亲扫球场如砥平。"不仅比赛的场地好，就连赛球的过程中都有专门的音乐伴奏。唐朝诗人韦应物《寒食后北楼作》中这样描写道："遥闻击鼓声，蹴鞠军中乐。"仅从击鼓的声音中就可以听出是在举行马球比赛，由此可见，在当时马球比赛已经相当普遍。

这场唐朝与吐鲁蕃的马球比赛同样是击鼓伴奏。听到鼓声之后，双方开始拍马向前。开始时，双方各有十个人，每人拿着一个顶端弯曲的球棍，追着一个犹如拳头一般大小的红色球奔跑，前后冲驰，场面十分热闹。开始时，吐蕃球手占据了上风，多次将球打进了大唐的网中。此时，中宗的脸色阴沉下来，自言自语道："如果我的哥哥们还在，一定不会输给吐蕃人？"或许大家有所不知，李显哥哥李贤的马球打得非常好，只可惜年纪轻轻就被自己的生母杀害。那时，中宗的侄子李隆基还是临淄王。临淄王始终在一旁摩拳擦掌，看样子十分着急。于是中宗就命他与杨慎交、武延秀、王邕四人临时组建了一支贵族马球队，与吐蕃十人入场开战。当时似乎并不讲求什么对等规则，四个人站在场上面对吐蕃十位球手的时候也丝毫不畏惧。只见临淄王一个箭步冲了出去，东奔西突，犹如闪电一般，在场上疾驰。吐蕃的气势很快被临淄王压垮了，根本无法施展技能，最终吐蕃战败。这便是历史上十分著名的"四对十唐蕃马球赛"。中宗的脸上终于露出了笑容，立刻赏赐侄子李隆基。

文化盛行

唐诗是中国历史上不朽的文化遗产，也是中国文化的骄傲。唐诗之所以盛行主要是因为它的风格多变，而且大漠孤烟与巴山夜雨相映，慷慨激昂与浅斟低唱共存，北风卷地与吴浓乡曲兼容，曲径通幽与海天一色同在。当然，也不乏有些特殊的，例如"权龙襄体"便是其中之一。中宗李显的诗词文采虽然一般，但是他们经常与文学侍从在家宴上吟唱。

这样的场合几乎是没有武将参与的，但却有一个名叫权龙襄的武将参加了。虽然他没有接受过邀请，但是每一次他都会兴致勃勃地去参加，中宗因此笑称他"权学士"不懂得格律，却十分喜欢吟诗，想象自己与文人墨客一般。

权龙襄在担任沧州刺史的时候，诗兴大发作了一首《秋日述怀》，诗中这样写道："檐前飞七百，雪白后园疆。饱食房里侧，家粪集野螂。"这一首诗军事属官（沧州参军）拿着端详了半天都没有看明白，不知权龙襄的诗作究竟引用了什么典故。他原本就是粗人，不懂也不敢装懂，于是虚心向刺史大人请教。权龙襄并没有责备和嘲笑他，而是十分耐心地解释道："有一只鹞子房檐飞过，瞧着大概值七百钱，这就是所谓的'檐前飞七百'；洗过的衣服挂在后园犹如白雪一般，僵硬着不动，这就是所谓的'雪白后园疆'；吃饱饭之后在屋子里斜着身子躺着，这就是'饱食房里侧'；在院子里转来转去看到了很多屎壳郎在忙着收集粪便，这就是'家粪集野螂'。"经过参军这样的解释之后，不知有何感受呢，反正其他人听到之后是"嗤之以鼻"。

有一年，李显举办了一次宴会，人们争抢着献诗，权龙襄就作了一首《夏日》献上，前两句为"严雪白皓皓，明月赤团团"，他刚刚念完，就有人问他："这是夏天的景象吗？"权龙襄说："主要是为了将就韵脚。"由此可见，他非常喜欢作诗，但是并没有别人高估他。

李显听到这几句之后，忍俊不禁，在旁边批示说："龙襄才子，秦州人士。明月昼耀，严雪夏起。如此文章，趁韵而已。"其实，这个权将军并不是冬夏不分、日月不明，或许他只是看不惯那些文人墨客们总在皇帝的面前显摆文字，才故意做出这些恶俗的诗进行搅局，不管成诗还是不诗，主要是为了诗人们恶心一次。

45

第五章

对皇位心灰意冷的皇帝——唐睿宗李旦

帝王档案

☆姓名：李旦

☆民族：汉族

☆出生日期：662 年

☆逝世日期：716 年

☆配偶：刘皇后

☆子女：6 个儿子，11 个女儿

☆在位时间：8 年（684 年~690 年，710 年~712 年）

☆继位人：李隆基

☆谥号：玄真大圣大兴皇帝

☆陵墓：桥陵

☆生平简历：

公元 662 年，唐高宗和武则天第四个儿子李旦出生。

公元 684 年，李旦被母亲武则天扶上帝位。

公元 690 年，武则天即位称帝，改唐为周，李旦被降为皇嗣。

公元 698 年，李显被召回长安，代替李旦为皇嗣。

公元 710 年，李旦即位，是为唐睿宗。

公元 712 年，李旦传位给太子李隆基，自称太上皇。

公元 716 年，李旦病逝。

人物简评

唐睿宗李旦历经了十几次宫廷政变，两次登上皇位，三次让位。经过众多的宫廷政变之后，李旦对皇位心灰意冷，只想过清静无为的普通人生活。但是，身为武后的儿子，不可避免地陷入了权力的漩涡中。正是因为他对权势的冷淡，才能在多次动乱中幸存下来。他的一生并没有什么功劳，也没有犯下什么过错。后来，李旦让位给儿子，得以颐养天年。

生平故事

实则无权

唐睿宗李旦的墓葬桥陵几乎埋葬了整个唐朝的宝藏，虽说他生前毫无作为。陕西省的境内有个著名的唐朝18陵，据说里面埋藏着许许多多名震中外的珍宝，其中最大的宝藏就是唐睿宗李旦的桥陵，这是唯一一座在中国封建王朝最鼎盛时期——唐朝开元盛世期间建造的，它有着1200多年的沧桑历史。在当时刚建立之时，桥陵的地表建筑十分的宏伟，但是，到了现在却早已不复存在了，现在存在着的只有桥陵神道以及巍峨的桥陵石刻。这些也足够让我们感受到那个时期唐王朝的强大。细细观看唐朝的历史，李旦一世，上下三代，一共出了5个天子，这当中也包括他自己在内，他曾经登基了两次，曾三度让位，这就是历史上所说的三让皇位国君，他似乎和皇帝这个宝座十分有缘。

公元684年2月7日，李旦第一次登上了皇位，前一天，他的哥哥李显被武则天贬为庐陵王。为了纪念自己由相王登上王位，李旦把开封原

49

"建国寺"的"建"字更名为"相",并且亲自写了大相国寺的匾额(现为赵朴初的题额);宋代看守相国寺菜园的鲁智深,就是在这里倒拔的垂杨柳。

李旦登基以后,武则天下诏将年号改为"文明",同时将李旦的长子李宪立为太子。从此,这个有名无权的皇帝,就和他的皇后一起,被武则天软禁在皇宫中。之后,李旦开始了他傀儡皇帝的生活。武则天则临朝称制,裁决一切的政事。没有母后的谕旨,李旦就不能随便出入宫廷,甚至都不能在皇宫中自由的行动。每天陪伴着他的除刘皇后,就是几个宫女和太监。或者说,李旦连傀儡都算不上,傀儡还能够在皇帝的宝座上装模作样地坐着,但是睿宗在皇宫自由走动的权利都没有,更别说在皇帝的宝座上坐一坐了。

没过多久,就发生了扬州兵变和宗室越王贞等人发动的兵变,他们强烈地反对武则天摄政,要求由李旦来亲自处理朝政。面对他们的反对,武则天一面大力地镇压,令一方面还要演戏归还李旦政权。公元686年正月,武则天下诏恢复睿宗的政权。只是李旦心里十分明白,这根本就不是母后的真意,她不过是在演戏,于是,李旦拒绝了。武则天看到儿子能这么准确地领会到她的意图,十分地欣慰,她就继续顺势把持朝政。

公元689年,武则天下令开始使用周历,诏书也改为"制书"。没过多久,许多人为了支持武则天的政治改制,纷纷上表请愿,恳请武则天更换朝代。在这样的政治风波浪尖上,名义皇帝睿宗也更是不敢反对。于是,他就顺从大多数人的意见,上表请求母后登宝座并赐自己姓武。事实上,睿宗皇帝的这些举动并非出自他的本意,但却让武则天的改朝换代有了更好的台阶,同时还保全了自己。公元690年9月,武则天同意了儿子和群臣的建议,于9月9日,将唐朝的国号废掉,改为周,并称帝,李旦被降为皇嗣,赐予武姓,乔迁至象征接班人居所的东宫。

虽然李旦被立为皇嗣,并且赐了武姓,但是他实质地位没有一点改变,依然是个准傀儡。后来,武则天将她的侄子武承嗣封为魏王。但是武承嗣却并不甘心只居于魏王的地位,他想将皇嗣李旦除去,然后自己做皇太子,以便于将来方便继承姑母武则天的皇位。

为达到这一目的，武承嗣到处活动，请求武则天废掉儿子李旦，将自己立为皇太子。在废除和立皇嗣的这个问题上，一开始武则天拿不定主意，后经过和大臣们商议，她才认识到立子和立侄的利害关系，从那以后，不管武承嗣如何请求，她都置之不理。武承嗣就开始想方设法地谋害李旦，他悄悄地教唆武则天的宠婢团儿，让团儿在武则天面前诬告李旦的皇后刘氏和德妃窦氏每天在夜深人静的时候就对着天诅咒女皇。这件事让武则天信以为真，而且让武则天非常恼怒，就立即下诏将窦氏和刘氏凌迟处死。

之后，武则天下诏不准公卿百官进见李旦，违抗者以斩问罪。武承嗣一看诬告起了效果，就更进一步的诬告李旦有谋反的心。武则天又一次相信了，但是，太常乐工安金藏为证明皇嗣没有谋反心，以剖腹见肠来感动了武则天，这才使武则天不再怀疑李旦，同时也破了武承嗣要谋害李旦的企图。

从这以后，李旦决定放弃皇嗣的位置，以保全自己的性命。

让位给哥哥

睿宗皇帝李旦的谦让风格可是出了名的，他曾经三次让出皇位。第一次就是上表请求母后武则天改朝换代，这一次的让位，使中国历史上出现了唯一的女皇帝，并且建立了武周之政。第二次就是让位给皇兄。公元698年三月，武则天将15年前贬为庐陵王的李显秘密接了回来，睿宗在知道了这个消息以后，就立即以自己生病不方便上朝为由，将位置让与中宗。很明显，睿宗并不是真的生病，他只是不想和皇兄争夺皇位。

武则天既然把李显接到宫里，就是有想要立他为继承人的念头，并且按照长幼的顺序来说，也该是皇兄来继承皇位。历朝历代的皇子为了这个皇位，都是争得头破血流。李旦却主动让位，可以看得出他非常地明智，这让武则天能够名正言顺地立唐中宗，武则天感到非常欣慰。

李旦再一次被封为不能接班的相王，实际上他根本就不在乎这些，总是心平气和的。或许是他的心理素质比较好吧，也或者他根本就不在

51

乎这些了，比起之前他在位时，什么事都要由人摆弄，名义是皇帝，但实际却没有一点自由的生活，他更愿意选择主动避开争夺的恶战。

公元705年，宰相张柬之等人发动了政变，杀掉了张昌宗和张易之两兄弟，逼迫武则天退位，拥立中宗重新坐上皇位。本来就病重的武则天在受到这样的打击之后，就在当年驾崩了，享年82岁。李显在复位之后，恢复了唐制，将弟弟李旦封为安国相王，并且以宰相的身份参与国政。但是让李显没有想到的是，李旦上任不到一个月，就上表了辞让，并且态度十分的坚决，无奈中宗只得答应。

没多久，中宗就又提出将李旦立为"皇太弟"，这个封号在历史上是从来都没有过的，意思就是他的皇位要由弟弟来继承，明显，这是对李旦一再推让皇位继承人的报答，以此表示兄弟的关系很好。但是，李显依然坚决地推辞"皇太弟"这个称呼，李旦也只好作罢。

其实，李显和李旦他们都有着相同的命运，同样都是22岁的时候登上的皇位，也都是先后两次即位皇帝，两次都是他们相互交接。但是后来中宗李显被韦后及安乐公主毒死了，这在历史上也算非常可怜的皇帝；睿宗李旦和李显一样的懦弱无能，任凭太平公主在朝中胡作非为。李显第一次登上皇位做了两个月的傀儡皇帝，李旦第一次登上皇位坐了7个月都被母亲武则天拉了下来。

再一次做了皇帝

李显死后，宰相们商议后决定，让上官婉儿来写中宗的"遗诏"，但是韦后以皇太后的身份亲临执政，掌握着大权，然后让李重茂继位，让安国相王李旦加太尉参谋辅政。可是韦后的党羽觉得这个提议不合理，不应该用相王来辅政，而是由韦太后全面的控制朝政。无疑他们是想将韦后立成第二个武则天，但是朝野上下一片反对。

因倒行逆施的原因，最终韦后还是走上了穷途末路——准备篡权。但是让她万万没有想到的事，就在准备实施计划之际，李旦的三儿子李隆基以及妹妹太平公主竟先一步的发动了兵变，联合禁军的将领拥兵入宫，将韦皇后杀掉了，并且废黜了李重茂，韦后和安乐公主这一政治帮派也因此被彻底地清除了。这一次的政变，文武百官都认为，还是应该由睿宗即位才算稳妥。在众人强烈地要求和拥护之下，他勉强同意了。公元710年6月24日，睿宗于承天门楼即位，再次地登上了他一点也不感兴趣的皇帝宝座，实际上这已经是李旦第二次当皇上了。

李旦即位之后，所面临的第一问题就是要立太子，根据传统，应该立长子李成器为皇太子的。但是论功劳，李成器远远不如三子李隆基。因此李旦很难决定此事。但最后，李成器表示愿意让贤，同时各位大臣也都主张立李隆基。最终睿宗将李隆基立为太子，封长子李成器为雍州牧并且兼太子的太师，地位非常高，皇位这个问题也算解决了。

虽然睿宗两次登基，都不是他自己愿意的。这些事在李旦的心中一直都是耿耿于怀，他发过这样一道《付史馆纪皇太子等劝进诏》："隆基、太平公主……等以为宗庙不可无主，万机不可暂旷，且从人望，因定策禁中……乃顺众望，盖非朕之本心，实乃镇国太平长公主、皇太子、诸王、邠公之意也。"（《全唐文》卷十八《睿宗》）不难看出，李旦被奉皇帝，完全都是李隆基和太平公主等人的意愿，此诏是在向使臣们表明自己被拥立为皇帝的无奈，也希望使臣们能把这个实际情况写进实录国史，好让后世知道他本来是没有要坐皇位这个意愿的。

睿宗即位第一年，采纳太子李隆基的建议，将姚崇和宋璟两人命为宰相，分别负责吏部兵部这两个重要的部门。这两人在当时也都是名臣，睿宗在他们的辅佐之下，朝政呈现出一派振兴的气象。

但睿宗初期的好景并没有持续太久，即位第二年，李旦就失去了刚刚即位时候的那种进取精神，接连出现一些昏庸无道的事情，让刚刚好转的朝政出现了混乱和腐败的现象。首先表现在，他开始重用奸臣，将窦怀贞、岑羲、萧至忠、崔湜四人命为宰相。

用现在的话来说，窦怀贞就是一个小人，无德无功无才。既没有才德也没有立功的窦怀贞是怎样当上的宰相呢？其实他不仅在睿宗的时候当官，在中宗在位时期，他就已经担任御史大夫，凭着一张能说会道的嘴，会拍马屁，得到了中宗以及韦后的宠爱。韦氏集团被消灭之后，他

第五章 对皇位心灰意冷的皇帝——唐睿宗李旦

53

又投靠了新主人太平公主，当上了宰相。睿宗皇帝的两个女儿出家为道姑，睿宗不听大臣们的劝阻，斥巨资为他们造了两座道观。窦怀贞非但不阻止皇上修建道观，反而亲自来监工修建，强拆百姓的房屋，霸占百姓的田地，这让当地的百姓流离所失。有人劝他应当极力辅佐皇帝处理军国大事，而不用专顾修建寺观这样的小事情。他不听劝阻，身为宰相，却甘愿堕落为公主的管家。

萧至忠本是个比较正派的人，在朝廷当中的威信也相对比较高。有这样一个故事，能够看出萧至忠是个非常讲诚信的人。有一次肖至忠和朋友约定在街上相见，可是到了约定的时间，天上却飘起了鹅毛大雪。既然天气情况这么的恶劣，按照道理来说，可以改天再约，但是萧至忠固执地说："已经约定好的，怎么能因为害怕风雪就失约不去呢。"于是他叫人备车前往，到约定的地点之后，他就站在雪地里等待。天寒地冻，直到雪下了一尺多深，那位朋友听说萧至忠在雪地里等他，心里非常地愧疚，急忙前来赴约。可是他为了升官发财，卖身投靠了太平公主。

岑羲也是韦氏集团的人。在韦氏毒死中宗称制的时候就立即将他任命为宰相。在睿宗即位之初就罢了他的宰相之职，后来他投靠了太平公主，又恢复了宰相的职务。崔湜原本是个考功员外郎的小官，由于和上官婉儿私通，在上官婉儿的推荐之下，中宗将他任命为宰相，但没过多久因为选官受贿被罢官。在韦后临朝以后，他也官复原职。睿宗继位之后又将他罢免，但是因为他得到太平公主的垂青，在太平公主的请求之下继续任命宰相。

睿宗在用人方面前后判若两人，这是因为在他刚即位的时候比较倾向于太子李隆基，所以听李隆基的话，将名臣姚崇和宋璟等人命为宰相，，所以朝政一片振兴气象。到了第二年，太平公主对睿宗听儿子的话感到非常不满，因为在睿宗登基的时候也是太平公主大力的支持，所以后来他听太平公主的话将奸臣窦怀贞等人任命为宰相，这些人都是一些墙头草，谁的权力比较大就跟谁，丝毫没有治国的才能，所以才导致了朝政的混乱腐败。

再一次让位

睿宗是个性格寡淡的人，在强势的压力下，也不得不清心寡欲，他的两个亲哥哥都是被母亲害死的。所以，他的性格和他的遭遇有着密不可分的关系。虽然，他现在当上了皇帝，但并不是自己争取来的。他不喜欢掌管皇权，一心只想清净。对于触目惊心的宫廷斗争他感到非常地疲倦，皇帝这个至尊的地位已经不能吸引到他了。睿宗一直都在李隆基以及太平公主之间搞政治平衡。可是他无法解决两派之间的斗争。

太平公主则一心都想要成为母亲武则天那样的女皇帝，有着很重的追逐权力之心。对于她来说，现在最大的威胁就是精明强于太子的李隆基。太平公主主张将性格温顺的李成器立为太子是方便她将来可以控制皇帝，进一步成为女皇，如果她是男人，当皇帝也是理所当然，但是身为女人，通往帝王之路又长又远并且布满了荆棘。

历史上说太平公主的"太平"只是她的一个封号，至于她具体叫什么名字就不知道了。太平公主是武则天在40岁的时候生下的，她的几个哥哥都是软弱无能的偏执狂。但是她和武则天很像，很想执掌朝政大权，但武则天却并不想将皇位给她，也许武则天是出于对女儿的爱，她觉得让一个女人来做皇帝实在是太苦了，再或者武则天认为皇位交给软弱的儿子要比给强势的公主更加方便自己操纵。所以，她的两个小儿子李显和李旦分别都当上了皇帝，这让太平公主非常不爽。

太平公主为了争夺权力，一方面散布谣言，说"太子也不是长子，不适合当太子"，另外一方面她积极扩充自己的政治势力，组成一个势力庞大的宗派集团。

战争是从李隆基被立为太子开始的，这场越演越烈的战争，经过一年的斗争，太平公主取得了暂时的胜利：李隆基也辞去了政事；他的左右手也都被罢了相；太平公主的党羽则被任命为宰相，文武官员当中大多数都依附太平公主。这样一来，睿宗皇帝执政的第二年，公主派在朝廷当中占了上风。

55

睿宗虽然做着皇帝，但他很想及早禅位。因为他既无法调解公主和太子之间的矛盾，也对做皇帝没有兴趣。他只是想做一个安逸宁静的太上皇。但，睿宗这样的做法却并没有持续太久，即位之后第二年的二月，就下诏书要太子李隆基行使监国权，说白了就是全权执政。过了两个月，李旦又将三品以上的大臣召回，宣布他想将皇位传给太子，太子派则不敢表态，毕竟太平公主的势力依旧很大。太平公主的私党则是极力地进行劝阻，最后李旦采取了折中的方法："但凡是政事，都交予太子负责处理。军事以及刑事，还有五品之上的官吏的任免，都要先和太子商量，然后再上奏于我回。"这一决定让太平公主更加痛恨李隆基，她心里只想尽快地将李隆基除掉。

公元712年7月，机会终于来了。这一天，天象上出现了异常。作为太子对头的太平公主一党就借术士之口向睿宗报告："根据天象观察，彗星出现了预示除旧布新。帝座和前星有灾，这显示皇太子适合做天子，不适合居住东宫。"他们原本的意识就是借着天象教唆睿宗对皇太子的政治前途作出决定。就是说，要么睿宗传位，要么重新立新太子，否则就会降下灾难，百姓则受其苦。

但是，睿宗不但不另外立太子，还选择了"传位避灾"的方法。睿宗回顾自己在中宗之世时候的经历：当时，他看见天象多次都有变化，曾经极力地劝阻中宗择立贤以应灾异，即便他历经磨难，中宗仍然对皇位眷恋不已。他不答应退位立贤，因此，睿宗一连几天都忧惧难安，生怕中宗会怪罪。

睿宗表现出坚决的态度，他一改往日的懦弱。这令太平公主等人万万没想到，甚至连太子自己都想不明白。李隆基急忙入宫，连连叩头，询问父亲为何逊位。睿宗说："现今天意人事都已经成熟，你也不必再有顾虑。若是你想要尽孝心，那么现在机会已经来了，你又何必一定要等到在灵柩前即位呢！"睿宗表达了自己坚决传位的意愿，并目送着泪流满满的李隆基出去。到这时候为止，李隆基的皇位算是铁定了。他长长地舒口气。同时，他又不敢怠慢，因为姑母太平公主一定会反对，自己的处境也会非常危险。

太平公主又一次以失败告终，不得已她又奉劝睿宗，你虽传了皇位，但是大权还是要自己来掌握。无奈，睿宗只得同意。公元712年8月25日，在位仅仅26个月的睿宗就再次地禅让，自己坐上了太上皇，这是睿宗李旦的第三次让位。

睿宗难道真的不喜欢这个皇位吗？或者说让位就是这么的"好让"。事实上从中宗李显之后，李唐的天子就失去了之前的威严，皇帝也只是某种的称谓，有些时候还可能会导致性命之忧。李旦的几个哥哥先后都被废除被杀害。这些在睿宗的心里自然是有一些阴影的，也让他感触颇深，皇位对于他来说，并不是像其他皇子一样那么地喜欢，所以他才会三次让位。

虽说睿宗在对待朝政大事上不是那么的在行，但是他却有得一手好的书法，这就得从他第一次登基说起了，那时候他虽然是有名无实，但是他的时间和精力都非常的充沛。后来他又迷恋文字训诂，慢慢地他把自己全部的精力都转移到了这个方面，甚至睿宗的草书和隶书都能和当时一些很有名气的书法家相比了。历史上称睿宗为"谦恭孝友，好学，工草隶，尤爱文字训诂之书"（《旧唐书》卷七《睿宗纪》），"谦恭"、"孝友"虽然他有性格的因素存在，但是更是形势所迫。

冤死的两位皇后

唐睿宗李旦的正牌老婆是刘皇后，其祖父刑部尚书刘德威，父亲是陕州刺史刘延景。公元676年，刘氏以宫女的身份进入当时的相王府，没过多久，李成器和两位公主就诞生了。公元684年，李旦曾即位，刘妃册为皇后。公元690年，睿宗让位于母亲武后，还称作太子，刘氏则仍然是太子妃。

窦氏出身世家，受到过良好的家教，性情温柔婉约，知书达理，是为德妃。窦氏的祖父窦抗是唐高祖李渊的挚交。窦氏为平陆人，她的父亲窦孝谌是唐朝的重臣，和睿宗生下第三子李隆基以及两位公主。

李旦和窦氏刘氏的感情都非常好。虽说被监禁了不能随便的外出，

第五章 对皇位心灰意冷的皇帝——唐睿宗李旦

57

但是李旦和他们在一起却不会感到痛苦寂寞。李旦经常和窦氏一同读书写字。

到后来，刘氏和窦氏都被武则天杀死了，可怜李旦连两人的尸体都不曾见到。李旦见到武则天也不敢多问一句话，只得背地里落泪。

公元705年元月，睿宗李旦复位，他下令将刘妃和窦妃的嘉豫殿全部挖掘了一遍，始终都没有发现两位妃子的遗体以及任何的蛛丝马迹。睿宗万分伤心，将窦氏追谥昭成皇后，但因尸骨下落不明，便招魂葬在东都之南，立别庙"仪坤"。

公元716年，睿宗驾崩了，他被安葬于桥陵（今陕西蒲城县丰山）。李隆基即位之后追尊他的生母窦氏为"皇太后"，同时将母亲窦氏和睿宗合葬在桥陵。

第六章

把握乾坤的女皇——武则天

帝王档案

☆姓名：武则天

☆民族：汉族

☆出生日期：624 年

☆逝世日期：705 年

☆配偶：唐高宗李治

☆子女：4 个儿子，2 个女儿

☆在位：15 年（690 年~705 年）

☆继位人：李显

☆庙号：武周皇帝

☆谥号：则天顺圣皇后。

☆陵墓：乾陵

☆生平简历：

公元 624 年，武则天出生于利州。

公元 637 年，武则天进宫，立为才人，赐号"武媚"。

公元 649 年，武则天在感业寺出家为尼。

公元 654 年，高宗封武则天为昭仪。

公元 655 年，高宗下诏立武昭仪为皇后，举行隆重的册立皇后仪式。

公元 683 年，高宗驾崩，太子李显继位，称唐中宗，尊武后为皇太后。

公元 684 年，武则天废中宗，立相王李旦为皇帝，为睿宗，政事由武太后处理。

公元 690 年，武则天废睿宗，正式称帝，自号"圣神皇帝"，改国号为周。

公元 705 年，武则天被迫将皇位让给儿子中宗李显，复唐国号。12 月，病逝于洛阳上阳宫，称"则天大圣皇后"，与高宗合葬于乾陵。

人物简评

武则天死后,她的谥号曾经多次改变,对于李氏后代来说,她到底是皇上呢?还是皇后呢?直至公元749年,武则天谥号最终定为"则天顺圣皇后"。不过,世人仍然承认她是中国历史上唯一的女皇帝。武则天是一个政治家,她手腕强硬,能容人、识人、用人。她有胆识、有魄力,打破传统,印证了女人的地位、自由是靠争取来的,不是靠按揉给予的。因为皇位不是李家送给她,而是她靠一步步的努力坐上去的。这才是最重要的,也是她最有价值的地方。

生平故事

武媚娘入宫

公元624年正月23日,武则天出生。她的父亲武士彟任工部尚书,判六曹尚书事。母亲杨氏是隋朝宗室宰相杨达的女儿,生她的时候已经46岁了,武则天是她的第二个女儿。武则天的出身并不高贵,父亲靠做木材生意起家,可谓出身寒门。武则天出生时,父亲的官职已是工部尚书,武则天小的时候享受到了上流社会的荣华富贵,但是寒门出身也让她受到了流俗的鄙视攻击。唐朝初年的门阀观念还很严重,像她这样寒门新贵出身的人的政治前途,将来肯定是坎坷的。但是,这境遇并没有让武则天气馁,而是养成了她追逐最高权力、支配一切的欲望,为了得到至高的权力,她不择手段、冷酷无情。

在武则天11岁的时候,父亲武士彟就死在了荆州都督任上。武则天母亲和姐姐回到长安和同父异母的哥哥武元庆以及武元爽一起生活,并且他们经常欺负武则天。

公元636年,长孙皇后去世了,唐太宗非常怀念她,悲痛得连朝政都不想处理了。对然大臣魏徵劝谏皇帝要明白自己身为皇帝的责任，唐太宗这才渐渐处理朝廷的政务，但是太宗心理的愁苦并没有排解掉。

朝中的大臣们看到太宗愁眉苦脸的，就主张唐太宗召新人进宫，于是唐太宗开始在民间选美，这次的选美活动也成了武则天进宫的开始。在此之前武则天已经以美貌名满长安了，这次选美自然地就把她选进了后宫。皇后的去世也给武则天带来了机会。太宗听说武则天天生丽质，就于公元唐637年把十四岁的她召进皇宫，后来立为才人，赐予她"武媚"的称号。

武则天因美貌而有魅力，这在男性占有主导地位的封建社会，是一个女人最大的资本。唐太宗也正是因为她如花似玉天生丽质加上妩媚动人，专门赐她以"武媚"的称号。与此同时，武则天的身上还带着一种与生俱来的魄力和胆识，这也是她独特魅力所在之处。

性格过于刚烈的武媚娘并未得到唐太宗的宠爱，他更喜好女子温柔贤淑。所以，虽然武则天已经入宫十几年，但是一直没有从才人晋升。然而，这种刚烈的性格却吸引了忠厚懦弱的太子李治。

公元646年，唐太宗因为病重，李治便经常入侍药膳，因此认识了服侍太宗的武媚娘。年轻又文弱的李治被长他四岁又多情美丽的武媚娘深深地吸引了，多年深受冷落的武则天在李治的身上隐隐约约看到了一丝的希望。

公元649年5月，唐太宗驾崩，享年52岁。太子李治即位，史称唐高宗。按唐朝后宫的惯例，皇帝死之后，但凡先前服侍过先皇，而没有生育过的嫔妃们都要出家为尼。生育过的嫔妃则需要打入冷宫，为死去的皇帝守寡。后宫当中，后妃的命运都被皇帝所把握，也可以说是皇帝的私人物品。皇上死之后，这些人就没有其他选择，即便美貌青春，但是没有生育过子女，也不能另行婚嫁，必须要离开内宫入寺为尼。虽然理论上是这么个道理，但是皇帝有很多的儿子，儿子也有机会见到这些和他们年龄相仿的美貌女子。即便是古代最开明的唐朝，还是有很多违背人性的制度。

武则天就和其他未生育的后妃们一起被遣送到感业寺出家，从此长伴青灯古佛。年轻美貌的武则天，虽然身在感业寺，但她怎么可能会把自己的身心都奉献给佛祖，她时时刻刻都眷恋着和唐高宗李治的情分，盼望着李治能把自己从感业寺救出来。

公元650年5月26日，是唐太宗去世的周年日。唐高宗举行隆重的祭奠仪式，并摆驾感业寺进香。武则天便趁此机会和唐高宗李治相见。两人见面之后，高宗发现自己对武则天的旧情难忘，武则天也在高宗面前声泪俱下，唐高宗看到武则天这般容貌，不单单是感动，更多的是深深地迷恋。唐高宗恨不得马上就把武则天带回宫里，但是高宗还是有一些政治头脑，他知道朝中有很多的前朝重臣，自己也没有合适的理由把武则天从感业寺接走。所以，高宗只好暂时委屈武则天在感业寺栖身，等到时机合适再将她接入宫中。对此，武则天虽然有些失望，但是现在她也唯有等待了。

二次入宫后当上皇后

武则天终于再次入宫，促成她入宫有三大因素。第一、她依然年轻美貌；第二、高宗对她恋恋不忘；第三、王皇后与萧淑妃争宠，王皇后利用武则天入宫争宠。武则天告别了四年之久的寺庙生活，那一年，她29岁。武则天第二次入宫以后，被高宗册封为"昭仪"。"昭仪"属于正二品，地位超过了其他八个嫔妃，居九嫔之首，在她的上面，就只有皇后和四妃了。

武则天二度入宫之后，变得成熟起来，她已经懂得了宫廷生活中的权力斗争与尔虞我诈，这对她是一个绝好的机会，开始运用自己的聪明才智逐渐成为皇后。入宫之初的武则天，并没有仗着高宗的宠爱就目中无人、不可一世。相反，她极力讨好中宫之主王皇后，而王皇后因为想让萧淑妃失宠，便在高宗面前屡赞武则天，使得高宗对武则天的宠爱更甚。实际上，就是王皇后怂恿高宗将武则天从感业寺接出，让武则天变成她手中的棋子，让当时备受皇上宠爱的萧淑妃失宠。但是情况急转直下，不仅萧淑妃失宠，王皇后也被高宗冷落，武则天已成了王皇后计划中的最大受益者。

王皇后终于知道了谁才是最大的敌人，悔不当初。她便与萧淑妃摒弃前嫌，联手对付武则天。而此时武则天已开始在后宫中拉拢被王皇后排挤的人，通过她们掌握王皇后和萧淑妃的言行举止，再添油加醋地禀告高宗。高宗对王皇后逐渐厌弃，武则天则在后宫的地位日益巩固，凭借着唐高宗对她的万千宠爱，利用自己的谋略、胆识，终于一步步登上了皇后宝座。

这其间发生了一件事，让唐高宗对王皇后起了废黜之心。武则天在

第六章 把握乾坤的女皇——武则天

63

33岁时生下长女安定思公主，公主早夭。据《资治通鉴》记载：武则天的长女出生后才一月，王皇后来看过她的女儿，这个时候高宗不在，王皇后走了之后，武则天就亲手把女儿给掐死，装作什么都没有发生的样子。等到高宗来之后，武则天掀开被子"发现"小公主已经死去，在高宗面前失声痛哭。高宗本来对小公主宠爱有加，发现女儿被人扼死，立刻追问，武则天嫁祸王皇后，高宗愤怒之下，也不听王皇后的解释，把皇后打入冷宫，后来被武则天暗中杀死。因为谁都不会想到武则天会杀掉自己的亲生女儿，所以武则天的阴谋才能成功。后来武则天对第二个女儿太平公主很是宠爱，也算是一种弥补。

公元655年初，唐高宗着手准备废立皇后之事。但是，这件事立即在宫中掀起了一场轩然大波。太尉长孙无忌、宰相褚遂良等元老们认为王皇后出身名门，没有犯下大错，不能废。他们极力反对立武则天为后，认为她不仅出身寒门，而且曾经侍奉过先帝太宗，本来迎武氏回宫就违反了惯例，现又要立为高宗的皇后，有伤风化。而朝中李义府、许敬宗等大臣，看着武则天备受高宗宠爱，这是一个邀功的机会，便积极支持立武则天为皇后。

有一天，唐高宗把长孙无忌，褚遂良等这些反对废后的人都召到内殿，和他们商量皇后废立的事宜。武则天坐在帘子后面监听。其长孙无忌极力的反对将武则天立为后，同时为王皇后辩解。褚遂良也在一边跟皇上唱反调，还磕头磕得满脸都是血，并且提出了辞官回家的要求。武则天听后，怒火大生，她隔着帘子大声的喊道："为何不将此人诛杀！"长孙无忌则连忙出来替褚遂良求情。褚遂良着才捡回一条命，但是官职却被贬了去，被调往谭州（即今湖南长沙）任职都督。

后来，开国功臣李勣说皇后的废立可以不必和大臣商量，因为这毕竟是皇上的家务事。这个理由让高宗下定了废后的决心。朝廷大臣也出现了分化，除了反对废后的声音外，也出现了很多支持的声音。公元655年10月13日，高宗下诏书废王皇后、萧淑妃为庶人；十九日，百官请立中宫。高宗正式诏立武则天为皇后。时年，武则天32岁。

武则天进宫之后，一直得到高宗的专宠，武则天和高宗总共生了四男二女。高宗一共十二个子女，武则天生了后边的六个。

手握大权

　　武则天在高宗的信任和许诺之下开始参预朝政，采取了一些政治措施。她修订了《姓氏录》，并且将武姓列为第一等，而其他的姓氏，则是按照官职品位的高低顺序来排列的。

　　这样，先前的士族官僚也都不再有入仕做官的优越条件，也不能因为出身高贵而胡作非为。对于庶族出身的官员，也不再因为门第的贫贱而受耻辱于人，从此再看不到士族贵族的特权。官僚队伍的基础得以扩大。

　　武则天的政治影响和自身的才能在实践当中不断的增长，这为她日后独掌大权打下了非常坚实的基础。

　　公元 655 年到公元 683 年，武则天整整当了二十八年皇后。武则天渐渐地操纵朝廷政务，并在朝廷大臣中树立威信。因为长孙无忌等人阻拦武则天当皇后，武则天首先打击长孙无忌家族，长孙无忌被高宗流放到外地，最终自尽。高宗虽然让武则天参与政务，但是越来越受到武则天的牵制，武则天的专断也渐渐引起了高宗的不满。高宗想要废掉武后，于是命上官仪代为草诏废掉武则天。武则天闻讯赶到，宣布废后的草诏墨迹未干，高宗看到武后来了，就将责任全推到了上官仪的身上。武则天对此很是恼怒，不久之后，就暗地里指示许敬宗捏造上官仪和已经被废的太子李忠图谋反叛的证据，并将上官仪父子处死。长孙无忌和上官仪被处置之后，在朝中也就无人敢公开与武则天作对了。

　　武则天具有政治才能，处理政务有章有法，不像高宗一般犹豫不决，朝中群臣很是敬服。高宗虽然对武则天的专断很不满，但是许多国家大事却又不能不倚重她。这样，武则天就渐渐地从幕后走向了前台，后来竟然和唐高宗一起上殿，共同接受群臣的朝拜。上元元年，高宗号天皇，武则天号天后，天下人称为"二圣"。从此之后，高宗就被架空了，朝廷的大权，尽在武则天的掌握之中。武则天干预朝政并发挥实际影响的时间也达二十年之久。

　　在这一段漫长的皇后历程当中，武则天辅佐高宗处理了诸多的国政事宜。在武则天辅政的这段时间，唐朝的经济、政治、军事、文化等领域都发生了一系列的重要事件。政治方面：官职有所增减；在经济的方面：继续推行均田制等一些重大的举措；在军事的方面：发生了和高句丽、吐蕃等国家以及部族之间的多次战争；在文化的方面，广修庙宇，大兴佛教，弘扬佛法，教化众生。

武则天一共有四个儿子：李弘、李贤、李显、李旦。李忠太子被废除之后，高宗皇帝就将武则天的长子李弘立为皇太子。李弘非常有才能，为人谦虚忍让，高宗非常喜欢他。体弱多病的高宗就想禅位于长子李弘。但是李弘却有自己的主意，他并不顺从武则天。于是，在公元675年武则天亲手将24岁的太子李弘毒死。随后将李贤立为太子。在处理政务时，李贤非常精干，朝臣对他非常赞赏，对此武则天感到非常不安。于是，她就指使别人诬告太子贪恋女色，想早日的争夺皇位，于是在公元680年8月，废掉了李贤的太子身份，同时将他贬为庶人，将三子李显立为太子。

公元683年，高宗病死，中宗李显继位。但按照高宗的遗诏，军国大事有不决者兼取天后进止。这就为武则天临朝称制，乃至日后成为女皇提供了一个重要的机会。李显的性格和父亲一样较为软弱，十分尊重母亲武则天，所以他的即位在开始的时候还被武则天所接受。但是，中宗即位还不到两个月，便被母后武则天赶下了台。武则天又立四子李旦为皇帝，称唐睿宗。唐睿宗也没有实权，一切都听母亲的摆布。

武则天大权独揽，这一切逐渐引起了部分宗室成员和李唐旧臣的不满，他们暗中联络，策划反击。

公元684年9月，被武则天贬出京城的徐敬业开始起兵反抗。徐敬业在扬州起兵，十多天就召集了十万兵马，其声势相当的浩大。武则天则是镇定自若，她亲自指挥，调动三十万的兵马迎战，命李孝逸率兵平叛。在平定叛乱中，宰相裴炎要求武则天将政权还给睿宗，下场是被武则天给处死了。之后，武则天又将其他几个宰相罢免，将韦方质、武承嗣、韦思谦立为宰相。往后的两年时间中，宰相更换得非常频繁，基本上没有什么实际的权力了。

过了不久，叛乱就被平息了。徐敬业、李冲、李贞等主要发难者，或死于战场，或被捕杀，无一幸免。武则天终于度过了这次大的政治危机，威望也是空前提高。此后，武则天又借助这个机会，大肆地株连、捕杀李氏宗亲，防止他们再次发动叛乱，扫清她称帝的障碍。为了让人们接受她成为女皇帝，武则天又煞费苦心地做了最后准备，也就是更改年号，进行舆论造势。

史上第一位女皇登基

武则天于公元690年借着佛僧法明之口，广造舆论："武后其实是弥勒佛的转生，必是当代唐朝的天子。"并且指示自己的侄子武承嗣派人送给自己一块刻有"圣母临人，永昌帝业"的白石头，谎称这就是天意。然后，武则天又故意地让唐睿宗为首的六万臣民上奏劝进，请求其改变国号。这一切都使武则天的登基显得顺理成章。

公元690年重阳节，也就是九月九日，武则天见时机已经成熟，于是就在"上尊天示"、"顺从众议"的呼喊声当中登上了皇帝的宝座。既改元为天寿，大周天朝正式建立，自称为"圣神皇帝"。从此中国历史上有了第一个也是唯一一个女皇帝，时年66岁。

从公元655年武则天做皇后开始，到公元705年被迫退位，前后参加和掌握最高权力长达半世纪之久。即便是从唐高宗死的时候算起，也有21年的时间。在这段时间内，武则天兢兢业业，励精图治，创造了一系列显著的政绩。

其中科举制度是一种选官的制度，它是从隋朝开始的，在唐朝时期发扬光大，并且历朝历代都延续了这一制度，一直到公元1905年才被废除。在隋朝时期刚刚诞生的科举制度还不是很完善，而且约制了人才的选拔。武则天便对科举制度也进行了一系列的改革创新，加上魏晋以来的门第之分也被打破，大批庶族地主得以进入仕途，为唐朝的发展选拔了大批的人才。

武则天首创"殿试"。公元690年，武则天称帝之后，亲自在洛成殿策试进士，以文词作为选拔标准，而不偏重经学。武则天在科举制度中首创殿试环节，亲自参与到科举取士的考核过程中，表明了她对人才选拔的极度重视。同时，武则天创立的殿试，改变了唐太宗时期的考试形式（唐太宗时的科举制度是通过乡贡，再由州贡到尚书省接受吏部考试这样的两级考试模式），这本身就是对科举制度的一个完善。

武则天首兴"武举"。公元702年，武则天"始设武举"，通过马射、步射、平射、筒射、马枪等考试科目的考核，选拔军事技术人才。至此，科举制度不再是文人学士的专利，武人在科举制度中也有了展现的机会和入仕的平台。首兴武举充分体现了武则天选拔人才思路开阔，文武并重，这样有效地保证了朝廷军事人才的选拔录用途径。

67

调整科举取士科目，扩大规模。武则天临朝称制之后，即开始采取一系列举措使"常举"制度化，坚持每年开科取士；调整取士科目，重点推行进士科，适当发展诸科，降低明经科的地位；扩大科举取士规模，表现为缩短科举间隔，丰富制取科目，增加录取人数。

武则天通过发展科举制度，使得大量人才进入政治舞台，抑制了豪门垄断，为寒门士子提供了施展才干的空间。科举制度在隋朝创立，到了武则天时期已基本定型，在以后千余年的封建社会中发挥了选拔人才的重要作用。

武则天鼓励百姓毛遂自荐、自表才能，这在历代统治者中并不多见，从中可以体现出她选拔人才时政策十分开明。

武则天在处理国事朝政之时勇于纳谏，一般而言，皇帝越到后期善于纳谏的人就越少，也可以看出性别的不一样。男人越老越没用自信，所以盲目自大，如英明的唐太宗，晚期的时候听不进去言官的劝诫。而在武则天的统治巩固之后，越到后期，越能听进去言官的劝谏。她特别注重健全谏官制度，多置拾遗、补阙，扩大谏官队伍。她善于用人，鼓励进谏。

公元700年8月，武则天准备造一尊大佛像，令天下僧尼每日出一钱以助其功。而狄仁杰认为此事对百姓造成损害，而于国家并无益处，因此上书反对，言辞激烈。武则天看后，坦言："公教朕为善，何得相违！"于是便取消了原来的计划。

武则天敢于纳谏，在于她广阔胸襟，也因为她确实选拔了一大批优秀人才，委以重任，为她所用，以至于能适时地对她的政策发表看法，提出富有建设性的意见。武则天善于用人，网罗了一大批文武人才，她任用过的宰相中如狄仁杰、姚崇、宋璟等，堪称古代名相。而姚崇、宋璟不仅是武则天统治时期的贤才，也为武则天之后"开元盛世"的形成发挥了重要作用。

武则天对于农业生产十分地重视，也曾在公元674年12月在向高宗所上的"建言十二事"当中。首条明确地提出"劝农桑，薄赋徭"。她当了皇帝之后，也颁布了很多有利于农业发展的措施。公元696年，武则天大赦天下，把当年百姓所应该缴纳的租税都予以免征。为促进农业的生产，武则天还下令放免了部分的奴婢，边远地区也实行军事性的屯田、营田，兴修许多的水利工程，保证农业的收成。

武则天统治时期，设置武举考试，选拔了很多军事人才。她不仅在军事上加强边防，防范少数民族的入侵，而且多施行怀柔、抚慰政策，通过给少数民族种子、农具等，帮助其发展经济。对于一直侵扰边境的吐蕃、契丹、突厥等少数民族，武则天坚决打击。公元689年，武则天派兵西征吐蕃，经过激烈的战斗，于公元692年收复被吐蕃占领的唐王朝所设的"安西四镇"。在收复了安西四镇后，将安西都护府移于龟兹，"用汉兵三万人以镇之"。

女皇帝的生活

皇上有很多妃嫔，这在古代是理所当然的，没有人提出异议。但是女皇武则天拥有几个男宠，就有人说她个人生活腐化。不管怎么说，武则天拥有的男人肯定没有男人当皇帝时拥有的女人多。武则天称帝之后命人专门设置"控鹤监"，专管床前的供奉之艺。武则天的男宠颇多，其中比较有名的有薛怀义、沈南璆、张易之、张宗昌等人。

薛怀义，原名冯小宝，他本是市井卖药的郎中，但是身材魁梧，而且能说会道。武则天知道之后，但碍于耳目众多，也不能随便把他召来侍寝。恰好当时宫中经常举行佛事活动，为使冯小宝方便出入宫中，武则天就命他剃度为僧，又命他与太平公主之婿薛绍合族，改名薛怀义，薛绍称其为叔父，几经周折之后薛怀义才被武则天弄入宫中，朝野则呼为薛师。

薛怀义成为武则天的男宠之后，炙手可热。时间久了，薛怀义连朝廷的大臣也都不放在眼里了。有一次，他在朝堂上与丞相苏良嗣相遇，苏良嗣早就看不惯他的嚣张气焰，命令左右随侍的人狠狠地打了他几个耳光。薛怀义怀恨在心，向武则天哭诉，武则天却并没有替他出头，只说："这老儿，朕也怕他，阿师（薛怀义小名）以后当于北门出入，南衙宰相往来之路，不可去侵犯他。"其实，武则天怎么会怕苏良嗣，只不过不想因为这件事情得罪自己的得力大臣罢了，也算是给薛怀义一个教训，得力大臣和男宠相比，还是大臣重要。从这一点上看，武则天对于公私之事还是分得开的。后来薛怀义失宠后，还可以自由地出宫生活，不像皇帝的女人就是皇帝的私人物品，不能嫁给别人，命运不能自主。

武则天虽然宠幸男宠，但是，并没有因此而影响对国家大事的裁决。清代著名史学家赵翼在《廿二史札记》中说："人主富有四海，妃嫔动千百，后既为女王，而所宠幸不过数人，固亦未足深怪，故后初不以为讳，而且不必讳也。"这个评价是公正的。

第六章 把握乾坤的女皇——武则天

拥立新皇帝

在武则天的治理下，政治清明，百姓安居乐业。武则天毕竟年龄老了，也要考虑谁来当她的继承人这件事，这件事她很为难。武则天建立周王朝之后，对武姓诸侄的重用与信任，向朝臣透漏出一丝她想把皇位传给武姓侄子的心迹，这些促使她的侄子武承嗣等人公开对李旦的皇储地位提出了挑战。不过，武则天的意愿遭到了宰相狄仁杰等人的强烈反对，在狄仁杰极力劝谏下，如果武则天立武姓侄子为帝，必然会遭到众多大臣的反对。唐朝的统治有很深的群众基础，李唐天下不是想变就能变的。武则天最终放弃立侄子为太子的想法，武则天的男宠张易之等也劝武则天立庐陵王李显，李显毕竟是自己的儿子，比侄子更亲。武则天详细考虑了自己的身后事，局面开始出现了改变。

公元698年3月9日，武则天借口庐陵王李显有病，遣人将其接回京城洛阳。李显回都之后，武则天并没有立刻封他为太子。直到半年之后，李显揣摩透了武则天的心思，知道武则天肯定会让自己继承皇位。为了早点让武则天逊位于他，他几天不吃饭，多次称有病不上朝，武则天则答应了他要求，立李显为皇太子。武则天为了避免死后侄子和儿子们相互残杀，就把太子李显、相王李旦、太平公主、武姓的侄子们召集到了明堂，然后祭告天地，立下了铁券，把铁券收藏在史馆，以为佐证。这个做法起到了一定作用，安定了人心，也没有引起杀戮和争权夺位的斗争发生。

公元705年11月，已是八十二岁的武则天在上阳宫的仙居殿去世。公元706年正月，唐中宗李显亲自护送武则天的灵车返回长安。五月，将武则天遗体与高宗合葬在乾陵。

在乾陵前立起的无字碑，被多年的时光洗礼之后依旧高傲的立在巍巍的梁山之上。这是武则天对身后事的安排，立碑不立传。如果仔细看无字碑，就会发现上面有很多密密麻麻的小字，这些都是自宋到金以来人们因为"无字"之憾而添补的题字。

武则天在这样男尊女卑的封建社会，做了中国历史上唯一的女皇帝。她以女子之身，位及九五之尊，治国安邦，后人对她也是褒贬不一。虽然她当上皇帝之后，在这条权力道路上杀人众多，不惜害死自己的亲生儿女，通往皇帝宝座的道路是由众多的冤魂铺垫而成的，但是影响半个世纪的统治也足以让她成为一个传奇。

第七章

功败乃在一手间——唐玄宗李隆基

帝王档案

☆姓名：李隆基

☆民族：汉族

☆出生日期：685年

☆逝世日期：762年

☆配偶：王皇后

☆子女：23个儿子，7个女儿。

☆在位时间：44年（712年~756年）

☆继位人：唐肃宗李亨

☆谥号：至道大圣大明孝皇帝。

☆陵墓：泰陵

☆生平简历：

公元685年9月8日，唐玄宗李隆基出世，是唐睿宗的第三个儿子。

公元710年，李隆基和太平公主联手发动政变，诛杀了韦后。

公元712年，唐睿宗李旦禅位于李隆基，后来赐死了太平公主，李隆基登基为帝，成为唐玄宗。

公元736年，唐玄宗宠爱的妃子武惠妃因病去世，同年，李隆基将儿媳招入宫中，是为杨贵妃。

公元755年12月16日，安史之乱爆发。

公元762年5月3日，唐玄宗李隆基去世。

公元763年2月17日，安史之乱结束。

人物简评

总得来说，他的一生，功还是大于过的。在他统治的唐朝时期，出现了"开元盛世"的局面，为中华五千年的历史文明写下了光辉的一页。可是"安史之乱"的出现彻底打碎了这场华美的盛宴。可以说，在他的身上，出现了两个极端的局面，是他将唐朝推向了最高峰，也是他将唐朝引向了衰败的一面。所以，对于这一点，后世人一直争论不休，褒贬不一。这，就是大治大乱的唐玄宗李隆基。

生平故事

坎坷的幼年

唐王朝时期是中国历史上一笔不可忽视的浓妆色彩，它五彩斑斓、流光溢彩，是历史上的一个传奇，是传闻于世界的大唐盛世。在唐朝时期，每年的八月初五被定为千秋节，是国家的大喜日子。之所以将其定为喜庆的大节日，主要是因为唐睿宗的妃子窦德妃在这一天产下了一个男婴，而这个男孩就是后来的唐玄宗李隆基。

李隆基6岁的时候，唐朝皇宫发生了一件惊心动魄的事情。公元690年，武则天发动革命政变，想要以周代替唐，并且改年号为天授，由此她也变成了中国历史上第一位也是唯一一位女皇帝。这一变化，给唐朝江山，给李氏族人，乃至整个中国都带来了很深远的影响。

武则天篡位后，李家虽然还处在皇宫中，属于皇室贵族，但是作为废帝，却随时都有生命之忧。所以，李隆基小时候所经历的并不是豪华奢侈的皇子生活，而是和父亲李旦一样，每日心惊胆战，为自己的性命担忧。这也就使得李隆基从小就要比同龄的孩子显得成熟，自我保护意识也要比他人强。

73

李隆基7岁的时候，去拜见武则天的时候，一路上车队整齐。走至宫门口时，正好赶上武则天的侄子武懿宗值班。武懿宗长相猥琐，性格奸诈，仗着自己是皇室亲戚，便目中无人。这回，他看来人竟然是废帝的小孩，而且仪仗竟然这么整齐，于是他便随便寻了一个借口，对李隆基的卫队破口大骂，想要借此羞辱李隆基。别看李隆基这个时候还是个小孩子，他可不畏惧这所谓的武氏人，于是也大声回骂道："这是我家的江山，关你什么事？竟然敢训斥我的护卫队！"武则天听说了这件事情，不仅没有责怪李隆基，而且还对这个有着大志向的小孙子另眼相看。第二年，李隆基的身份由楚王变成了临淄王。

李隆基9岁的时候，唐睿宗以及各个皇子都被降为郡王。他们的行动也处处受到了限制，父子几个人被幽禁在皇宫中，断绝了和外界的一切联系。不过，李隆基倒也会打发时间，不能和外界联系，他便常常和宫中的乐师们在一起，或许正因为这样，李隆基才有了很高的音乐造诣吧。

在李隆基小的时候，就经历了综错复杂的宫廷政变，也正是这样养成了他意志坚定的性格，他从小就胸怀大志，经常将自己比作曹操，在宫中，还自称为"阿瞒"。那个时候，虽然说武氏家族并不看好李隆基，但是这并不影响李隆基自己的想法和打算。他自称"阿瞒"，这当中包含着很多的含蓄，表现出忍辱和躲避是非的心态。李隆基能够在逆境的时候懂得遮蔽锋芒，从而躲过了武则天对李氏族人的残酷迫害，即便是唐中宗在位时期，李隆基丝毫都不敢松懈。事实上，李隆基从小饱读诗书，他智慧过人，再加上性格英武，胸怀大志，一般情况下，李隆基把自己包裹在声色犬马之中，一次来麻痹武氏家族，静心观察朝中状况，等待时机。

下面就来看看关于李隆基童年时期的真实情况的猜测，主要有两点。

第一，地位一降再降。李隆基小时候的身份总共变迁了三次。第一个身份为楚王。李隆基3岁的时候，他的父皇唐睿宗所封的。不过，到了李隆基8岁的时候，他的身份由楚王贬为临淄王。楚王和临淄王，虽然都是王，那么他们到底有什么区别呢？楚王指的是国家的王爷，是君主的儿子，而临淄王则是郡王，指的就是王爷的儿子，也就是说，这两者的身份相差了一级。那个时候，武则天已经改朝换代，李隆基的父亲

也不再是唐朝皇帝，而是唐朝皇嗣了，自然儿子的身份也会跟着降低，而这临淄王便是李隆基的第二个身份。李隆基9岁的时候，李隆基的母亲窦德妃被宫女韦团儿污蔑挟蛊道诅咒武则天，最后被武则天所杀害。因为这件事情，李氏家族包括唐睿宗李旦在内全部被囚禁起来，虽然头衔还在，但是却失去了人身自由，直到五年之后，才被放出。

公元698年，武则天年事已老，她思来想去，还是决定立自己的三儿子李显为太子，并让人将他从房陵召回来。这也就意味着，武则天死后，大唐的江山又重新归到李家的手中，这对于李氏族人可是一件大喜事。不过，只有李隆基的父亲李旦不是那么高兴，因为李显为太子，也就意味着自己的江山是回不来了，更失去了做皇帝的机会。在立太子的同时，武则天也给了李旦一个封号，封为相王。这样一来，李隆基的身份再一次发生了变化，这一次还是临淄王。不过，这个临淄王和上个临淄王还不一样。当初，李隆基第一次被封为临淄王的时候，父亲李旦还是皇嗣的儿子，多少有点皇太子的意味，可是现在，李隆基也就仅仅成了一个亲王的儿子。从这个角度来说，李隆基的身份再一次的降低了。当然，任何事情都是有福有祸的，虽然李隆基暂时失去了登基为帝的可能，但是却也让他得到了期盼已久的自由。这年李隆基已经13岁了。可以说，自从李隆基拥有记忆以来，他的地位就一直在降低，童年时期也没有多少欢乐可言，甚至还被剥夺自由，幽禁宫中。

第二，万般讨好，只为保全性命。李隆基登基之后，他的堂哥李守礼都能够提前预知每天的天气情况，这让李隆基心里很纳闷：难道他会什么道术，于是便派人将李守礼找来，询问原因。李守礼叹了口气，说道："我哪会什么道术啊。当初武则天在位的时候，把我们李氏家族全部囚禁在宫中。每天都要被痛打上几次，背部被打的血肉模糊，直到现在，背上的伤痕都没有退下去。从那之后，每当天气有变化的时候，我的背部就会又疼又酸，这也是我能够预报天气的原因啊。"刚一说完，便失声痛哭起来，也引来了李隆基的一阵长吁短叹。

李守礼的父亲是武则天的二儿子，李隆基的父亲则是武则天的四儿子，李守礼每日挨打，想那李隆基的日子也不会好过。

李隆基7岁的时候，武则天在宫中举办了一场盛大的宴会，李隆基兄弟都有节目表演。李隆基跳了一段舞蹈，名为《长命女》，而5岁的弟

75

弟李隆范则表演了一段歌舞戏，名为《兰陵王》。李隆范表演的时候，大声说："祝愿神圣神皇万岁，子孙成行！"要明白，武则天为了这个皇位，杀害了多少子孙后代，这句话可是对武则天莫大的讽刺啊。不过当时李隆范的年龄还小，或许是无意冒犯，也就没有多加追究，幸得捡回一条性命。看来，在那种情况下，就连着小小的孩童，也得想尽办法去讨好这位女皇帝，由此也能够想象他们的童年生活，并不美好，甚者连普通人家的小孩都无法比拟。

这样的童年生活和际遇也给李隆基带来了甚远的影响。他从小经历了宫廷政变，知道宫廷争斗，也深知皇宫生活的残酷，这对于一个处于政治生活中的孩子来说，倒也不失是一件好事。

生活在潞州

武则天死后，李显继位，是为唐中宗。唐中宗继位后，前皇帝、现任相王和太平公主成了他重点防御对象。所以，在政变之后，唐中宗故意扩大了株连范围，想要借此除去相王和太平公主。不过，他的这一做法立即引起了朝中一些大员的不满，他们劝说唐中宗说："天下四海都归于陛下您的手中，而您却无法容纳自己的弟弟妹妹，而想让人将其害死！相王曾经为皇嗣，而今把天下让给了您，这是所有人都知道的事情，而你却以一个人的言论便怀疑他们的不忠！"最后，因唐中宗刚登基，朝政还不稳妥，不敢违背众大臣的意思，最后也只能作罢了。不过，在唐中宗心里，对这个前皇帝弟弟还是不放心的，过了没有多久，李旦的儿子便被发配到各处，而临淄王李隆基则被任命为潞州别驾。

潞州也就是今天山西省的长治市，其战略位置非常重要。不过潞州别驾却只是一个闲职，并不掌管地方事务。

公元708年初夏，李隆基告别了父亲李旦，前去潞州上任。不过，李隆基的这一次任职也不见得是坏事，虽然表面上是被降了职，但潞州和长安相距甚远，这也就给了李隆基莫大的自由，可以暗地里施展自己的抱负。

第一，借着这个机会，李隆基对民间的生活有了一个真正的了解。李隆基从刚出生的时候就一直住在皇宫当中，看过各种各样的宫廷斗争，但是他毕竟没有去过民间，不懂老百姓的疾苦。因此，这次的潞州之行，也是历练他的一个大好时机。

第二，虽然表面上的地位是降低了，但是实际上政治地位也提高了。首先，长安是唐朝的首都，首都当中皇子众多，人才济济，在这样的环境中，李隆基就是个普通落寞小王子。但是到了潞州就不一样了，他就是唐朝皇室的代表，虽然是徒有虚名的，但是地方官员也不得不多加伺候。因此，潞州之行将李隆基的政治地位提高了许多。

第三，潞州之行，加快了他从政的步伐。李隆基从小，就是一个又远大志向的人，只是因为外界的种种原因将他束缚了，使得他没有办法施展。但是到达潞州之后，他意识到，如果想要自保，就必须得扩大自己的势力。也就是说，李隆基是真的要登上政治的舞台。所以，这次的潞州之行，对李隆基来讲百无一害，但是对于唐中宗来说，等于放虎归山。

打定注意后，李隆基到达潞州所做的第一件事情就是广结英雄。他所认识到第一位朋友，姓张。张的家里非常有钱，他生平喜好打猎，广结好友，再加上张的性格和李隆基非常相似，自然而然也就成了好朋友。

李宜德是李隆基认识的第二个英雄。和张比起来，李宜德的出身可就要差远了，他只是有钱人家的奴隶罢了。不过李宜德善于骑射，可谓是百发百中。于是，李隆基便用 5 万文钱将其买下，留在身边。一向默默无闻的李宜德自从做了李隆基的手下后，便判若两人。自从李隆基的身边多了李宜德后，潞州城的大街上也就有了这样一番景象，只要有李隆基的地方，就有两个人的影子，其中一个便是李宜德，而另一个则是王毛仲。

王毛仲是高丽人，也因为善于骑射而被李隆基看中，从长安带到了潞州。这两人就好比是李隆基的左膀右臂。

李隆基到达潞州所做的第二件事情便是认识美人。到达潞州的时候，李隆基才 23 岁，他一生多情，除了英雄之外，美人他也结交了不少。第一个美人为赵氏，她的父母都是乐师，所以她自小也是能歌善舞，原本是山东人，后来跟着父亲来到潞州，以卖艺为生。

李隆基被幽禁的那段日子里，每日和乐师相伴，也熏陶出了他的艺术细胞。而潞州是一个军事重地，艺术方面并不突出。所以，李隆基心

第七章 功败乃在一手间——唐玄宗李隆基

中也比较烦闷。如今看到赵氏的表演，长久寂寞的李隆基竟然爱上了她，想要将她留在身边。不过，李隆基那时已经纳了两个妃子了，正妃王氏为将军家庭出身，自小的暴躁脾气，如果贸然将赵氏带回家里，恐怕会不妥。思前想后，李隆基决定先把赵氏安置在好友张的家里。就这样，过了一年之后，赵氏生了一个儿子，这个儿子就是后来的废太子李瑛。

公元 710 年，书皇后和自己的女儿安乐公主合伙害死了自己的丈夫唐中宗，想要效仿武则天亲临朝政，致使朝中上下一片恐慌，李隆基抓住机会，利用这一年来所积攒的势力，发动政变并取得了最终的胜利，杀死了韦皇后和安乐公主，并拥护父亲李旦做了皇帝。李旦继承皇位不久，便立李隆基为太子，将皇位传给他，自己做了轻松的太上皇。

李隆基登基后

太平公主不想让李隆基掌握实权，于是便私下召集权势，一时间，朝中全是他部署的亲信，很多将士也都归附于她的门下。他们想要伺机毒死李隆基，另选新帝。最后，却因为太平公主的手下去找魏知古商议对策，魏知古是李隆基的心腹，自然也就将此等秘事告诉给了李隆基。李隆基抢先一步杀掉了太平公主极其党羽。李隆基的时代正式到来。

李隆基用人最大的特点便是用人不疑、疑人不用。初期，李隆基对于批判的语言还能够虚心接受，并不恼怒。不过，他毕竟是一国之君，采纳建议也是有选择的。政局稳定之后，他也不免松懈下来，经常让人为其弹奏乐器，耽误朝政。

不过，不得不说，初期的李隆基选贤任能，励精图治，开创了大唐盛世，如果李隆基的生命终结于此，那么或许他会和汉文帝、乾隆帝一样成为千古明君。就和清圣祖康熙帝相比，他也有过之而无不及，只可惜到了后期，他的基业又全部毁在了他的手里。

晚年的李隆基好大喜功，命人在经常建造大规模的宫殿园林。公元 742 年，著名的长生殿建成。并且唐玄宗喜欢斗鸡，一些擅长斗鸡的人有幸还能够得到唐玄宗的青睐，供养于宫中，渐渐地，宫中风气日渐奢华，李林甫、安禄山等人开始登上政治舞台。

李隆基最疼爱的武惠妃于公元 736 年离世，惠妃的离开使得他痛苦

不堪。但是，恰巧这时候儿媳杨玉怀走进了他的世界。中国历史上被人极尽挥发的李隆基和杨贵妃的爱情故事，和李隆基后半生的命运紧紧相连。

起初，李隆基只是沉迷于杨贵妃的美色，时间久了，两人竟然上演了一出惊天地泣鬼神的爱情故事。杨贵妃深深爱着这个可以做她父亲的男人，而唐玄宗对她也是无微不至的关心。这主要是因为，在她们两人身上都有艺术家的气息，她们都是能歌善舞之辈，是知音，可以说是志同道合了，两人夜夜笙歌、极尽欢乐。

从那之后，江山社稷、天下苍生都被李隆基抛在了脑后，只要能够博得美人一笑，做什么也都是可以的了。

公元734年，李隆基任命李林甫为礼部尚书，步入宰相的行列。李林甫可是中国历史上数一数二的大奸臣。他制造了不计其数的冤案来排除异己。公元736年，李隆基废黜了张九龄、裴耀卿两位宰相，提拔李林甫成为成为"真相"。这年是开元盛世的转折点，是大唐走向衰败的开始。

为了巩固自己的宰相地位，李林甫奏请朝中不应该用文人当将士，应该任用胡人，胡人善战，日后肯定能为大唐江山出一份大力的。这正好也是李隆基的意思，于是他把将士全部调往边关，几十年不换，这也就酿成了"安史之乱"的悲剧。

李林甫之后，杨国忠成为李隆基身边呼风唤雨的人物。杨国忠原名杨钊，年轻的时候只是一个穷苦小辈，别人都看不起他。后来又凭借和杨贵妃的远亲关系，一步步地走上了宰相的位置。李隆基之所以这般信仟杨国忠，除了取悦于杨贵妃之外，主要还是想要用他来牵制李林甫的专权。在公元752年11月，李林甫去世后，杨国忠成为宰相兼礼部尚书，判使照旧。

杨国忠在生活上是非常奢华的。每当要陪着李隆基、杨贵妃游幸华清宫的时候，杨氏诸位姐妹都会先去杨国忠的家里汇合，比一比谁家的马车装饰的气派奢华。他们用黄金、翡翠做装饰，用珍珠、美玉做点缀，出行的时候，杨国忠还拿着剑南节度使的旌节（皇帝授予特使的权力象征）。

杨国忠执政期间，曾经发动了两次征伐南诏的战争。他派遣御史到

79

各地去抓人，将年轻的壮士绑起来送往军营。父母、妻子哭声一片，最后唐朝部队大败，损失士兵将近20万人。

杨国忠专权误国，好大喜功，穷兵黩武，动不动就对边境百姓动武，使得成千上万的无辜士兵暴尸边境，给少数民族地区带来了巨大的灾难，使得内地田园荒芜，民不聊生。

安史之乱

安禄山是粟特和突厥的混血儿，这个人阴险狡诈，善于甜言蜜语、歌功奉承。安禄山45岁的时候竟然想要做杨贵妃的养子，以此来讨李隆基的欢心，而那个时候的杨贵妃才29岁。安禄山残酷打压奚、契丹人，官运亨通，不久就身兼范阳（今北京西南）、河东（今山西太原）、平卢（今辽宁锦州西）三镇的节度使。唐王朝的半壁河山，都掌握在他的手中。安禄山的同伙史思明官拜平卢兵马使，也是杂胡出身。他到长安奏事，很得李隆基的欢心，所以才赐名为思明。

安禄山时常出入长安宫廷和官场活动，对于唐朝内政腐败了如指掌。他看到李隆基越来越昏庸无道，便生起了野心，想要取而代之，自己登上那皇位。表面上，他还是一如既往的忠诚于朝廷，让李隆基抓不到把柄，暗地里却是偷偷积蓄自己的力量，谋夺皇位。经过10年左右的准备，安禄山和史思明联合，以讨伐杨国忠为名带领15万精兵起兵反唐。

安史之乱初期，海内平静，天下安宁，唐朝百姓已经多年没有经历过战乱了，而这乍一听说叛乱爆发，举世震惊。叛军所经过的地方，势如破竹，甚至有些士兵登上城楼，听到了敌军的号角声，都被吓得摔下楼来。李隆基急忙命令封常清、高仙芝等人赶紧集结士兵，就连市井流氓都包括在内，前去抗击安禄山的部队，二人最后大败而归。后来，李隆基又听信了监军宦官边令诚的诬陷之词，将这两位将领处死。公元756年正月，安禄山在洛阳称"大燕皇帝'。

六月，叛军攻下潼关，长安告急，李隆基已经四面楚歌了。在杨国忠的建议下，李隆基决定带着家眷逃往四川。当走至马嵬驿的时候，将士们又饿又累，疲惫不堪，于是拒绝继续前进。朝中大臣早就已经对杨国忠的蛮横行为心生不满，一时间，愤懑情绪四起。

这个时候，正好有20多个吐蕃使者拉住杨国忠的马头，向他讨口饭吃，而杨国忠竟然还是恶语相向。太子李亨、宦官李辅国和陈玄礼见此情景，认为除掉杨国忠的大好时机到了。于是，在他们的煽动下，士兵们的情绪越来越高涨，他们大声喊着"杨国忠与胡虏谋反！"混乱之中，有士兵射中了杨国忠的马鞍，杨国忠吓得逃进西门内，将士们紧追不舍，最终将其乱刀砍死，并且将杨国忠的头颅挂在驿站门外。杨国忠专权误国，积怨太深，终被乱刀砍死，落得遗臭万年，这是罪有应得。

处死杨国忠之后，将士们仍然聚集在驿站周围不肯离去，李隆基不知道他们还要做什么，结果陈玄礼一语道破："杨国忠造反，杨贵妃也不宜再留了，还希望陛下将其处死。"李隆基没办法，为了自己的江山，只好忍痛舍弃了这位绝代佳人，赐死在马嵬坡。虽然杨贵妃没有参与政事，却最终也没有逃过政治牺牲品的命运。

安禄山率领的部队到处烧杀掠夺，遭到百姓以及地方官员强烈的反抗，唐朝地方官吏和将领张巡等带兵进行抵抗，给予了他们非常沉重的打击。

可是马嵬坡之事对唐玄宗的打击实在是太大了，因此他将皇位传给太子后，便和太子大臣分别前往成都去了。太子李亨安抚完当地百姓，整顿军队后，便一路北上。不久之后，太子李亨在灵武（今宁夏灵武西南）登基为帝，史称唐肃宗。唐肃宗继位后，尊唐玄宗为太上皇，一直到8月13日灵武的使者来到成都，才得知肃宗继位的消息。

唐肃宗重整旗帜，重用郭子仪等大将，集合西北各路军队，依靠淮南、江南的雄厚财力、物力，向回纥等少数民族借兵，和安史叛军展开了斗争。唐肃宗于公元757年，在大将郭子仪、李光弼的带领下，击败了安史叛军，收复长安、洛阳两地，安史叛军受到重创，安禄山被他的儿子安庆绪杀死。唐军趁机收复长安、洛阳等地。但是因为军队缺乏统一指挥，再加上粮草供应不足。公元759年，史思明带领13万人进攻唐军，最后唐军大败。史思明在邺城（河南安阳市）胜利后，将安庆绪杀死，自己成为大燕皇帝。不过，此后不久，史思明又被自己的儿子史朝义杀死。公元762年，唐军再一次收复洛阳，史朝义在潜逃过程中，被逼自杀，其率领的将士全部投降。这时，历时8年之久的安史之乱宣告结束。

晚年凄惨的光景

公元757年，唐肃宗李亨派遣使者前往四川，请太上皇回长安。

经历了如此变故之后，李隆基落得个众叛亲离、妻离子散的下场，他明白自己已经无力再插手大唐政事，于是他从四川回来之后，便一直居住在自己当时还是亲王的时候，所居住的老宅兴庆宫居住。陪伴他的只有左龙武大将军陈玄礼、玉真公主、忠心耿耿的高力士和一些梨园弟子。

在公务之外，李隆基常常一个人在园里徘徊，显得特别的孤独。经历了这么多事情的打击，皇帝的威严早就已经不在了，有的也只是世事的沧桑和对往事的怀念，这个时候的李隆基，再不是那个开创了"开元盛世"的大唐圣者，也不是创造了"安史之乱"的罪魁祸首，现在他只是一个怀着回忆和相思的孤寡老人。

但是，这样的日子也是少之又少。因受到宦官李辅国的挑拨，唐肃宗和李隆基之间的父子关系急剧地恶化。唐肃宗后来还强行将李隆基迁居西内。没过多久，李隆基的心腹亲信高力士以及陈玄礼和玉真公主等随行的人员也都被唐肃宗流放边荒。

玄宗李隆基于公元762年4月初五，在西内神龙殿因病去世，享年78岁。遗诰中他说自己有愧于先王，高力士在被召回京的途中，听到这一噩耗，当场吐血身亡，追随玄宗而去。唐玄宗被葬在泰陵（今陕西蒲城东北），只有高力士陪伴。

第八章

生逢乱世的皇帝——唐肃宗李亨

帝王档案

☆姓名：李亨

☆民族：汉族

☆出生日期：711年

☆逝世日期：762年

☆配偶：张皇后

☆子女：14个儿子，7个女儿。

☆在位时间：5年（756年~761年）

☆继位人：李豫

☆谥号：文明武德大圣大宣孝皇帝

☆陵墓：建陵

☆生平简历：

公元711年，李亨出生，为唐玄宗李隆基的第三个儿子。

公元738年被立为太子，改名李亨。

公元756年，唐玄宗李隆基逃往四川，李亨在灵武继位，史称唐肃宗。

公元762年，历时8年的安史之乱彻底结束。而这年唐肃宗患病，四月唐玄宗病死。后宦官李辅国等人杀掉皇后，立太子李豫为唐代宗，唐肃宗听闻这则消息后，忧惊而死。

人物简评

这位被称为"乱世"的天子唐肃宗李亨，他继承了天宝盛世的成果。在他全力对付叛乱的时候，还不忘记改变天宝年间遗留下的各种弊端。但是他精力有限，终于在平息叛乱的时候，被混乱膨胀的后宫宦官势力所拖垮，最终给大唐留下了隐患。这不单单是他一个人的悲哀，也是整个大唐帝国的悲哀。

生平故事

号称乱世的天子

唐肃宗李亨可以说是一个乱世天子，他的一生充满了坎坷。母亲杨氏怀他的时候，正好是唐玄宗李隆基身处困境的时候，差点将其打掉；他做太子时，又多次被李林甫算计，险些丢了性命；好不容登上了皇帝位，还得收拾父亲李隆基留下的烂摊子——安史之乱；临终时，安史之乱还未平定，便又适逢宫廷政变，最后惊悸而亡。可以这么说，除了唐肃宗的童年还算安稳外，其他的种种不幸似乎都被李亨遇到了。

公元711年9月初三，肃宗李亨在东宫的别殿出生，刚开始名为嗣升，后来又多次改名。公元744年，改名为李亨，从此便一直延续下去，没有再更改过，所以人们也习惯性地叫他李亨。

唐肃宗的母亲杨氏是当时有名的望族，她出身于弘农杨氏。杨氏的曾祖父杨氏达在隋朝时期担任宰相，他的父亲杨知庆以祖荫为官。公元710年8月，也就是李隆基被册立为太子没过多久，就和杨氏结婚。没多久，杨氏怀孕。本来，生儿育女是人之常情、天之大伦，但是那个时候的李隆基和太平公主之间的关系非常紧张，他害怕太平公主会拿杨氏怀孕之事借题发挥，这样对自己也不利。历史上以太子好色难当大任为由而被废黜的例子着实挺多的，比方说隋文帝时，太子杨勇因宠爱貌美的昭训云氏，被母亲独孤皇后认为无法继承大统，最后面临着被废的下场。想到这里，李隆基就让自己的心腹张说弄来一些堕胎药，打算拿掉这个孩子。但是当年李隆基亲自煮药时，他的精神也跟着恍惚起来，忽梦忽醒地反反复复。李隆基将做梦的事告诉了张说，并询问他原因，张说回答道："这就是天命，殿下不要多虑了。"就这样，还在娘胎中的唐肃宗李亨算是逃过了一劫。其实，李隆基忽梦忽醒的原因就是因为他心里是喜欢这个儿子的，所以煮药的时候，会心神不宁；张说知道李隆基不忍心下手，就顺水推舟，解释为天命。

李亨出生之后，因其生母身份低微，于是被太子妃王氏收养，也就是未来的玄宗皇后。王氏自身没有生育能力，对于李亨倒是万般疼爱，呵护备至。后来为了争宠的需要，又将李亨收为养子。

维持政权稳固的主要环节便是册立储君，所以唐朝时期对太子的册立问题非常重视。不过，也正是因为太子地位的重要性和特殊性，太子的废立问题也被抬上水面，成为焦点，而这一现象在唐玄宗时期尤为激烈。

公元715年正月，李亨的二哥李瑛被册立为皇太子。后来，李隆基宠爱武惠妃，武惠妃为了让自己的儿子寿王李瑁（玄宗的第十八个儿子）登上太子之位，便千方百计地设计陷害太子李瑛。公元737年，太子李瑛最终被李隆基废黜并赐死，十分可怜。恰巧，李瑛死后不久，武惠妃也因病去世。李隆基之所以宠爱寿王，完全是因为武惠妃的缘故，如今武惠妃已经去世，那么寿王的太子路也就算是就此终止了。

此后，将近一年的时间都没有再重新册立太子，而李隆基也趁此机会细细观察，最后认为仁孝恭谨又好学的忠王李亨是最适合的太子人选。公元738年6月，李亨被正式册封为太子。

从这一刻开始，李亨就被推上了四面危机的政治舞台。而威胁李亨太子之位的首要之人便是当朝宰相李林甫，后来李林甫去世后，杨国忠取而代之，也对李亨造成了一定的威胁。

李林甫之所以和李亨为敌，主要因为寿王是李林甫大力辅佐之人。寿王失势，李亨册为太子，这让李林甫的心里很不高兴，害怕太子继位后会对他打击报复，于是，为了以防万一，李林甫才决定先下手为强，处处给李亨设陷阱，想要推倒李亨的太子之位。

在李亨还是忠王的时候，曾经遥领朔方大使、单于大都护、河北道

元帅等职。他当上太子后，两位和他关联系紧密的将军皇甫惟明、王忠嗣也分别担任了河西、陇右节度使和河东、朔方节度使。皇甫惟明、王忠嗣和李亨很早就认识，关系更是非同一般，不管是太子是否可以拉拢他们，但是不可否认，他们两人确实是太子军事上面的有力支持者。这样一来，就更让李林甫的心中惴惴不安，生怕有一天大祸会降临到自己的头上。公元746年，一场针对太子党羽的大狱，勃然而起。

公元746年正月，陇右节度使皇甫惟明兼任河西节度使，从驻地前往京师长安，向李隆基上报战事的同时，皇甫惟明还力劝李隆基应该将李林甫撤职。李林甫知道皇甫惟明奏折的内容后，便利用宰相的身份，开始了反击。

公元746年正月15日，太子李亨出宫到长安街中游玩，路上正好碰到了韦坚。随后，韦坚又在景龙观密室里和皇甫惟明会合。谁知李林甫早就已经派遣杨慎矜暗中监视韦坚等人的一举一动，所以这一切全都掌握在杨慎矜的手中。杨慎矜将此事告诉给李林甫，李林甫又立即向李隆基汇报，称韦坚和边疆将十勾结拥立太子。韦坚是太子妃的哥哥，皇甫惟明则是边镇节帅，两个人的身份非常敏感，而又在夜间相约，私下里往来，这就给李林甫一个很好的机会，来达到自己的目的。

李隆基在得知了情报以后，便即刻下诏审讯。李林甫在收到旨意之后，就命人罗织罪名，想要将太子一并扳倒。虽然李隆基也曾怀疑皇甫惟明和韦坚有构谋之心，但却不能将这件事情轻易地安在太子头上，因为"三庶之祸"的教训太深刻。在李隆基的心中，他并不想将这件事情令大，他只想立刻结案了结，不想再细查下去了。于是就给玄韦坚定下"干进不已"的罪名，将他由刑部尚书贬做括苍郡（今浙江丽水）太守，皇甫惟明则以"离间君臣"的罪名被贬黜了河西和陇右节度使的职务，贬为播川郡（今贵州遵义）的太守，并且没收了他的全部家当，但是没过多久，就被唐玄宗给赐死了。这样的处理，并没有给太子李亨造成不便。在皇甫惟明死之后，由朔方和河东两道的节度使接管了他的兵权。王忠嗣和太子李亨的关系非常好，这也是朝中上下人尽皆知的事情。李林甫最后也只是枉费心机，李亨太子虚惊一场，但是没有任何的损失，李林甫无可奈何。

但是，后来发生的事情，又将太子李亨推到了一个危险的境地。原来，韦坚遭到贬庶后，他的弟弟将作少匠韦兰、兵部员外郎韦芝上奏替

87

其鸣冤叫屈，为此，他们还引来太子李亨为其作证。唐玄宗见此情况，龙颜大怒。这样一来，事情变得复杂多了。李亨深知这次事情并不简单，他为了撇清自己和韦坚等人的关系，他上书为自己辩解，并且以和韦妃长时间不和睦为由，请求李隆基准许他废黜太子妃，以表明"不以亲废法"。李隆基为了安慰太子，便答应了他废黜太子妃韦氏的请求。接着，李林甫又以韦坚一案为借口，大肆株连，死伤甚多。

同年年底，一波未平一波又起。

太子的妾室杜氏的父亲对于大夫杜有邻和其女婿左骁卫兵曹柳勣都大为赞赏，而这两人都是太子的部下。柳勣是一个生性豪放之人，喜交天下英雄，和淄川（今属山东）太守裴敦复，以及当时的名流李邕、著作郎王曾等人关系密切。后来，柳勣和妻子不和，于是便诬告杜有邻"妄称图谶，交构东宫，指斥乘舆"。李隆基将这件事情交给宰相李林甫负责彻查。李林甫抓住不放，把李邕、王曾等人全部都牵扯进去，就连太子李亨也没能幸免。不过幸好，案情很快就明朗了，原来这一切都是柳勣为了报复而胡说八道的，李林甫还让手下给柳勣示意其诬告太子等人，使得案情一步步扩大，最后延伸至地方官员身上，大有废黜太子的架势。最后，柳勣、杜有邻、王曾被杖杀，裴敦复、李邕等也被酷吏杖死贬所。

杜有邻案让李亨非常不安，为了再次表明自己的心迹，他又把杜良娣扔出来，当了挡箭牌，和太子妃一样被废为庶人。

"韦坚案"、"杜有邻案"两次案件引发了两次婚变，这让太子李亨的身心都受到了巨大的刺激。有一天，他进宫拜见李隆基，在他低头行礼的时候，李隆基看到这位还没有到中年的儿子，已经有几丝白发了，好像进入了迟暮之年的感觉。李隆基看后，心中不免生起了同情之心。

值得注意的是，在太子和李林甫的较量中，李隆基的心思是值得探寻的。李林甫四处打压太子的势力，污蔑太子，可是李隆基却是睁一只眼闭一只眼，从来不加以阻止。这也就说明了，在李隆基心中，也是不希望太子的势力过于强大的，如果李隆基真心希望李亨继位的话，那么他就会暗中支持李亨扩大势力，而不是像现在这样容忍李林甫的打压了。事实上，在这两者的较量中，最大的胜利者应该是李隆基了，他是借着李林甫的手来除去太子党羽的。

太子登基为帝

公元 752 年，李林甫因病去世，这下太子李亨的心里可算是松了一口气，可谁知替代李林甫的杨国忠也和李亨过不去，成了太子的第二个死对头。在安史之乱之前，李亨和杨国忠明里暗里不知争斗了多少次，过着表面上看似平静实则险象环生的生活。安史之乱爆发后，李亨才利用马嵬坡之变，除掉了杨国忠，将兵权抓入手中，架空了唐玄宗李隆基。

公元 755 年 11 月初九，安禄山、史思明以讨伐杨国忠为名发动了安史之乱。12 月 12 日，安史叛军拿下洛阳。第二年的 6 月又攻破潼关。6 月 13 日早上，唐玄宗带着太子李亨、杨国忠、杨贵妃等少数人员从长安城中仓皇出逃，直奔蜀中。6 月 14 日，大军走到马嵬坡的时候，在太子李亨的精心策划下，除去杨国忠等杨氏贵戚，并且逼迫唐玄宗杀掉杨贵妃，以绝后患，而年仅 38 岁的杨贵妃也在此地丧生。

马嵬坡兵变后，李隆基等人继续西行，沿途的老百姓都拦住其车马，请求他不能置百姓于不顾，应该指挥部队平定叛乱才是。年老的唐玄宗没有了少时的锐气，也没有了那时的抱负，再加上马嵬坡兵变后，给他的冲击力实在是太大了，哪还有什么心情去管理江山社稷呢。百姓无奈之下便请求将太子李亨留下来，带兵收复长安。于是，太子李亨便顺水推舟，以平定叛乱为借口，在马嵬坡和唐玄宗道别。唐玄宗心知，经过这一事件，自己已经人心尽失，没有什么威信可言了，于是便分给太子一部分军队，让其带兵杀敌。

公元 756 年 7 月初 9，李亨在杜鸿渐等人的陪同下，到达朔方军的大本营灵武。经过一番精密布置规划后，7 月 12 日，李亨在灵武城的南门城楼，举办了简单的登基仪式，史称唐肃宗。登基之后，李亨改年号为至德，并且把当年改为至德元载，唐玄宗李隆基则是被尊为太上皇。当天，肃宗便派遣使者向四川给李隆基报告这一事情。而宋代史学家范祖禹则对此评价说，唐肃宗到达灵武而称帝，而没有经过唐玄宗李隆基的同意，这是对自己父亲的背叛，是不孝的行为。

李亨登基的那天，心情是极为复杂的。多年来的艰险人生路终于走到了尽头，死对头也都一个个地离去，今天登基，终于可以将多年的怨气一吐为快了。可是，身处灵武，和京师长安遥遥相望，两京还在叛军的手里，肩上的任务是任重而道远啊。不管怎么说，唐肃宗在灵武即位，总算是拉出了平定叛乱的大旗。消息传至百姓和各地官员的耳中时，他们都欢欣鼓舞，期待着平定叛军的那一天。

虽然唐肃宗成了至高无上的皇帝，但是他所接手的可是有史以来唐朝最烂的摊子。当务之急，便是要想出平定叛乱的办法，这对于唐肃宗本身来说并不是一件容易的事情。但是他必须硬着头皮上，因为这是他继位一来所面临的第一件事情，也是唐朝发展的最重要的事情。

唐肃宗在登基以后，最重要的任务就是收复长安和洛阳。唐肃宗平日最器重的就是房琯，这次他主动请求带兵前去收复长安，唐肃宗答应了他的请求，但是房琯在陈涛斜和叛军碰上了，结果全军覆没。到公元757年正月，安史叛军内乱，安禄山被他的儿子安庆绪所杀。唐肃宗就借着这个机会，将郭子仪和李光弼任命为大将，之后趁机反攻，到公元757年6月、10月收复了西京长安和东京洛阳。唐肃宗曾经回忆起同回纥兵的约定，这使得洛阳城受到了很大程度的破坏。公元758年9月，唐肃宗命郭子仪和李光弼等人带领六十万士兵去攻打相州，向安庆绪征讨。在这些节度使当中，这两人不但是最有威信的，同时军功也是最高的，但唐肃宗不愿将兵权交到这两人手中，所以也就没设立主帅。公元759年3月，安禄山部将史思明带领十三万的士兵前来救援，和唐军展开了激战。对于兵法鱼朝恩一无所知，导致唐朝军队连续败仗，鱼朝恩却把责任都归结在郭子仪的身上，唐肃宗不问是非，就罢免了郭子仪的兵权。这时候，安史叛军发动了第二次内乱，史思明杀死了安庆绪，自立为大燕皇帝，同年5月，从李光弼的手中夺取了洛阳。

在安史叛军当中，数史思明的部下最为残暴，每攻下一座城镇，他们就会将城中老弱病残都杀掉，年轻的壮士则充当挑夫，无数的妇女被他们践踏，十分凶残。经过魏州一站，史思明大军一天杀死三万多人，血流成河数日。他自立大燕皇帝之后，又派间谍声称自己的将士回家心切，希望能够和唐军决战。鱼朝恩是个好大喜功之人，在他的挑唆之下，唐肃宗命令李光弼等人前去迎战，结果兵败而返。河阳以及怀州的军事要地也全部落在史思明手中。

史思明趁机又拿下了陕州，被唐军挡在姜子坂一带。因出师不利，而又撤退到永宁。史思明命令将士建筑三角城，并且限定一个月内完成，好储备军粮。他的儿子史朝义带领若干将士，连夜赶工，筑成了城池。

第八章 生逢乱世的皇帝——唐肃宗李亨

可是还没有来得及抹外墙的时候，史思明便到此巡视，看后大为恼怒，将史朝义、骆悦等人叫到面前，想要将他们杀死，以立军威。史朝义内心惊惧，他知道史思明并不会顾忌父子之情，于是他请求道："战士们实在是太疲劳了，稍微休息一会，便马上上泥。"史思明训斥道："你疼惜属下，就要违背我的命令吗？"于是便立马城下，亲眼看着兵士上泥后，须臾而毕。临走之时，史思明还对史朝义破口大骂："等我拿下了陕州之后，一定将你杀掉！"

史朝义心中惊惧，骆悦等人也害怕因为败兵而被诛杀，于是便极力劝说史朝义先下手。因对方是自己父亲，史朝义不答应，最后骆悦等人便以投降唐军为要挟，史朝义再三思虑，只好点头同意了。

当天晚上，史思明在营中留宿，他的亲信曹将军带领人马在周围戒备。史朝义等人将曹将军叫到面前，告诉他此次行事的目的，曹将军不敢拒绝，便应了下来。半夜时分，史思明从梦中惊醒。平日里，他非常喜欢听优人唱曲，就连吃饭睡觉的时候都要有戏子在场才可以。但是因为史思明杀人众多，为人残酷，他手下的戏子们都非常痛恨他。看他突然惊醒，几个在床前侍奉的戏子急忙问其原因，他说："我刚刚梦到沙洲上有一群鹿，最后鹿死了，连河里的水都干了。"说完，便起身上厕所去了。几个戏子偷偷说："鹿者，禄也；水者，命也。此胡命禄都到头了！"

说话间，骆悦等人就提刀进入，二话不说就杀死了好几个人，并且询问史思明的去向，有人连忙说他去了厕所。史思明出来之后，听到帐篷中的动静，知道事情不妙，连忙翻墙而出，刚跑到马槽出，就被追上的士兵射中了胳膊，从马背上滚了下来。史思明忍着剧痛问道："何人造反？"有人回答说是怀王（史朝义）。史思明非常的狡猾奸诈，他装模作样的哀求道："都怪我早上说错了话，才发生了这样的事情，请你们不要这么快就把我杀死，等我拿下了长安之后，再任由你们处置。"此时的史思明早已没有了往日残暴的姿态，他连连求饶，转头看见站在一边低着头的亲信曹将军，史思明立即骂道："是他害了我，都是他！"骆悦挥了挥手，士兵们上前将史思明困住，囚禁在柳泉驿。这一边，史朝义心惊胆战地坐在帐篷中，等着骆悦的消息，看见骆悦进来之后连忙问："没有惊动圣人吧？有没有伤到圣人？"众将都答到说："没有。"之后，这些人伪造了史思明的诏书，史朝义即位，将史思明的亲信周将军等人全部处死，以绝后患。紧接着，骆悦等人又用绳子将这个残暴的叛军将领史思明杀死了。

公元761年春，史思明身亡。安史叛军的内乱为唐朝大军提供了大好的机会。可是，遗憾的是唐肃宗并没有抓住这一时机，一举平定战乱，结束战争，反而却是将全部的精力都用在了唐朝廷内部的争斗上，直到他生命的尽头。

实际上，唐肃宗自从坐上太子位置开始，一直备受折磨，使得心理逐渐扭曲。多年来，李林甫、杨国忠对他的迫害，让他对朝中的每一位大臣都充满了猜忌；再加上安禄山的叛乱，使得他对朝中武将也失去了信心。这样一来，唐肃宗既不相信朝中的大臣，也不信任朝中武将，最后，只有身边的张皇后和宦官是他所能信任的人了。首先，唐肃宗重用宦官鱼朝恩、李辅国、程元振等人，军政大权外露，宦官的势力日益加强。同时，唐肃宗又极为宠爱张皇后，纵容她干预政事。张皇后和李辅国勾结在一起，想要独揽朝政，后来，李辅国专权，张皇后心中不悦，想要立越王李係为嗣君，张皇后、李係与李辅国、程元振开始对立。

公元762年，唐肃宗患病，几个月都无法顾及朝政。四月的时候，他又听到了唐玄宗因病去世的消息，肃宗心中悲痛不已，致使病情加重。张皇后召见太子，皇后说："李辅国的手中握着朝政大权，而在他心里最为害怕的就是我和你了。现在皇上龙体病危，我担心他会和程元振等人勾结在一起，想要犯上作乱，所以我们要马上诛杀他们。"太子哭着说："父皇卧病在床，这件事情还是先缓一缓吧，如果我们自作主张将李辅国杀掉，父皇知道后，肯定会大为震惊，这对于他的身体不利啊。"张皇后将太子送走后，又立刻召见了唐肃宗的次子、越王李係进宫商议。李係当下便命令宦官段恒俊，从太监中挑选出两百多名强健者，准备诛杀李辅国。有个太监将这件事情告诉给了李辅国。李辅国、程元振带兵前往凌霄门打探消息，正好碰到太子要进宫探望唐肃宗。李辅国谎称宫中有变，不让太子入宫，并命令其手下将太子囚禁在飞龙殿监视起来，李辅国假传太子的命令，鼓动禁卫军将李係、段恒俊等人抓住，关进大牢。张皇后听说后，慌忙带人逃进唐肃宗的寝宫躲避。李辅国带兵追到唐肃宗寝殿，逼迫张皇后出宫。张皇后将此事告诉给了唐肃宗，唐肃宗受惊过度，一时间说不出话来，李辅国则趁机将张皇后拖出宫去。唐肃宗因为这件事情而使得病情突然加重，再加上当时宫中混乱，根本无人过问他的情况，当天便在长生殿死去，终年50岁。

第九章

放任藩镇割据——唐代宗李豫

帝王档案

☆姓名：李豫

☆民族：汉族

☆出生日期：727年

☆逝世日期：779年

☆配偶：沈皇后

☆子女：21个儿子，19个女儿

☆在位：17年（762年~779年）

☆继位人：李适

☆庙号：代宗

☆谥号：睿文孝武皇帝

☆陵墓：元陵

☆生平简历：

公元726年，唐肃宗的长子李豫出生。

公元757年，李豫与郭子仪等大将收复长安和洛阳。

公元758年，李豫被立为太子。

公元762年，李豫登基。

公元763年，安史之乱平息。

公元763-778年，唐中央政府与吐蕃连年征战，双方耗费巨大。

公元779年，李豫病死。

第九章 放任藩镇割据——唐代宗李豫

人物简评

唐代宗性格谦柔，心胸宽广，喜怒不形于色。他擅长调节人际关系，是一位重感情的皇帝。他平叛安史之乱有功，积极治理国家，实行各项改革，如漕运和税制，理财开源，安定天下。他知人善任、礼贤下士，再造李唐一统河山。但是，却给后世的子孙留下了一个藩镇割据的烂摊子，导致唐朝中期以后被藩镇所挟持，大唐帝国的盛景不再。

生平故事

生为长子　备受宠爱

唐代宗李豫，唐肃宗长子，初名俶，后改名豫。唐玄宗的孙子众多，李俶年龄最长，颇为玄宗所钟爱，被立为嫡皇孙。李俶十五岁的时候被封为广平王，后来又被封为楚王。少年的李豫相貌出众，出身高贵，又深得父亲和祖父的喜爱。

李豫勤奋好学，学识广博，对《周礼》和《易经》相当精通。李豫谦虚谨慎，喜怒哀乐从来不摆在脸上，所以没有人能轻易看出他的想法。他为人宽容敦厚，对玄宗、肃宗非常孝顺，在玄宗病危的时候，衣不解带地侍奉在侧。

公元755年11月，爆发安史之乱。唐玄宗、唐肃宗被迫离开长安，结束了平安舒适的生活，开始了颠沛流离、躲避战乱的日子。李豫跟随父亲逃离京师，参与了马嵬之变。肃宗稍微松了一口气候重新组织平叛安史之乱，李豫积极参与了平乱，并成为核心人物之一。肃宗在决定天下兵马元帅人选的时候，本来打算任命有才华、有威信的建宁王李倓为兵马大元帅。但肃宗当年的布衣之交、自称"山人"的奇士李泌秘密向肃宗陈奏："建宁王确实有担任元帅的才华和能力，但广平王是长兄，性

95

格内敛，有君人之量，虽然现在并未被封为太子。现在天下大乱，众人所瞩目者，自然是统兵征伐的元帅。若建宁王立下大功，皇上虽然不想立他为储君，但是追随他立功的人也不肯答应。太宗皇帝和太上皇的事，不就是例子吗？"最终，肃宗思虑良久，任命广平王李豫为兵马元帅。从此，代宗成为平息叛乱的中心。

收复两京

公元757年9月，李豫担当"兵马大元帅"，唐朝大将郭子仪任中军，在李豫的指挥下，联合回纥军队与叛军10万人摆开了决战的阵势。这是一场艰苦的战斗，前军李嗣业英勇杀敌，抢起长刀，所向披靡。夜幕降临后，血战终于结束了，叛军溃败，从长安连夜逃跑。

朝廷收到捷报，李豫非常高兴，沦陷了15个月的首都长安终于收复了。于是，李豫立即下令入城。身为元帅的李豫率领军队进入长安时，城内的百姓涕泪交流，他们为摆脱叛军的蹂躏而高兴。但是，令他们没有想到的是，肃宗和回纥做了一次背后交易，把他们给卖了。也就是说，不经长安百姓的同意，回纥军队掠夺百姓的金帛、子女。

一方面李豫庆幸收回了长安，另一方面为回纥的交易感到心痛。在回纥首领叶护提出履行肃宗皇帝当年的许诺时，李豫对叶护进行过劝阻："现今刚刚收复了西京，若是马上大举掠夺，则东都的人就都会为贼固守，收复东都也就没有那么容易了。希望到了东都后再履行约定。"叶护就暂时听从了李豫的劝告。

唐朝大军于一个月之后攻进东都的洛阳。到此为止，长安和洛阳都已经收复。但是，洛阳的百姓却再次遭到了掠夺。按捺不住贪欲的回纥兵，直接冲向库府收取财帛，一连三天都在洛阳市井及周边的村坊中索要财物。城中的百姓出于无奈，自动集锦绸缎万匹送给回纥，这才使得回纥兵有所收敛。李豫无法阻挡回纥的掠夺，和同城中的百姓一起给回纥送去金银财宝。

李豫以天下兵马大元帅的身份将洛阳和长安收复，立下了卓越的战功。肃宗在回到长安之后先封他为楚王，后来改封为成王。公元758年5月19日，李豫成为皇太子，10月5日，举行册礼，李豫成为了肃宗的继承人。

肃宗的皇后张良娣在肃宗最无助的时候曾经给予了他感情上的支持，所以颇得肃宗的宠爱。宦官李辅国在安史之乱的时候，劝说还是太子的肃宗即位，被肃宗册封为司空兼中书令，掌握着大权。张良娣想要干涉朝政，与李辅国两人相互勾结、互相利用。张良娣曾经在皇上面前恳请皇上封建宁王李倓为天下兵马元帅，目的是让李倓和李豫两人互相争夺皇位，两方的势力折损之后，好让自己的儿子有当皇帝的机会。

建宁王年轻气盛，看出了张良娣的阴谋，多次向肃宗陈诉张良娣和李辅国骄横跋扈，擅权误国，并且加害广平王李豫。张皇后、李辅国与建宁王之间的矛盾日益加深，张皇后向肃宗吹枕边风，诬告建宁王盯着储君的位置。肃宗从唐朝的百年基业考虑，担心酿成大祸，下令将建宁王赐死了。俗话说，虎毒不食子，但是皇帝的子嗣太多，杀死几个也没多大关系。但是，这件事给李豫的心里留下了浓重的阴影。

随着平叛战争的节节胜利，张皇后加紧陷害太子，特别是肃宗病重以后。这时，张皇后和李辅国之间的嫌隙越来越深。公元762年4月，李辅国拥立太子李豫，将守候在肃宗病榻前的张皇后强行拉出去幽禁起来，肃宗还没咽气，目睹了李辅国肆无忌惮的行为，被惊死。

在宦官的拥立之下即位

李辅国等人铲除异党，拥立太子李豫为帝。李豫是第一位由宦官拥立的皇帝。唐代宗继位后，李辅国仗着自己立帝有功，骄横无理，想要把持朝政。他竟然对代宗说："陛下只须深居宫中，老奴来处理外面的政事。"这简直不把皇帝放在眼中，代宗心中不满，但他的优点是喜形不露色，不能让李辅国感觉到他的情绪。李辅国手握兵权，代宗只好委曲求全，尊称他为尚父，每一件事都要和李辅国商量后才能决定。不久，代宗终于逮到机会，乘李辅国没有多少防备的时候，派人扮作盗贼刺杀了李辅国。

代宗即位后，终于结束了持续八年之久的安史之乱。当时安史之乱已经接近尾声，公元762年10月，唐代宗以长子雍王李适为天下兵马元帅，发兵征讨史朝义。他看重郭子仪，本来打算让郭子仪做副元帅。但是两个掌权宦官程元振和鱼朝恩害怕郭子仪凯旋回京后会削弱他们的势

97

力，竭力阻挠皇上重用郭子仪。代宗只好改让朔方节度使仆固怀恩做李适的副手，他们率领的军队在陕州和诸道节度使及回纥军队会合，共同进击叛军。

在洛阳的史朝义听说官军快要到达，就和将领们商议对策。有部下认为如果只有官军来，他们还有把握能够击退官军。但如果官军和回纥军队一起过来，恐怕势头难挡，就建议退守河阳以避开锋芒。

但是史朝义却并不听从，没过多久，官军就到了洛阳的北郊，分兵攻下了怀州，之后在洛阳以北的衡水和叛军进行对阵，叛军数万人竖起栅栏当做屏障，仆固怀恩和回纥部队出兵夹击，叛军大破。史朝义派来十万精兵救援，同时官军向他们发起猛烈的攻击，伤亡惨重，但叛军的阵形却始终都不乱。镇西节度使马璘性情比较急，独身一人骑着马就杀进了叛军的阵营中，所向披靡，官军的大部队也跟着冲杀了进去，叛军的阵势大乱，人马相互践踏，伤亡无数。这一战官军斩首六万级，俘获了两万人，洛阳就此收复。仆固怀恩让回纥可汗在河阳扎营，同时派出步骑兵万余人对史朝义进行乘胜追击，连战连胜。后来官军一直追到今天的河北省卢龙境内的温泉栅，史朝义走投无路，被迫在林中自缢，八年之久的安史之乱宣告结束。

安史之乱以后，唐王朝内部矛盾纷多，一波未平一波又起。代宗是拆东墙补西墙，到处调动军队。公元763年，仆固怀恩背叛了唐朝，公元765年8月，仆固怀恩引导吐蕃和回纥等一共30万的大军，从华阴奔赴蓝田，直逼长安。京师一片恐慌，代宗急忙召见郭子仪，屯驻长安北面的泾阳城，在此期间仆固怀恩在军中暴病。

安史之乱的平息也让代宗松了一口气，但是这也只是短暂的和平。

割据藩镇存在隐患

安史之乱平息之后，代宗应仆固怀恩的请求，于是任命史朝义的降将薛嵩为相、卫、邢、洺、贝、磁六州节度使，田承嗣为魏、博、德、沧、瀛五州节度使，李怀仙仍为幽州、卢龙节度使。将这些人封为节度使的隐忧极大，但是代宗当时并没有意识到。其实，在河北诸州归降的情况下，如果唐代宗抓住机会将这些人分别调走，让他们脱离自己原有的势力范围，或许不至于出现后来藩镇割据的局面。但是可能代宗担心将这些人调离后，北方将会成为权力真空地带，无法维持当地的稳定。还有可能是因为西边吐蕃势力的强大，让他担心东西两个方向边境同时出现危机，所以还需要这些人来帮他镇守河北地区，于是顺水推舟，答应了这一请求。

代宗深受割据的苦果，就是节度使权力过大，豢养军队，觊觎帝位，自然与中央政府相对抗。这个时候，唐朝需要一个强硬的皇帝削弱藩镇的权力，显然，宽厚的代宗做不到。

说起藩镇，首先就要提起田承嗣。田承嗣原本是安禄山的部下，曾多次的击败奚、契丹，功绩累积至武卫将军。在安禄山造反的时候，田承嗣一直都充当着前锋的角色，河、洛攻陷，他的功劳非常大。同时，他又严整治兵，众人钦服。举一个例子：有一天下起了大雪，安禄山巡视诸营，忽然走到田承嗣的兵部，但是，里面寂静空旷一个人都没有。安禄山一声令下，只见士兵们都摄甲列队，安禄山按照兵册点名，发现一个人都不缺。这番情景让久历战阵的安禄山大为赞叹，对田承嗣也更加刮目相看。

郭子仪平定了东都洛阳时，田承嗣就见风使舵，举旗投降，随后又叛乱。在史朝义叛乱之后，面对精锐的唐军以及回纥军队，田承嗣又向唐军投降，但是他们却拥兵自重，以为自己拥有了实权，就不将朝廷放在眼中。代宗为了收买安抚田承嗣，将他们封为雁门郡王，并且以永乐公主的赐婚来笼络这个悍将。但是田承嗣的本性非常凶诡，仗着有兵权就更加地放肆。代宗这个皇帝当得简直颜面扫地，唐王朝的威信也已经沦落，势力强大的藩镇根本就不受皇帝笼络，也更不将皇帝放在眼中。

公元773年，相卫节度使薛嵩病死，田承嗣乘机想拥有薛嵩所有土地。唐廷派李承昭为相州刺史，田承嗣谎报相、卫两州士民反叛，暗中发兵攻取两州，悉取兵士财物，并自置属官，把相、卫两州纳入自己的地盘，视唐廷诏命为儿戏。

在当时，田承嗣占据有博、相、魏等七州。李正己已经占据淄、青、齐等十个州，将李灵耀攻灭了之后又得到曹、濮等五州。李宝臣则占据了恒、易、赵等七州。梁崇义占据襄、邓、均等六州。这几个人盘根错节相互依附。虽说名义上这些节度使是属于朝廷管辖的，但是实际上官

99

爵、甲兵、租赋、刑杀全都是节度使自己说了算的，也可以说是自成一国，节度使就是当地的土皇帝。百姓们只知道节度是最大的，但却不知道有唐朝皇帝。

擅长处理君臣关系

代宗即位后，唐朝经过安史之乱后已经元气大伤，经过连年的征战，经济凋敝、民不聊生。面对这个满目疮痍的烂摊子，代宗迫切地想要恢复安史之乱前的富庶，但是以他的能力，也做不出什么惊天动地的大作为，所幸，也也没出现太大失误。

代宗胸怀宽广，特别是在用人方面，不猜忌群臣、知人善任，与大臣们的关系处理得很好。文臣武将们在他的手下基本都还能发挥自己的才能，如任用刘晏主理财政，刘晏廉洁奉公，使当时的经济出现了复兴的局面。在安史之乱之际，节度使和一些王公贵族趁机勒索百姓。刘晏不仅对自己要求严格，还约束手下人不准勒索百姓。他常常巡回乡里，体察民间疾苦，支持农业生产。刘晏强调朝廷适当地收取赋税，反对横征暴敛，主张在平常年份正常收取赋税，灾荒年份减轻百姓赋税，丰收年份增加百姓赋税。这种收取赋税的方式，保证了农民的生产积极性，缓和了社会矛盾。

唐代宗时期还对盐政进行了改革。唐朝初年，不收盐税。安史之乱后，政府财政陷入困难。公元758年，朝廷实行食盐专卖，增加税收。政府在产盐区设"监院"管理盐务，盐价比以往高出许多，百姓不买，政府就实行强制性的摊派，百姓多受其害，对此怨声载道。公元766年，唐代宗得知民意后，任用刘晏改进盐务。

在代宗的支持下，刘晏首先精简盐务机构，裁减冗员，合并监院，并在各大城市设立13个巡院，负责管理食盐的销售市场，不许民间走私私盐，逮捕私盐盐贩。刘晏还改革了食盐专卖制度，把原来的官运官销改为"就场专卖"，盐官统一收购各地所生产的食盐，不许私自卖给商人。盐官所收的盐就在盐场转卖给盐商，商人缴纳盐款和盐税后，自由运销。同时，为了防止商人抬高盐价，在偏远地区设立"常平盐"以抑制食盐价格。代宗下令禁止各地节度使对盐商增派税收，以免通过中间环节涨价。

刘晏还在各道设巡院，选择精干廉洁的人做知院官。知院官每月都把本道各州县的雨雪、丰歉情况向中央申报。刘晏又推行"均输"法，即各以当地的部分租赋收入和盐利，购买各地的土特产品，供应京师，既便利了京师人民的生活，又促进了各地土特产品的发展，使唐代宗时期艰难的政局和拮据的财政有所改善。但他的改革触犯了一些大官僚、大地主的利益。只是由于唐代宗需要利用他理财，予以支持，使改革得以延续。

郭子仪是唐朝的大将，在安史之乱中立下大功，天下人都尊敬他。在吐蕃和回纥围攻长安的时候，郭子仪亲自劝说回纥，与唐结盟，最终大破吐蕃，使唐王朝又一次转危为安。代宗和这个功臣之间的关系处理得很好。

唐代宗将女儿升平公主嫁给了郭子仪的第六个儿子郭暧，皇帝以及功臣结成了儿女亲家，虽然这是历朝历代用来笼络功臣的惯用手段，但也并不容易处理妥当，因为公主在皇宫里也是娇生惯养，在嫁入婆家之后又仗着父亲是皇帝，恃宠而骄。严重的话还会破坏皇帝以及功臣的关系。但是代宗能够将这种关系处理得非常好，他协调矛盾的能力也能从中凸显出来。

升平公主和驸马郭暧的故事后来被演绎成著名的戏曲《醉打金枝》，代宗在其中就是一位胸怀宽广的明君形象。他引用的一句俗语"不痴不聋，不做家翁"，也被后世广为传诵，奉为至理名言。当时升平公主和驸马郭暧拌嘴生气，公主不肯让人，郭暧一怒之下口不择言，说："你不就是仗着你父亲是皇帝吗？我父亲还看不上皇帝的位子呢！"

升平公主听了这话，一气之下，回宫去找皇帝告状，代宗听了却说："事情本来就是这样啊。如果郭子仪真的想要做皇帝，天下早就不是你家的了。"于是劝公主回去和郭暧好好过日子。

郭子仪是个处事一向都很谨慎的人，他并不居功自傲，在听说了这件事之后，吓得连忙捆了儿子交给代宗发落。然而代宗说："孩子们拌嘴的事情怎么能太当真呢？"郭子仪回到家后，还是打了儿子几十大板。打得升平公主的心一直都揪着，连忙向公公郭子仪求情。看在公主的面子上，郭暧没有被打成重伤。

唐代宗以及郭子仪的君臣关系能够维持得如此平和紧密，固然和郭子仪本人小心谨慎和忠心坦诚的作风有着非常大的关系，但是如果没有唐代宗的宽容，郭子仪怕是很难顺利地安享晚年。

郭子仪非常通情达理，经常大事化小，小事化了。郭子仪父亲的坟墓曾经遭人盗掘，当时人们怀疑是宦官鱼朝恩指使，因为鱼朝恩与郭子仪矛盾重重，对郭子仪权力过大不满。这件事有可能引发手握重兵的郭子仪发动叛变。郭子仪上朝时，代宗用言语刺探郭子仪的心意，郭子仪流着眼泪说："我率领军队已久，不能禁止士兵们挖人祖坟盗墓，今天的事大概是上天的报应，不是人为的。"因为郭子仪的这一席话，朝廷上下才安下心来。

代宗的女人们

代宗的第一位皇后沈氏，吴兴人，出身江南太湖流域名门大族，祖辈世代为官，父亲沈易直曾任秘书监。玄宗开元末年，沈氏以良家女的身份入选东宫，服侍当时的太子李豫，不久之后生下后来的德宗李适。沈氏出身世家，从小受到良好的家教，不仅长相出众、貌美如花，而且知书达理、贤淑纯良。

安史之乱中，玄宗仓皇离开长安南逃。除了自己的妃嫔，皇子皇孙和公主之外，玄宗顾不得其他人，于是将他们丢弃在长安。在动乱中，沈氏被安禄山乱兵拘捕，送往东宫洛阳掖庭，后来李豫任天下兵马元帅，收复洛阳，在皇宫之内重遇被关押了一年多的沈氏。但是，代宗并没有明确沈氏的身份，也没有将她带回长安，而是暂时安置在洛阳宫中。不久，史思明再陷洛阳，代宗第二次收复洛阳时，却没有了沈氏的去向，也不知道沈氏是生是死。

在代宗继位以后，就派人到处的寻访沈氏，但一直都没有沈氏的消息。在寻找沈氏的过程中，很多人宣称自己就是沈氏，曾经有个尼姑就宣城自己是太子的生母沈氏，后来经过审查核实，她并不是，因此以欺君之罪被鞭杀。代宗后来继续派人寻访，但一直都没有任何消息，沈氏也许是在乱世当中被杀害了。

嫁给郭子仪第六子郭暧的升平公主的生母是崔贵妃。崔贵妃是杨贵

妃的外甥女，母亲是杨贵妃的大姐韩国夫人。当时杨家外戚势力兴盛，崔氏仗着杨家的势力时常撒泼，代宗当时还是广平王，也只能忍受着崔氏的跋扈。马嵬兵变后，杨贵妃死了，母亲韩国夫人也死于非命，崔氏没有人可以依靠了，代宗也不用再忍受她了，对她的态度也发生了翻天覆地的变化。虽然，崔氏生了昭靖太子李邈，也没能挽回唐代宗的心。后来，崔氏抑郁而终，被追封为贵妃。

代宗对贵妃独孤氏十分的宠爱，独孤氏的姿色绝美，选进宫中不久就受到代宗的专宠，被册封为贵妃。父亲独孤颖担任左威卫录事参军。贵妃不但年轻美貌，而且通情达理，能体会代宗的心情，所以代宗非常宠爱她。

独孤有一子一女，韩王李迥以及华阳公主。李迥刚出生就得到代宗的宠爱，被封为延庆郡王，随后被晋封为韩王，排行老七，在爵位上也超过了郑王李邈，在封王的时间上也明显的胜过了后来的德宗李适。华阳公主非常聪明，虽然年纪小，但能体会父皇的心情，说话办事都得到代宗深深的喜爱。可是，华阳公主很短命，十岁时就得病死了，代宗失去爱女，痛心疾首，忧伤过度。公主的夭亡，对贵妃的打击非常大，独孤氏的身体也逐渐日下，于第二年就病逝了，享年36岁。

爱妃一去世，让代宗更加的悲痛。代宗将独孤氏追封为贞懿皇后，因为一直都舍不得埋葬他心爱的女人，所以将她的灵柩存放在内殿长达三年之久。后来在大臣一再劝说下，他才终于让独孤氏入土为安，本来代宗是想将她葬在长安城东面，从宫中举目就能看到的地方，以安慰他的思念之情，但是大臣们一再劝谏，这才将贵妃葬到了其他的地方。虽说贵妃这一生比较短暂，但遇到代宗这样情长的皇帝，也算是幸运的，就算她不在了，也有个人一直都思念着她。

公元779年5月，唐代宗患病卧床，没过多久就与世长辞，享年53岁，死后葬在元陵。

第十章

从勤俭变奢侈的皇帝——唐德宗李适

帝王档案

☆姓名：李适

☆民族：汉族

☆出生日期：742年

☆逝世日期：805年

☆配偶：王皇后

☆子女：9个儿子，10个女儿

☆在位：26年（779年~805年）

☆继位人：李诵

☆庙号：德宗

☆谥号：神武孝文皇帝

☆陵墓：崇陵

☆生平简历：

公元742年，唐代宗长子李适出生。

公元762年，唐代宗即位，李适被任命为天下兵马元帅，讨伐叛军，并晋封为鲁王、雍王。

公元764年，李适被立为太子。

公元779年，李适即位，为唐德宗。

公元780年，在宰相杨炎的主持下，唐朝开始实行两税法。

公元783年，路过长安的泾原兵哗变，李适不得不逃出长安。

公元805年，李适病逝。

第十章 从勤俭变奢侈的皇帝——唐德宗李适

人物简评

德宗在位26年，前期，他胸怀大志，意图复兴。为了实现自己的政治理想，他不畏艰难，实施革新，果敢有为。但是，德宗采取的很多措施并没有取得预想的效果。安史之乱过后，唐帝国已经积重难返，内外矛盾突出。虽然一些措施初见成效，但是德宗也因此付出了沉重代价。当改革遭遇挫折后，德宗的雄心壮志被战乱消磨殆尽。后期，德宗心胸狭隘、猜忌忠臣、贪婪成性、不思进取。唐朝虽然政局稳定，但是不可避免地继续衰落。

生平故事

下定决心要有所作为

在德宗的整个少年时代，都见证了大堂帝国的辉煌岁月。但是在他14岁那年，也就是公元755年爆发的历史上著名的安史之乱，到了第二年，长安失守，玄宗带着众多了侄逃走，这当中也包括唐德宗李适。在这多年的动乱生活当中，德宗以及其他皇室成员见证了大唐帝国的衰落，饱尝了战乱之苦。

在唐代宗即位之初，任命长子李适为天下兵马元帅，讨伐安史叛军的余孽，最终平定了叛军。没过多久，李适因为担任尚书令同平叛的名将郭子仪和李光弼等八人一起被赐铁券和图形凌烟阁。在李适最早登基的时候，想要有一番的作为，他励精图治，革旧部新，崇尚节俭，禁止各地向朝廷进贡，并且宣布废除租庸调制和一切苛捐杂税。

德宗毅然决然地实行改制，陆陆续续出台各项扶持民生的减负政策。他下诏地方停止向中央进献鹰鹘类的宠物，公布少取多予的惠民财政政策，规定山南枇杷、江南柑橘，每年只允许一次的进贡，以供享宗庙，其余的进贡一律都停止。

没过多久，他再次连续颁布诏书，宣布废除南方每年向宫中进贡奴婢和春酒、铜镜以及麝香等等，并且禁令天下不得进贡珍禽异兽，甚至银器都不得加金饰。于此同时，放出了百余宫女。德宗实行了一系列密集的有利于百姓的措施，这显示了德宗想要改革社会弊政的决心。

用兵削藩

德宗在即位以后，深知地方藩镇节度使的权力威胁到了中央政府的统治。德宗就一直寻找机会，试图削夺拥兵自重的地方藩镇节度使的权利。因此，他不惜使用武力。公元781年，河北承德节度使李宝臣病死。李宝臣的儿子李惟岳向朝廷上奏请求继承父亲的节度使职位，德宗想借这个机会废除旧弊，因此拒绝了惟岳的要求。就连田悦要继承田承嗣之位都不允许。于是，李正己、田悦、李惟岳三人联合起来，为了争取传子制度，出兵谋反朝廷。

德宗调兵1.2万人守关东，又任命李怀光为兼朔方节度使，各路兵马讨伐叛军。这场战争意义重大，德宗如果胜利了，就能够借此机会将权力收归中央，但是德宗并没有制定好切实可行的用兵计划，也不设统兵元帅，他亲自指挥。结果唐军接连失败，战争的规模也越来越大。

公元783年10月，德宗发泾原兵5000人，营救襄城。当泾原兵被调路过京师的时候，士兵们冒雨饥寒交迫。本以为德宗会犒赏他们，但没想到德宗只给他们粗饭菜羹，更别说什么赏赐了，士兵非常不满，众军叛变攻入京城。德宗只得紧急率领少数家属仓皇出逃。

路上遇到了郭曙以及令狐建二人，他们率领大约500部众随行。在这些人的保护之下，唐德宗逃往奉天县。没过多久，随着左金吾大将军浑瑊的到来，唐朝的一部分官员也都纷纷到来。浑瑊是郭子仪部下的大将，一向都很有威望。直到他来到皇帝身边之后，德宗悬着的一颗心这才慢慢的安定了下来。附近诸镇的援兵也纷纷入城，德宗命令浑瑊统率。

这时候，京师中的朱泚，已经被叛兵拥立为主。没过多久，朱泚就自称为大秦的皇帝，唐朝众多官员也都纷纷向秦朝投降，做了秦官，只有司农卿段秀实等少数的官员不同朱泚同流合污，并且准备诛杀朱泚，

结果事情败露，段秀实等人反被杀害。朱泚将朱滔立为皇太弟，同河北诸叛镇遥相呼应。

朱泚称帝以后，德宗更是心急如焚，但是自己身边也没有军队。于是他派人到魏县的行营去告急，李怀光率领朔方军回救奉天，李晟也沿路收兵来救，马燧等各归本镇，李抱真仍然留在河北，这一行动是唐朝的转机，浑瑊则坚守危城。

朱泚下定决心要攻克奉天城，将德宗捉拿归案。他亲自督战，调动全部的军队全力围攻奉天一个月，但是仍旧没有被攻下。这时候，城中的粮食也都吃光了，德宗自己也没有食物了，只能吃野菜和粗米。为鼓舞士气，浑瑊对将士晓以大义。将士们虽然饥寒交迫，但他们都表示忠于德宗，没有投降变节的人。

没过多久，李怀光就率领5万人到长安的附近，李晟率领1万余人的兵马也随后赶到，其余各路援军分别到达。朱泚集中全力进攻，浑瑊率守兵力战，朱泚大败，李怀光又击败朱泚的别军，朱泚率兵退守长安。

后来，李怀光反叛了，唐朝的形势也进一步的恶化。多亏李晟的正确指挥，才挽救危局。当时李晟率孤军守东渭桥（在长安东北五十里），夹在朱泚和李怀光两股强敌之间，处境可谓是相当的危险。他在困境中保持锐气，用忠义激励将士。驻守在奉天、邠宁、蓝田、昭应（今西安临潼区）的唐军，也都愿意接受他的指挥，军威大振。李怀光被迫逃到河中，其他士兵也都纷纷投降唐军，或是路上逃散，势力大大的消弱了。

在李怀光即将要叛变的时候，唐德宗派人去吐蕃请求救兵，许诺割据北庭、安西等地给吐蕃。这两个镇一直都在抗击吐蕃的侵扰，德宗竟私自割让，虽说后来也是割让未成。经过了这场战乱，德宗对于唐朝的将帅非常猜忌，他们立功之后，怕更加不好对付。于是就命浑瑊率领诸军从汉中出击，吐蕃兵两万来会。浑瑊将泚兵击败，进驻在奉天，同李晟东西相应。吐蕃兵在武功县大肆的掠夺财物，还接受了朱泚的贿赂，全军退去。

本来唐德宗想利用吐蕃来收复长安，后听说吐蕃退兵了，他非常忧愁。一直跟随在他身边的大臣陆贽劝说他要相信将帅，用吐蕃是没有好处的，还劝他不要干涉前线将士的指挥权。这样德宗才勉强让李晟等自主兵权。到第二年，李晟就率兵攻进长安城，朱泚失败逃走，被部下刺

109

死了，德宗流亡了10个月，终于重新回到了长安。

德宗的蜕化

到长安之后，政治局面逐渐地稳定了下来，在国内政局相对比较稳定的形势下，德宗非但没做出什么政绩，相反他重用宦官、贪婪成性。

在德宗刚即位之时，对父亲代宗重用的宦官非常不满，但经过兵变之后，随着自己逃跑的宦官忠心耿耿。德宗便改变了看法，他认为宦官对自己最忠诚。公元784，德宗将宦官窦文扬和霍仙鸣监左右神策军。公元791年，神策大将军柏良器招募精壮代替挂军籍之名的商贩，窦文扬认为可疑，就上报德宗，德宗撤销了柏良器的职务。公元796年，德宗又将窦文扬和霍仙鸣任命为左、右神策护军中尉。从此以后宦官掌握了禁军，也成了定制，影响着唐朝后来的政局。

因为没钱犒赏泾原兵而导致了朱泚的兵变，使得自己出逃首都，唐朝也差点灭亡，这件事给德宗的教训太深刻了。李适也似乎意识到钱的重要性，经济基础决定着上层建筑，物力和财力决定着君臣和臣民的关系，于是，执政的理念，也由惠民让利瞬间就变成了想尽一切手段搜刮百姓的钱财。他主动的要求各地向中央进贡，并派出特派员向地方政府公开索取。

各地的节度使为讨皇帝的喜欢，纷纷向皇帝进贡，并且借此机会盘剥百姓，得到的财物只拿出十分之一二进奉，其他一大部分都装进了自己的腰包。有的每个月进奉的，称作月进；甚至有的每天进奉，称作日进。德宗每年收进奉多达五十万缗，最少也有三十万缗，也已经成为了制度。

在德宗前期施行的制度还是比较值得肯定的，但到了后半期发生蜕化变质，从一个崇尚节俭的君主变成贪婪的君主。他也曾经志向远大，改革弊端，但终究是逃脱不了中国帝王所难免的聪昏周期率交替的宿命，到底还是变得昏庸起来。

在德宗时期，朝廷内部的党争非常的激烈。这其中杨炎以及刘晏之间的斗争是最为激烈的。这两个人在代宗的时期就产生了矛盾。刘晏担任吏部尚书、左仆射，还管理着支出收纳的事宜，权力非常大。刘晏这

个人也非常的有才能，不但得到代宗的重用，同时也得到了德宗的喜爱。他非常的机智而且懂得变通，曾经担任转运盐铁租庸等使臣，是唐朝时期最为有名的理财家。

代宗时期宰相元载的余党杨炎，在代宗杀元载的时候，曾经和刘晏密谋。当时，元载被杀，杨炎也被贬为远州的司马。后来杨炎取得了德宗的信任，独揽了大权，他利用自己的地位替元载和自己报仇，谋害了刘晏。

刘晏无缘无故被杀，朝野上下都纷纷为他喊冤。割据淄青镇（治青州，山东青州）的李正已经接连上表请问杀刘晏的原因，德宗无言以对，陷入了窘境。于此，杨炎也免不了心虚，就私下派人到各镇为自己辩白，称杀刘晏是德宗自己的决定和自己没有关系。德宗听说以后十分憎恶杨炎，就任用卢杞为宰相，准备杀掉杨炎。

卢杞这个人非常地狡猾阴险，是李林甫和元载后又一个著名的奸相。害人的伎俩要比杨炎更加的阴险。他深知德宗的心思，也乐得投井下石，刚上任没多久，便给杨炎罗织了好多的罪名。结果，德宗将杨炎贬做崖州司马，还未走到贬所，就被德宗派去的人在半路上给杀死了。

德宗的好帮手陆贽

陆贽是唐朝比较有名的宰相，在德宗逃到奉天的时候，陆贽一直伴随他左右。陆贽是个很正派的人，一个非常清廉的楷模。那个时候每天都会有跑官要官的地方官员来找陆相拉关系、递条子、走后门、攀交情。但是陆贽面对这么强烈的诱惑竟然毫不心动。陆贽的母亲去世，在守孝的三年时间，各地都纷纷赠送厚礼，多达几百份，但他一份都没要。

为此，那些想巴结陆贽的人对他非常不满，埋怨他不近人情。因此，德宗秘密派人向他送"秘旨"，做他的思想工作。开导他清慎不要太过，说如今的世道就是这样的。李适曾经也说，你太过于谨慎清廉了，简直都到了偏执的地步。各州、道、府到长安来以后，送给你一些礼物，是人之常情。结果你全部都拒之门外，一律不受，那是非常不合乎情理的。你想，假如送你了一根马鞭或者皮靴之类的，你收下了也是无所谓的。李适还保证，绝对不以收受贿赂送交司法部门处理。

从来就没有见过这样的皇帝，直接要求属下收受贿赂。但，陆贽对于德宗的"关爱"却并不领情，他不但迂腐还反驳皇上的意思。但是整个朝廷像陆贽这样刚正不阿、廉洁清正的人实在是太少了，唐德宗身边的人已经被卢杞等奸臣团团围住，他和他们一起同流合污，沉瀣一气。

德宗在碰钉子之后，并没有处罚陆贽，毕竟陆贽和他有过共患难，一起吃过苦。陆贽始终都跟随，忠心可见一斑。那时候，李适能倚重的人也只有一个陆贽。所以说，即便是陆贽有什么不妥的地方，德宗对他也十分宽容。

虽然又回到了长安做太平天子，但，对于这位老部下的率直，不管怎么不中听，他都不好意思拍桌子瞪眼的和他翻脸。

陆贽不但不要外财，同时还为国运奉献私财，为兴办公益事业捐献自家的宅基地，兴建福利院，后来改称为报国院，后改建为的能仁禅寺；这样的官，政治素质当然也是没的说；也难怪李适对陆贽有着革命同志一般的信任，很多事情的细节，都会请陆贽参酌决定，人们都将陆贽称为"内相"。当年迈的陆贽递交辞呈请求回乡养老的时候，德宗断然拒接。

18岁的时候，陆贽考取了进士，到了德宗年间，长安城中风云突变，五千泾原军因为饥寒交迫而举旗造反：李适仓皇而逃，泾原节度使朱泚趁机入宫登基称帝，大唐帝国危在旦夕：年轻的翰林学士陆贽越墙而出，追随着德宗皇帝到达乾县，连续几次劝德宗将"今盗遍天下"的起因归根在自己身上，主动承担责任。于是德宗就主动做了自我批评，并下诏罪己，说各地的叛军，除了朱泚以外，其余都无罪，只要归顺了，一切都像原来一样。这个小政策一出，各方人心大悦，士卒都感动泣流。

从此之后，德宗连续地采纳了陆贽一系列的策略，最终平定了叛乱，挽救了危局，唐王朝从危机的关头中恢复了起来。陆贽39岁的时候就被任命为宰相，他广开才路，推行改革，减轻百姓的负担，制定了抵御大敌的策略，预防边境发生叛乱。陆贽向德宗大量的奏议报告，成为历代宰相必读的典范教材，史学界也将他推崇为"中国十大名相"之一。

茶叶税征收开始

唐朝时期，上至王公大臣，下至平民百姓，都形成了饮茶的习惯。

第十章 从勤俭变奢侈的皇帝——唐德宗李适

在中唐的时候，出现了空前饮茶盛况。当时除了四川和江南茶风日盛之外，黄河中下游的广大平原地区也都盛行饮茶，但凡交通沿线，随处都能看到茶摊茶铺，不论贵俗，投钱既饮，非常方便。江南各地的茶叶源源北上，舟车相继。不单单只有江南江北产茶，中原和黄河之北也出产名茶。茶已经成为当时人们日常生活中的必需品，也成了国内外市场上重要的商品。所以，种茶和贩茶也成了十分有利可图的行当。这时候，德宗在大臣的议论中，看到茶盐铁都成为百姓们的日常所需，觉得有利可图，便开始想着征收茶叶税。

公元783年，管理财政税收的户部侍郎赵赞敏锐地观察到，饮茶的风气已经在百姓当中普遍地形成了，于是就向德宗提议征收茶叶税，成为十税之一。很快德宗就采纳了这个建议，并于当年开始在全国对茶叶进行征税，由负责征盐税的盐铁转运兼管茶务，在产茶州县的商运要道设官抽税，税率是1/10，每年都够得到银两40万贯，茶税一举成为国家的一项重要财政收入。茶税之法也从此建立起来。当时除了茶以外，还有漆、竹、木等也被同时列为征税对象。这就是千百年来一直征收的农林特产税最早起源。

唐德宗一征收茶税，国家的财源自然就滚滚而来，那时候还没有分税制，钱财都进了中央的国库，供德宗自行挥霍。开征茶税这一项措施更增加了百姓的负担，有个名叫何易于的益昌（今四川昭化）县长，感到十分的为难。因为他知道，不向百姓们征收茶税，就是违拒诏令，不但乌纱帽不保，而且还会杀头。但是，如果要征茶税，益昌又非常贫困，百姓的生活已经很困难了，都快要活不下去了。如果还要强征茶税，让百姓们怎么活下去。何易于既不想违背朝令，也不愿意将百姓们陷于水火之中，便决定一死了之。

他向手下交代好工作后，于是选择了一种比较惨烈的自杀方式——自焚，由此可见，他是个意志比较坚强的人，能够在烈火焚烧中忍受得住。何县长死了以后，当地的百姓们对他的行为崇拜至极，都纷纷祭奠。

两税的法则

在德宗即位以后，就任用杨炎为宰相。杨炎上任之后对赋税制度进

113

行了改革，废除租庸调制，推行了"两税法"

唐朝初期的赋税，是建立在均田制基础上的，按照征收赋税的办法，分为租、庸、调三项。伴随着均田制度的瓦解，租庸调制也渐渐不能再施行了。因为战乱频繁，农民也纷纷逃亡，沦为地主的佃户，租庸调法走到了死胡同，不得不更改。

两税法主要的内容有：取消租庸调及一切杂税。不分土地著户还是外来户一律都以现居民住地为准，登入户籍纳税，放弃按丁征税的办法，改为按照资产和田亩征税，就是根据资产定出户等等，确定应该纳税的税额；根据田亩的多少，征收地税。没有固定住处的行商，也要负担赋税。每年分为夏秋两季征税，夏税为六月之前，秋税为十一月之前，两税的名字既由此而来。

两税法的实行，也扩大了纳税面，对于减轻人民的负担非常有利。纳税的人一多，对于政府的收入也有税保障了。两税法是按照资产和田亩征税，和租庸调法按丁征税相比，还是比较合理的，有其进步性。但是以德宗为首的统治者并没有认真贯彻执行，相反是不断地增加苛捐杂税，使得人民的负担日益沉重。

公元787年，唐德宗曾在一个叫辛店的地方打猎，来到一个叫赵光奇的农民家中，德宗问道："百姓们生活的高兴吗？"赵光奇据实答说："不高兴。"德宗说："今年庄稼获得了丰收，为什么你们不高兴呢？"赵光奇回答道："国家不守信用。前面说是除了两税以外不会再有其他的徭役，但现在，除了两税之外，还要强迫征收各种税费，这简直就是巧取豪夺。开始的时候说收百姓的粮食由官府到百姓的家中收取，现在却又强迫百姓们把粮食送到几百里之外的京西行营。路途又这么遥远，导致很多人家因为干农活牲口被累死，车也坏了，家庭破产，很难再维系下去。人们的生活这么愁苦，还有什么好高兴的！每次国家发布体恤百姓的政策，不过是一纸空文，下面的官员也不会执行。皇上又深居在防卫森严的皇宫里，哪里会知道这些！"

听完赵光奇的话，德宗下令免除了赵光奇家的赋税和徭役。德宗免除赵光奇一家的赋税，但是忽略了百姓的疾苦，算是个无良的昏君。

找寻生母　册封皇后

在德宗14岁的时候，母亲失踪了。虽然德宗的父亲代宗一直都在派人寻找，但是始终都没有找到。在德宗即位之后，立即将沈氏尊为皇太后，大力派人继续寻访老妈的下落。他还成立了一个寻找太后工作的庞大领导小组，以睦王李述为首全权负责奉迎皇太后，工部尚书乔琳协助睦王李述的寻访。

没过多久，有位老妇人陈述了自己就是太后，德宗连忙派洛阳宫中旧日服侍过沈氏的宦官宫女前去识别。女宫叫做李真一，以前一直都陪侍沈氏，知道沈氏早年因为斫肉糜喂德宗的时候左手指受过伤。她见老妇人和沈氏长得一模一样，年龄也相仿，左指受伤，就认定老妇人就是沈氏，将她迎入宫中，报告德宗。德宗非常高兴，见到太后涕泪交零，即刻奉她为太后，寻找了这么多年，总算是找到了自己的母亲。

但是过了几天，高力士的养子高承悦向德宗秘密地报告，称老妇人并不是沈太后，而是他的姐姐，为怕事情败露之后自己受到牵连，这可是要杀头的欺君之罪，所以就上奏以避祸。德宗连忙命高力士的养孙樊景超再去辨别，果然是他的姑妈，就是高力士的养女，老妇人这才惊恐认罪，承认自己是冒名顶替，目的是想骗取荣华富贵。原来，她年轻的时候常常在宫中和沈氏在一起，两人的相貌也非常相似，年龄也是一样的，并且左手指也受过伤，这么多的巧合，让曾经贴身服侍沈氏的宫女都没能认出来。因为见皇上这么急切地寻找生母，就决定冒着皇上怪罪的风险，演了这么一出假太后的戏。樊景超如实的奏报，请求加罪于老妇人，德宗却并不生气，他说："我宁愿一百次被骗，但希望有一次是真的，也了却了心愿，如果惩罚了这老妇人，以后就再也不会有人来报告太后的下落了。"

冒名顶替的事也就没有追究，还当即下令释放了老妇人，也没有加罪。看来只要能找到母亲，德宗受再多的欺骗也不在乎。由此可见，他想要见到母亲的愿望多么的强烈。德宗的性格比较刻薄暴躁，对身边的人也充满了猜疑，完全没有他父亲的温厚，本应当火冒三丈，但是对于冒名顶替者则宽容以待。

再后来，又有几位老妇人称自己是太后，经过查验后也都是冒名顶替者。李适为寻母耗费了一生的精力，但是始终都没找到真正的沈太后。寻访沈太后的工作一直持续到代宗的曾孙和德宗的长孙宪宗为止，宪宗将沈太后的衣冠葬在代宗的元陵，结束了对太后的寻访。

李适的皇后是王氏，是秘书监王遇的女儿。公元763年5月，唐代宗即位，将长子李适封为天下兵马大元帅、鲁王。在这其间，李适纳王氏为妻。结婚没多久，唐顺宗李诵出生，李适非常高兴。

李适即位以后，将王氏封为淑妃，在众嫔妃之首，名义上不是皇后，但实际上行使了皇后的权力。几年后，唐朝的朝廷内部爆发了泾原之兵，叛兵占领长安后，德宗仓皇逃跑。等到德宗寻找玉玺，却发现玉玺不见了。原来，德宗逃跑的太慌张，将玉玺忘在了宫中，王淑妃考虑得很周全，她将大印拿出，这才解了燃眉之急。因此，王淑妃立下了大功劳，德宗对她夸奖不已。离开长安之后，经过几年的奔波，特别是女儿出生后立即夭折了，王淑妃受到了非常大的打击，回到长安后就一病不起了。

公元786年11月，德宗宣布将王淑妃立为皇后，加冕仪式十分隆重，但是王皇后已经病入膏肓了。在隆重的加冕典礼结束以后，王皇后就离开了人世，万分悲痛的德宗随即又为她举行了隆重的葬礼。赐谥号为"昭德皇后"。

公元805年，德宗因病去世，享年64岁，安葬于崇陵。

第十一章

哑巴皇帝——唐顺宗李诵

帝王档案

☆姓名：李诵

☆民族：汉族

☆出生日期：761 年

☆逝世日期：804 年

☆配偶：王皇后

☆子女：23 个儿子，11 个女儿

☆在位：6 个月（805 年~805 年）

☆继位人：李纯

☆庙号：顺宗

☆谥号：至德大圣大安孝皇帝

☆陵墓：丰陵

☆生平简历：

公元 761 年，李诵出生在长安皇宫中。

公元 779 年，李诵被封为宣王。

公元 780 年，李诵被立为皇太子，公元 780 年 1 月，备礼册立。

公元 805 年 1 月 23 日，德宗遗诏传位，24 日宣遗诏，他于 1 月 26 日正式即位。

公元 805 年 8 月 3 日，俱文珍联合其他宦官刘光琦、薛文珍等人发动了宫廷政变，胁迫唐顺宗把帝位让给皇太子李纯。

公元 806 年 1 月，46 岁的唐顺宗李诵死在咸宁殿，葬于丰陵。

第十一章 哑巴皇帝——唐顺宗李诵

人物简评

李诵在当上皇帝之前一直苦熬了26年，但是他才当了6个月皇帝，就被别人从龙椅上一把拉了下来，这在中国古代的皇帝中可谓是独一份。李诵在当皇太子的时候表现得非常不错，既能忍受各种委屈，又有长远的目光。但是他的运气似乎不怎么好，所以尽管做得不错，还是经常被那个当皇帝的父亲猜疑，经常处在危机当中。这种时运不济的情况在他当上皇帝之后也没有好转，因为他急着想把国家治理好，触怒了太监们，所以被迫退位。尽管顺宗李诵是个有理想有抱负的人，但是他毕竟不能敌过外界的大环境，最终只能失败。

生平故事

行胜于言

李诵当上皇太子的时间并不晚，在他的父亲刚当上皇帝没多久，他就被册立为太子了，具体来说，时间是在公元779年。他册立的典礼是在第二年的正月举行的。到了公元805年，李诵的父亲德宗去世了，于是李诵顺理成章地接过皇帝的权柄。德宗的遗诏宣读以后，李诵在正月登基，当上了皇帝，也就是顺宗。顺宗当上这个倒霉皇帝并不容易，他当太子的时间长达26年，他对这个皇帝宝座可谓是望眼欲穿。

李诵和那些喜欢夸夸其谈的人完全相反，他平时只知道做事，可能他在生活中信奉行胜于言的准则。他确实只喜欢做不喜欢说，就连当上皇帝以后，他在决策时也都是通过点头或摇头来指示，很少发表其他见解。我们无法想象，如果他的臣子们也像他那样沉默，国家的政策将如何提出。

李诵是一个随遇而安的人，他似乎对环境从来没有过多的要求。他

119

爷爷的妃子转嫁给他，他没有表示抗拒；他的儿子给他父亲当儿子，成了他的弟弟，他接受了；当太子的时候，他处处谨慎小心，隐忍不发；当了皇帝之后，他不声不响地兴利除弊；父亲对待他很不公平，他没有怨言；儿子对他步步紧逼，他很淡定；太监们逼着他选太子，又强迫他退位，他一点也没有慌乱；他当皇帝时很从容，退位做了太上皇也不抱怨。李诵这辈子最大的特点就是从容淡定，真是泰山崩于前而面不改色。

李诵能够直面残酷的政治情形，说明他有过人的胆识和王者的气度。不过有一点还是要提一下的，他之所以平时不说话，还有身体上的原因，他的声带有毛病，不能说话。当然，他可以选择用其他方式和别人进行交流，比如用纸笔，但他很少发表意见，这就说明他的沉默主要还是性格使然。他是被战火洗礼过的人，也看惯了皇宫上下各种各样的明争暗斗，所以他对政治有自己清醒的认识，心里透亮了，表达就变得不那么重要。心里已经有了想法，他只需要去做。

李诵平时不喜欢表达，对于别人的事自然也从来都很少发表意见，而且他还不怎么与人交往，和大臣们的关系也都是马马虎虎。通常人们对皇帝身旁当红的太监都是拼命巴结，但是李诵当太子时从来没有这样做过。

李诵还没有当上皇帝以前，由德宗做主，让他娶了郾国公主的女儿。但是后来突然发生了一件让人意想不到的事，郾国公主耐不住寡居的寂寞，竟然与官员有了苟且之事。德宗听说这个消息以后，异常愤怒，把这个不守妇道的女人关了起来，并把她的公主封号剥夺了。这还不算完，德宗马上下了一道命令，把郾国公主的女儿也就是李诵的王妃处死。接着，德宗又把李诵叫到宫里来，大骂了他一顿。

李诵真是倒霉透了，什么都没做，还是要挨训。若是换了别人，可能早就气炸了肺，但是李诵却安然受之，没有什么特别的表现。不过这并不能让德宗的怒气消除，他想要把李诵的太子之位废除。德宗把一个叫李泌的大臣叫到宫里来，商量是不是该把李诵废了，让自己的弟弟李邈的儿子当太子。李泌是前朝的老臣，又是当朝的宰相，他年纪不小了，心思也缜密，马上就觉得皇帝的提议非常不妥，于是告诉德宗说："皇上，您要三思啊！太子虽说不合您的心意，但毕竟是您的亲生儿子，一定会效忠于您。但是如果您让侄子当了皇帝，他只会孝敬他的亲生父亲，

哪里还能顾得到您呢？"德宗听了李泌的话之后，恍然大悟，这才打消了废太子的念头。

德宗把废太子这件事搞得沸沸扬扬，李诵当然很快就知道了，但是他却一句话也没有说，不为自己做任何辩解。但是在这次事件之后，李诵变得更小心了，不多做一件事，也不多说一句话。有一回，李诵出席德宗在鱼藻宫摆的宴席，在席上陪着德宗喝酒。这时候，一辆非常漂亮的彩船划了过来，很多漂亮的宫女在彩船上唱歌跳舞。德宗非常高兴，于是就问李诵："你觉得今天的宴会如何？"李诵非常谨慎，只回答说："好乐无荒。"轻松把话题带过。

李诵实在是一个非常能忍的人，他当了那么多年的太子，但是只对朝廷的事提出过一次意见。在德宗年老时，李诵曾不同意他让裴延龄和韦渠牟当宰相。到了德宗年老的时候，由于他当皇帝的时间太久了，所以开始不放心朝廷里的那些大臣们，不愿意把权力交到宰相手上，却对身旁的小人们加以重用。当时德宗身边有裴延龄、李齐运、韦渠牟等一干人，他们整天在德宗耳边吹风，说忠正的大臣的坏话。不仅如此，他们还搜刮民脂民膏，大肆敛财。天下人对这群奸佞小人都恨之入骨，但是文武百官因为害怕惹祸上身，谁也不敢向德宗告发。

这时候李诵站出来了，他在一次与德宗下棋时，提出了自己的观点，说裴延龄这几个人都是小人，绝对不能信任他们，不然天下早晚要败坏在他们的手中。德宗感到很惊讶，表扬了太子的行为，于是没有让裴延龄和韦渠牟当宰相。

别看李诵平时什么话也不说，他可不是一个懵懵懂懂的人，而且做事的能力非常强。

公元783年的冬天，天气非常寒冷，泾原节度使姚令言接到旨意领兵出关作战。姚令言领着军队在冰天雪地里走了好几天，这时候正好从京城旁边路过。将士们又冷又饿，想着到了京城边上，皇帝怎么也得给点赏赐吧，终于可以大吃一顿了。当时朝廷确实让人对这支军队进行犒劳了，但是接到这个劳军任务的京兆尹却一点也不看重这件事，他让人煮了一些萝卜白菜汤，又找了一堆黑面馒馒，就给军队送去了。

将士们一看他们的待遇如此之差，心里面都特别不是滋味，于是怨声四起，场面顿时失去了控制。想想也是，马上就要上战场了，说不定明天就要战死沙场，现在朝廷却连顿饱饭都不让吃，也太让人寒心了。将士们有的大喊："朝廷这是把咱们当牲口使呢，我们连饭都吃不饱，怎么去打仗？皇宫里有那么多珍宝，咱们不如去抢吧！"这一声喊出，大家纷纷响应，于是军队向京城冲了过去。

乱军很快冲进了长安城，到处乱作一团，没有人能阻止他们。德宗知道这个消息以后，马上传下命令，让京城的禁军去镇压。但是几道命令传了下去，却没有一个禁军赶过来。传达命令的太监向德宗表示，皇宫里面没有可以调用的军队。这下德宗完全不知道该怎么办才好了。

原来这些年负责禁卫军招募的统领白志贞一直没有将禁卫阵亡后人数减少的事告诉德宗，而且他还收受贿赂，隐瞒那些纨绔子弟交钱后不服从征召的事。于是京城中很多富家子弟都在禁军里有名衔，却只是吃喝玩乐，没有一个接受过军队的训练。到了需要用军队的时候，整个长安城竟然无兵可用，真是让人大跌眼镜。

德宗在皇宫里急得像是热锅上的蚂蚁一样团团转，乱兵们可没有闲着，他们把皇宫的大门砸开，然后蜂拥而入。太监们连忙组成一支队伍，护送德宗和一众妃子们从皇宫里慌慌张张地往外逃。本来他们想要成功逃脱是有些困难的，正在这个危急时刻，太子赶到了。

李诵一个人手拿宝剑在德宗他们后边抵挡着乱军，一边战斗一边后退，不但保护了德宗的安全，而且还成功逃脱了。李诵有勇有谋，在接下来四十多天和乱军的战斗中表现得非常出色。他总是带头出战，亲自登上城墙和乱军战斗。军队受到他的鼓舞，士气大振，都舍命奋战，终于取得了战斗的胜利。

短暂的革新

在李诵当皇帝的这段短暂时间里，出现了一个特别有名气的内阁集团，里面的人就是"三王八司马"。

读了那么多历史，我们只听说过永贞革新里面有二王八司马，什么时候冒出来了这么个"三王八司马"呢？他们说的都是谁？这里需要解释一下，实际上二王八司马的说法是欠妥的，因为这就忽略了皇帝李诵。"三王"说的是唐顺宗李诵以及他在改革的时候重用的两个人——王叔

文、王伾；"八司马"说的是八个没有什么地位的知识分子，也是因为八人都在改革失败后被贬为州司马。他们分别是：程异、柳宗元、凌准、陈谏、韩泰、韦执谊、韩晔、刘禹锡。三王八司马凑到一起，开展了一场改革运动，在当时闹得声势浩大，这就是有名的永贞革新。

实际上李诵还没有当上皇帝时就已经有了改革的想法了，他做皇太子时经常会和自己的老师王叔文和王伾谈论天下大事。他们三人志趣相投，一边喝酒一边谈天，没有什么不说的，当然也对时下的一些弊端做了一些研究。由于李诵是皇太子，所以他觉得现在有必要找一些人手，这样等自己当上皇帝时就可以大干一番了，因此他让两位老师帮忙找有用之才。

"二王"找了很久，凑了八个人出来，其中最有名的就是刘禹锡和柳宗元。李诵看准备得差不多了，就把这些人组成了一个小内阁。

李诵登基以后，因为中风说不出话来，他在朝堂上只是在那里正襟危坐，从来不发表任何言论，只是靠摇头和点头来表示否定或认同。不过尽管如此，李诵的脑子可没有受到丝毫影响，他仍旧思维敏捷、能力过人。李诵马上就实施了他思虑已久的计划，让韦执谊当了宰相，让王叔文当了翰林学士，任命王伾做门下省左散骑常侍，让刘禹锡当了屯田员外郎，命柳宗元做了礼部员外郎。李诵重用的这群人，都是年龄在30岁上下的青年，他们有理想有抱负也有能力，分别在财经、吏治、军事等领域发挥出重要的作用，是永贞革新里的中流砥柱。经过这番提拔，李诵建立起了一个全新的团体，这个团体主宰着国家的命运。

李诵进行"永贞革新"，出发点非常好，他想要通过一系列的变革，让本来走下坡路的唐王朝出现一个全新的局面，使国家重新强盛起来。这场变革所提出来的各种改革政策，有很多都是王叔文把自己的意见提出来，然后把意见说给左散骑常侍王伾，接着王伾就到皇宫里和太监李忠言以及妃子牛昭容见面，李、牛两个人就把意见告诉顺宗李诵。李诵听到意见以后，就会考虑一番，作出最终决定，然后让牛昭容传达下去。牛昭容把李诵的话告诉李忠言，然后李忠言再转告给王伾，王伾将话传给王叔文，王叔文明白皇帝的意思以后，马上和宰相韦执谊商量，最终韦执谊将内容调整一番，发给相关部门去实施。

在"永贞革新"过程中，李诵领着手底下的小内阁对当时的一些弊政进行了大胆的改革，发布了很多深受老百姓们喜欢的政令。其中最著名的就是"中央五条"，这个条令发出以后，得到了各级官员以及百姓们的积极支持。

中央五条的内容如下：

1. 将以前经常为非作歹的宫市以及五坊小儿撤掉。

这一条命令下达之后，老百姓们无不拍手称快，大赞天子圣明。宫市指宫里面的太监借着给皇家采买物品的名义，到处抢劫。那些丧心病狂的太监不仅抢夺老百姓的东西，甚至还强抢民女，无恶不作，所以老百姓都对他们恨之入骨。五坊分别指狗坊、鹰坊、雕坊、鹘坊和鹞坊，是皇宫里负责将各种动物捕捉过来，让皇室子弟玩耍的地方。由于唐朝对在宫里面当差的人都叫小儿，所以五坊里面的人就是五坊小儿。五坊小儿的行径也和土匪无异，他们经常以捕捉动物为由，故意将网设在老百姓的家门外或者是井口，然后勒索钱财等物。如果百姓不给他们东西，他们就会拳脚相加，并声称是百姓惊扰了他们捕捉的动物。

2. 将大贪官李实免职。这个消息传来，百姓们也是欢欣鼓舞。

3. 将300名宫女以及600名教坊女乐放回家去。当人们到皇宫的门外把自己的亲人接回来的时候，全都抱头痛哭。

4. 对国家的官员进行任命调整，把以前被贬在外地的官员重新调回到长安来，不再让他们担任闲职。

5. 把以前民间欠着官府的钱全都免除了，还将除了官税以外别的钱财征收全都免去。这样一来，一共免掉老百姓们欠朝廷的税款约五十三万贯（钱），极大地减轻了老百姓们的负担。

这些政策公布以后，老百姓们一个个高兴得合不拢嘴，正直的官员们也纷纷拍手叫好。这些举措可以说是深入人心，给这次声势浩大的改革制造了一个很好的开端。

为了真正让老百姓们感受到改革带来的好处，刘禹锡忙得连饭都顾不得吃，整天都要批阅非常多的公文，还要回复那些来信，接待一些来访的人。所有改革者的办事节奏都是非常快的，他们知道必须要快速处理事务，才能把工作做好。而且他们还有一种隐忧，担心顺宗李诵的年纪已经不小了，说不定哪天就会驾鹤西去，那他们未完的改革就会陷入巨大的危机。所以，这群改革派不敢有丝毫懈怠，接连不断地推出新政策，不断加大改革的力度。

改革者们的焦急心情可以理解，他们的出发点也都是好的，但是他们却忘记了有些事情是急不得的，急则出错。有些事情一旦出错，根本没有挽回的余地。李诵一心想要创造出一个自己心目中的完美世界，让朝廷变得清正廉洁，所有的官员都是正直又愿意为民办事的好官。此外，李诵还要让自己在老百姓心中的印象非常好，使百姓们都拥护、爱戴自己，重新把皇族的威严树立起来。

不过李诵和手下的改革者们都把事情想得太简单了，他们只知道自己心中有一个梦想，要努力让国家变成他们想象中的模样，却完全没有把国家已经积重难返的情况算计在内。由于各种弊端存在的时间比较久了，所以并不是一下子就能处理干净的。俗话说："病来如山倒，病去如抽丝。"国家的病已经很重了，想要短时间内让它恢复正常，简直是痴人说梦。

由于改革者对改革遇到的困难程度估计不足，没过多久，他们的改革就在政治、经济、军事等各个方面全都遇到了很大的阻力，几乎进行不下去了。藩镇以及宦官的势力非常庞大，而且他们是绝对不肯放弃自己的权力和利益的，所以他们注定要和改革派展开一场较量。

顺宗李诵要把太监们手里的权力夺回来，这让太监们寝食难安，他们害怕失去权力。如果没有了权力，太监们宁愿去死。太监俱文珍明白，一旦手里的军权被剥夺，他们就没有任何对抗皇帝的筹码了，只能任人宰割。所以，他决定铤而走险，在权力还在的时候斗上一斗，大不了就是个鱼死网破。他让人告诉各个将领，不许接受王叔文的人指挥，将王叔文的官职削掉，不让王叔文和皇上见面。

在太监耐不住寂寞的时候，不少藩镇也开始有所行动了，他们借着自己的军事力量，纷纷在地方上称王。不仅如此，这些人还上折子要求顺宗李诵退位让贤，因为他不能说话，有失一国之君的威严，所以不如让太子做皇帝。

就这样，不仅改革无法再继续进行下去，连皇帝的权力都受到了威胁。朝廷上下到处是反对的声音，这让改革派压力空前巨大。恰在此时，王叔文的母亲离世了，所以他为了尽孝，不得不暂时离职，如此一来，改革派没有了指挥，情况更是雪上加霜。王伾因为整天担惊受怕，又着急上火，居然在这时中风了，躺在床上起不来，连生活都不能自理。

在种种打击之下，顺宗李诵扛不住了。到了第二年，新皇帝即位，也就是宪宗。宪宗刚坐上皇帝宝座，就下令让王叔文自尽，这时候王叔文已经54岁了。

人都死的死、病的病，永贞革新已经没有任何希望了！所以后面的事情已经注定，连顺宗李诵这棵大树都倒下了，其他人自然也难逃厄运，都被罢免官职。尽管革新派的人都是有才能又有品德的人才，但是他们此时却再也没有用武之地了。他们曾经无限风光，受到皇帝重用，可以大刀阔斧推行自己的政策，但是如今却一个个远离故乡，被迫到边远的地方过苦日子。

改革派的人都遭受了很大的打击，像被秋风扫下的落叶一样，一下子便凋零了。然而他们当中有一个的结果是比较好的，那就是程异。由于程异在理财方面特别在行，所以后来又获得重用。

由顺宗李诵发起的这场革新运动，时间虽然很短暂，但是却像黑夜中的火光一样闪亮，给人们带来耳目一新的感觉。由于改革派里面有两个大文豪刘禹锡和柳宗元，所以这次改革更引起世人的关注。可能文人天生就没有太多政治头脑，不适合进行这种改革运动，更不要说刘禹锡他们这种文人气质浓厚的文豪。然而他们确实加入到革新派中，并勤勤恳恳地工作过。但是搞政治毕竟是一件危险的事，不像写诗作文那样轻松，一个不好就可能会身败名裂。他们每天都想着是非、道理、法律、原则等问题，还要对得起自己的良心，然而这些是政治斗争中完全不需要考虑的，那些搞政治的人只需要想到利益就足够了。他们的改革威胁到了太监和藩镇势力的利益，所以肯定会有一场斗争，而这些改革派因为没有兵权，根本不是恶势力的对手。

这次革新只有短短的一百多天，来得突然，去得了无痕迹。它留给人们的是无尽的惋惜，还有深刻的教训。这次革新运动当中，结局最惨的是最高领导者李诵，他连叹息都没来得及发出，就被逼死了。

很有特点的人

封建社会有过那么多的皇帝，哑巴皇帝却只有一个。就是唐顺宗李

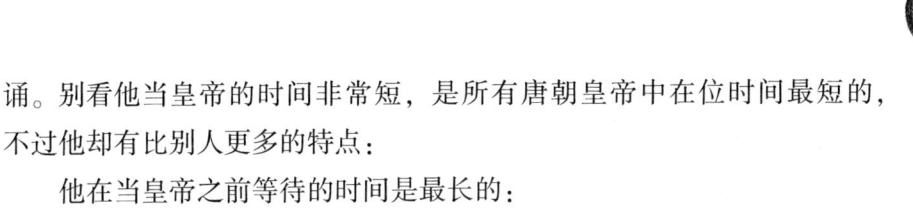

诵。别看他当皇帝的时间非常短，是所有唐朝皇帝中在位时间最短的，不过他却有比别人更多的特点：

他在当皇帝之前等待的时间是最长的：

李诵很早时就已经当上太子了，那是公元779年，当时的他才只有18岁。别看他的运气这么好，早早就当上皇位继承人了，但当上皇帝却经过了漫长的等待。李诵的父亲当了很久的皇帝，以致于李诵不得不在皇太子的位置上憋了26年之久，他当上皇帝时已经44岁了。这个年龄对于古人来说，可是非常大的。

李诵当皇太子的时间实在太长，而且在这个过程中还总是面临危机，经常受到父皇的猜疑。幸好李诵的忍耐力足够强，他最后才没有栽在太子的位置上。

他当皇帝的时间又是最短的：

李诵虽然当上了皇帝，却还是没有将悲惨的命运终结，他甚至在当皇帝时连一个新年也没有过。李诵登基之后过第一个新年时，他已经不再是皇帝，而是太上皇。如果认真计算一下，李诵当皇帝的时间连二百天都不到，这在所有唐朝皇帝在位时间当中是最短的一个。他当皇太子的时间那么长，当皇上的时间却有这么短，这并不是因为他的能力不行，而是他的命运太不好了。他遇到了一个政治局势非常混乱的格局，自身的力量又太弱，所以无力回天，只空有一腔热血，留下一声叹息。

当太上皇的速度最快：

李诵当皇帝的时间实在太短，他甚至还没有腾出手来给那些妃嫔们好好排一排次序，就被从皇位上赶了下来，被迫当起了太上皇。他当皇帝很慢，当太上皇的速度却是极快，这不止是在唐朝，就是放眼整个中国历史，他也是由皇帝到太上皇，过渡得最快的一个皇帝。

唐王朝里退位之后才有年号的唯一一个：

唐朝其他皇帝的年号都是在位的时候起的，只有顺宗李诵是个例外，由于他当皇帝的时间太短，年号是他在退位以后才改过来。李诵于公元805年退居二线，当了太上皇，在他当了太上皇的第二天，才正式下令将他在位那段时间的年号改为永贞。

李诵的嫔妃全都没有和皇帝的地位对应的后妃名位：

李诵的嫔妃活着的时候没有享受过皇帝老婆应有的名位，虽然在史书里面称皇后什么的，但那都是在她们死后多年才追加的。李诵做皇帝才只有短短几个月，而且一直在忙着进行改革，没有时间去管后宫的事，等他想起来的时候，他已经被迫退位了。不过他一当上太上皇，他的那些嫔妃一下子都成了太后、太上皇德妃等，这可以说是来了个越级提升。

儿子变成弟弟：

在历史上从来没有过的事情发生在了李诵身上，那就是他的儿子变成了他的弟弟。因为德宗特别喜欢李诵的儿子，所以就将这个孙子收为干儿子。如此一来，李诵突然就多了一个儿子弟弟。

顺宗是唐朝皇帝里唯一有详细工作记录的人：

唐朝别的皇帝都没有对日常工作详细记录过，但是李诵却有一本《顺宗实录》。《顺宗实录》上以流水账的形式记录了李诵当皇帝时干了些什么事。这本书有5卷，它的作者非常有名气，就是"文起八代之衰"的韩愈。虽然有人觉得韩愈和太监俱文珍等人特别有交情，所以他在记录的时候关于太监的言论多有回护。然而这并不能否定《顺宗实录》的价值，因为这是有李诵详细记录的东西，所以对历史研究有重要意义。

他是唐朝一开始加谥号有最多字数的人：

唐太宗一开始加谥号时是"文皇帝"，只有一个"文"字；唐高祖一开始加谥号时是"大武皇帝"，有两个字"大武"，都是很简短的。到了后来，唐朝的皇帝第一次加谥号时，一般来说都加四个字，到了后来又出现了谥号加五个字的情况。但是顺宗李诵的谥号一加就是七个字"至德大圣大安孝皇帝"，他是第一个谥号加这么多字的人。

第十二章

元和中兴——唐宪宗李纯

帝王档案

☆姓名：李纯

☆民族：汉族

☆出生日期：778年

☆逝世日期：820年

☆配偶：郭皇后

☆子女：20个儿子，18个女儿

☆在位：15年（805年~820年）

☆继位人：李宁

☆庙号：宪宗

☆谥号：昭文章武大圣至神孝皇帝

☆陵墓：景陵

☆生平简历：

公元778年，李纯出生。

公元805年，宦官俱文珍和藩镇势力联手逼宫，使得在位仅8个月的唐顺宗禅位于太子李纯。于是，李纯即位，是为宪宗。

公元806年，宪宗派兵讨伐刘辟，拉开了制裁藩镇的序幕。

公元809年，宪宗派兵讨伐成德节度使王承宗，结果以失败告终。

公元816年，名将李愬雪夜取蔡州，为期四年的淮南节度使吴元济叛乱被平定。

公元820年。宪宗被宦官杀害，从此宦官操纵了唐朝皇帝的废立。

人物简评

说起唐宪宗李纯，首先我们不得不佩服，在中晚唐的皇帝里面他是很少见的一个为国家发展着想的皇帝。他在刚当上皇帝时，对朝政的处理非常认真，总是发布一些好的政令。他做的最成功的事便是阻止国家分裂、保持国家的团结稳定、取消割据的藩镇。他做这些事时所使用的方法，选拔人才的方式，以及使国家实力提升，老百姓安居乐业的举措，还有坚决削藩的策略，都能给后世的人们一些启示。

不过有点遗憾，唐宪宗不是一个善始善终的人，他到了后期就开始腐败堕落了。他开始对佛教感兴趣，接着便修建了很多殿宇，还想获得永生，吃了很多不知道是什么成分的丹药。他的性格也发生了很大改变，开始放纵自己，行事特别奢侈，还经常训斥大骂身边的人。

太监为了保住自己的性命，把唐宪宗杀了。自此以后，唐朝的政权就落到了太监手里。此后唐朝一直有太监兴风作浪，李纯脱不了干系。

生平故事

小天子　大志向

辉煌的唐史，杰出的帝王，除开创贞观之治的唐太宗与开元盛世的唐玄宗之外，第三位政绩卓著的皇帝就是宪宗李纯了。

唐宪宗李纯本来并不叫这个名字，他的原名是李淳。他当了皇太子以后，才把名字改成了李纯。李纯是唐顺宗第一个儿子，在公元778年出生于长安宫。

李纯小时候，他的祖父德宗经常会让他坐到自己的腿上，逗着他玩。有一回，德宗逗他说："这个古灵精怪的小孩是哪家的，怎么跑到我怀里来了？"李纯眼珠转了转，接着朗声回答说："您不知道吗，我就是第三天子。"德宗听到这样的回答，不禁特别惊讶，"第三天子"这种说法他从来没有听说过，但是如果细算起来，这个孙子还真是第三个天子，不能说他的回答不正确。德宗有点对李纯刮目相看，觉得孙子小小年纪就如此聪明，将来一定会大有出息。

公元788年6月，年仅11岁的他被册封为广陵郡王。公元805年，他被册立为皇太子。7月，权勾当军国政事，即代理监国之任。8月，宪宗得父皇传位，正式即位于宣政殿。这一年，宪宗28岁。他从一个普通的郡王到登上最高权力的顶峰，仅仅用了四个月的时间。

对割据势力严厉打压

宪宗登基之后，开始对割据的藩镇进行了一系列的战争。剑南西川节度副使刘辟因为朝廷不能满足他统领剑南之地的欲望，公然发动了叛乱。宪宗力排众议，重用主张对刘辟用兵的翰林学士李吉甫与宰相杜黄裳。宪宗下令讨伐刘辟，并且委任了神策行营节度使高崇文为统帅，兵分三路入川武装扫平叛乱。德宗贞元以来对于藩镇姑息多年，刘辟并没有想到宪宗登基之后首先拿自己开刀，因此，对于宪宗派遣精锐士兵打压自己缺乏足够的思想准备，一连吃了很多次败仗。到了9月，走投无路的刘辟被逮捕回京师，宪宗即刻将其问斩。

公元805年，夏绥银节度使韩全义入朝，并令其外甥杨惠琳在夏绥留守。宪宗认为韩全义出征无力，并桀骜不驯，于是勒令其退职。公元806年，杨惠琳带兵抗拒朝廷任命的新夏绥银节度使上任。宪宗命令河东节度使征讨杨惠琳，当部队还在调遣工作的时候，夏绥将士感到了很大的军事压力。没过多久，夏绥内部就发生了兵变，杨惠琳不幸被杀，首级被带回京师。

宪宗把刘辟和杨惠琳杀了，马上就产生一种杀鸡儆猴的效果，其他藩镇都蔫了下来，纷纷要求听从朝廷的安排。不少藩镇不仅上折子表示以后绝对服从皇上的旨意，而且在和其他藩镇势力发生冲突时，不是像以前那样动不动就兵戎相见了，而是主动请求皇上为他们主持公道。

大势所趋之下，镇海节度使李锜吓破了胆，赶紧表现出自己对皇上的忠心，在公元807年上书请示，准备到京城来拜见宪宗。他这样做当然是有目的的，他想看看皇上是什么样的反应。

唐宪宗马上就批准了李锜的请求，还说了很多慰抚的话，将很多钱财物品赏给他手下的那些将士们。李锜在刚开始时装出一副要进京的样子，他让判官王澹负责管理事务，还收拾一番，表示已经准备好出发了。然而实际上他却一点也没有进京的想法，总是把日期往后一拖再拖。

李锜觉得他不能去见皇上，不然肯定是凶多吉少。在自己的一亩三分地上，他什么都有，要风得风，要雨得雨，然而一旦到了京师，他就必须得任由皇上摆布了。宪宗见李锜迟迟不肯动身，就派使者去劝说。然而无论使者怎么劝，李锜死活不肯动身，最后干脆装起了病，说是自己的身体太虚弱，不能远行，如果要朝见皇上，至少也得等到年底了。

宪宗对于李锜的狂妄自大十分气愤，但是一直犹豫不决。宰相武元衡表示："陛下初登大宝，李锜想要入朝就让他入朝，现在他不想入朝就随他耽搁逗留，如果只他一个人说了算，陛下您的威严何在呢！"

宪宗仔细回味，认为很有道理，立刻下诏，征召李锜，诏令已经变成了带有强制性的"命令"了。

说起这个李锜来，身世可不简单，不是普通的藩镇能比得上的。他是皇族宗室，他的六世祖便是淮安王李神通。唐德宗当皇帝时，李锜为了升官发财，用特别多的钱财宝物贿赂权臣李齐。李齐收到钱财以后，在德宗面前极力说他的好话。朝廷有人好做官，在李齐的帮助下，李锜后来被提拔成润州刺史、诸道盐铁转运使。这可是肥得流油的美差，李锜于是在官位上大捞特捞。他花重金到处搜罗宝贝，每年过年都会让人给皇上送去一些稀世珍宝，因此深受德宗的喜爱。

有皇上宠着，李锜就更是什么都不怕了，加上他一直掌管运送盐酒的大权，所以他搜刮的金银堆积如山。除去每年都给皇上还有各位权臣送的礼物之外，剩下的钱全都到了李锜的小金库当中。李锜搜刮钱财不收敛，终于有人看不下去，到京城告了他一状，这个告状的人就是浙西的崔善贞。崔善贞本来以为他把李锜的罪名向皇上告发，皇上马上就会治李锜的罪。没想到德宗和李锜穿一条裤子，立马命人给他戴上重重的枷锁，并送到李锜那里，要李锜想怎么处置就怎么处置。

崔善贞这次可算是栽大了，他惹了一个不该惹的人。李锜听说有人告他，气坏了，在家里掘了一个又大又深的坑，就等着崔善贞被押过来。

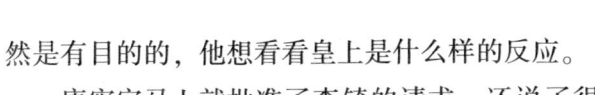

第十二章 元和中兴——唐宪宗李纯

崔善贞一到，李锜便把他扔进了坑里，直接活埋。

李锜因此更加肆无忌惮。他深知自己民愤极大，为自安计，精选两队劲兵作为私家护卫，一队以胡人大个子雇佣军为主，号为"蕃落健儿"；一队以善射者为主，号为"挽硬随身"。同时，李锜统统认这些好汉为干儿，每月给予他们的俸禄是将士们的十倍，视为心腹。德宗头脑一热，竟然诏令李锜为镇海节度使，免去其盐铁转运使的职务。李锜心想反正钱已经搜刮得差不多了，为镇一方才有感觉嘛。从此，李锜越发暴力，随意处死属下，奸污良家妇女，简直是为所欲为。

宪宗登基之后，开始时给足了这位皇亲国戚面子，诏拜尚书左仆射。李锜声称要入朝拜见当今圣上，唐廷拟派御史大夫李元素顶替其镇海节度使。按照道理来说，李锜若是识相，应当挂杖入朝，唐廷一定会将其视为藩镇"恭顺"的楷模，给予优待。但是，不得不承认，是权力扭曲了人的判断力。早已经习惯了称王称霸的感觉，老马恋栈，李锜当然不想要离开自己的"根据地"。

事情到了这个地步，已经变得一发不可收拾。留后王澹也是一个沉不住气的人，怎么说也要等到李锜挪窝之后再有所行动啊，性急之人，只要手中有些权利，就想着马上过把瘾。王澹留后的几天之内，依据自己的喜好，任免了一批将官。获"任"的自然高兴，被"免"的当然不服，纷纷跑到李锜那告状。眼看着有机可乘，众心可用，李锜暗中安排士兵埋伏，主要以派发冬衣为名，召王澹和宪宗派遣来的中使见面。

二人刚刚来到商议大堂，就惊奇地发现李锜身边拥立着数十个"蕃落健儿"与"挽硬随身"，个个手持明刃，跳着脚骂个不停。王澹还来不及解释，几个人就一拥而上，刀劈剑捅，刹那间就将王留后"料理"了。杀了还不说，众人还将王澹大卸八块。随行的牙将赵琦自认为是一个将兵，于是向众人好言相劝，同样被乱刀砍死，接着被这群虎狼"食之"。这时候，以钦差身份来迎李锜入京朝见的太监早已经吓得屁滚尿流，数把大刀架在脖子上，吓得面无血色。

李锜"佯惊护解"，派人将中使软禁起来。其实，事情发展到这一步，李锜依然有回旋的余地，只要他上表"待罪"，称王澹是被"乱兵"杀害，唐廷尚可姑息，不会立刻发兵，他很有可能继续拖延下去。但是，这个野心勃勃的老头干脆一不做二不休，狂心顿起，在室内搬出了五剑，

郑重其事地授给管内镇将，命令他们分去苏、常、湖、杭、睦等五州，追杀唐廷派出的中使。幸亏常州刺史颜防早有准备，杀掉李锜派出的镇将，传檄各州，一同讨伐李锜。五州之中，仅有苏州刺史李素因准备不周，被李锜镇将姚志安打败，活活钉在船舷上，押往京口。

李锜太大胆了，不但不奉诏令，还公然造反，宪宗得知这个消息以后勃然大怒，马上任命淮南节度使王锷为诸道行营兵招讨处置使，调集浙东、淮南、武昌、武宁、宣武、江西等各处军队，自信州、宣州、杭州三个地方分别出兵，剿灭李锜叛军。

李锜因在江南富饶之地久居，兵精粮足，按照常理来说还真不容易在短时间内把他解决掉。几天前，李锜初萌逆谋，曾经准备派遣心腹张子良、田少卿、李奉仙各自带领一千精兵，分赴歙州、宣州、池州，据守当地的险要位置。三将因为诸多原因没能出兵，扎营在城外。听说老东家果然与皇上翻脸了，一直受李锜金银财宝供养的这几个私人卫队头目也在暗地里打起了小算盘。

尽管经常和李锜商量造反的事，但这三个人并不是真想造反，他们只是为了口头上讨好李锜，在平时得到更多的赏赐而已。听说皇上发了雷霆之威，派出很多军队来剿灭他们，看样子这次的事情真不小，搞不好就要掉脑袋。于是三人秘密商议了一下，如果现在背叛李锜，一定能得到皇上的欢心，以后便能荣华富贵享用不尽，若是跟着造反，后果难以预料。正当他们商量时，李锜的外甥裴行立突然让人来找他们，想与他们一起把李锜捉住。裴行立认为这样不仅不会有被皇上降罪的危险，还有希望请功。

张子良集合所有的兵士，准备连夜"起义"。临出发之前，他集合兵士，高喊着："仆射（指李锜）已经和朝廷对立，朝廷精兵纷至沓来。常州、湖州的镇将已经含冤而死，脑袋就悬挂在通衢大道。如果我们跟着反了，下场就和他们一样，难免一死。如此死也是白死，倒不如转祸为福！"

军士们听后大悦。虽然平日里拿着"高薪"，但是大家都知道"造反"可不是什么好玩的事情，万一没成功，就会株连三族。

三千精兵转而扑向京口城。裴行立在城头上举火为号，大开城门，众人内外鼓噪，杀气连天。外城不用进攻，不多时就落到了三将手中。

裴行立眼见事情已成，带领本部人马，直攻牙门。

李锜正在睡觉，估计正梦到自己"虎踞龙盘"。突然之间，火起人喊，刀枪格击声阵阵，不绝于耳。李锜震惊了，他急忙问道是什么人攻城。报称："张中丞（张子良）。"李锜于是恨得咬牙切齿。他又问："牙门外进攻指挥者是什么人？"报称："裴侍御（裴行立）。"

听到这些，李锜捶胸大叹："想不到，连外甥也会背叛我！"于是，他再也把持不住，光着脚进入到牙城中。

不过李锜还是有一批忠于他的人的，那就是"挽硬随身"的将士们。"挽硬随身"的将领李钧亲自带着三百名勇士，冲出去和那些人进行了一场大战。尽管"挽硬随身"的人都很厉害，但毕竟人数太少，时间不长李钧就被人杀死了。剩下的人一看领头的死了，全都缴械投降。

张子良派人用长枪将李钧血淋淋的头颅挑起来，在牙城的下面晃来晃去。李锜一家老小听到李钧被杀的消息，得知自己大势已去，举族恸哭。很快，张子良又以中使的名义向牙城喊话，告诉守城兵士徒死无益，并催李锜"束身还朝"。还没等到李锜思考片刻，突然窜上了几个平日里温恭无比的贴身卫士，用锦被将李锜捆成了大包子，幕带当做绳子，从牙城城头把他放了下来。众人齐声宣布反正。

打开被子一看，竟然是李锜，三军将士都哈哈大笑起来，总算是活捉反贼，立刻将人塞进了囚车内押送京城。因为平日里好东西吃的太多了，六十多岁的李锜十分硬朗，楞能站在槛车中从京口活到长安没死。

宪宗与李锜虽然是"皇亲"，但是从来没有亲眼见过这个老头子。半是好奇半是生气，宪宗亲临兴安门"问罪"。

李锜跪倒在地，一声不吭，样子看起来似乎特别听话。不过谁都知道他是一个贪得无厌、野心勃勃的人，现在这副样子不过是装出来的。

宪宗一脸寒霜，厉声喝问道："李锜，朕待你不薄，你怎么还要造反？"

李锜到死也不肯乖乖就范，狡辩道："不是微臣要造反，是那个叫张子良的人教唆臣的。"他对这个在紧要关头背叛自己的手下恨之入骨，所以想把他拉过来做垫背。

宪宗冷笑："你以皇族宗臣之重，坐镇一方为节度使。果真是张子良教唆你造反，为什么不当众杀了他，然后再入朝面圣呢？"

一番话，噎得李锜哑口无言。

宪宗挥手，神策军一拥而上，把李锜与其儿子李师回两个人拖到了长安西南的闹市，当众腰斩。李锜死时，享年67岁。暴尸数日，宪宗念及是皇亲国戚，施出两件黄衣，以庶人之礼将这父子二人随便刨坑埋了，总算没有被野狗叼走。李锜皇族属籍被削夺，他的堂弟、堂侄们也跟着倒了霉，事先毫不知情，都在京城为官，因为这件事也都被流放岭南。

宪宗对于藩镇割据势力一改往日德宗时的姑息政策，让朝廷上观望的大臣们知道了新君的施政思路是以削藩而图振兴，主要以"法度"打击藩镇，让其听命于朝廷。于是，在元和中兴的道路上，宪宗组成了一个和他政治思想相吻合的宰相班子。他信任和重用大臣，而且可以和他们交流自己的想法，倾听大臣的意见和建议，形成了一种相对比较和谐的君臣关系。应当说，在唐朝中后期的皇帝当中，宪宗算得上是一个比较善于纳贡的君主了。

为了满足削藩的需要，宪宗首先需要解决的就是财政匮乏的问题，为此，他开始广开财源，集合多方广聚钱财。后来，宪宗命宰相李吉甫编修了《元和国计簿》，以弄清楚天下财赋倚赖与供应的地区，为中央制定财政政策和决策提供依据。在此期间，宪宗虽然下令禁止对朝廷纳贡和进献，但是各地的州镇并没有停止。有的节度使甚至还会以"家财"与"羡余"等名义向宪宗进贡，有时候一次进献的数量就高达二三十万贯（钱）、匹（绢帛）。

对于宪宗的聚敛钱财，有的大臣进行劝谏，宪宗直抒胸臆："朕自从登基之日起，日思夜想的就是那些不听朝廷号令的强藩，但是苦于财力不足，就不得不着手蓄聚了，朕宫中的开支用度一向是十分节俭的，如果是为了自己享受，哪里会用得到这么多的财物呢？"

正是因为宪宗的聚财不是出于个人挥霍，而是为了中兴大业，是为了削藩，所以，他在日后才可以拿出多年的积蓄支持削藩的战争。宪宗在这一点上，和那些贪财敛银的皇帝有很大的不同。经过多年的筹措，朝廷在财力方面得到了很大的提高，这极大地便利了宪宗对藩镇的用兵。特别是公元812年，号称最为难治的河朔三镇之一的魏博镇的归附，给宪宗削藩之举提供了良好的契机。很快，宪宗就将打击的重点放到了淮西镇（今河南汝南）。

淮西自德宗时期李希烈的叛乱被平定之后，朝廷任命淮西军将吴少诚节制淮西。公元809年，吴少诚身染重病死去，因为当时朝廷陷于河北藩镇的问题上无暇顾及，就任命他的弟弟吴少阳承袭了节度使。

没过多久，吴少阳病死，其子吴元济竟然秘不发丧，意图承袭淮西节钺。宰相李吉甫强烈建议对淮西用兵，并且主动请缨前往淮西先行招抚。宪宗认为李吉甫独自前往过于危险，坚决不同意。不久，李吉甫病死，但是宪宗听从了他的意见，全然不顾众大臣的反对，毅然准备对淮西开战。

后来，宪宗颁布了《招谕淮西诏》，希望淮西上下可以迷途知返，投诚归国。但是吴元济已经被利欲冲昏了头脑，不顾朝廷的招抚，纵兵攻扰邻境，严重威胁到了东都洛阳，宪宗在不得已的情况下，公元815年，面向全国颁布了《讨吴元济敕》，并且剥削了吴元济的所有官爵，正式发十几道大军开赴前线，开始了对淮西的讨伐。

朝廷对淮西动兵之后，一直和淮西往来密切的成德镇节度使王承宗、淄青镇节度使李师道开始紧张起来。他们担心朝廷在平定淮西之后会掉头收拾自己，因此在吴元济向其求救的时候，都毫不犹豫地代他向朝廷求情，请求宪宗撤兵，赦免吴元济，宪宗毅然拒绝了二人的奏请，继续委任宰相武元衡主持对淮西用兵，同时派遣主战的大臣裴度前往淮西前线视察，加强了对淮西的进攻力度。

李师道等人在宪宗拒绝了奏请之后，急忙召集亲信商量对策。有的手下认为，天子之所以断然对淮西用兵，就是因为武元衡赞襄这件事。如果派遣刺客将其刺死，其他的大臣就不敢妄自出言了，而争相劝谏天子罢兵了。李师道原本就豢养了一群刺客，之前在他的指挥下就放火烧过唐朝官兵的粮仓，现在他听到这个消息，就立刻答应了。

公元815年6月，天刚蒙蒙亮，宰相武元衡像往常一样从居住的靖安坊东门出来，准备上早朝。忽然，暗中有人大叫一声"灭烛"，前导的随从正要阻拦，就被飞来的箭射中了肩部，紧接着，又有一个人抡着大棒从隐藏的树荫中窜了出来，马夫吓得夺路而逃。刺客紧紧勒住了武元衡的马缰，奔突了十几米，将武元衡拉下马车，挥刀砍下他的首级便扬长而去。当人们听到有刺客，举着火把赶到的时候，只见武元衡已经倒在血泊中，身首异处，杀人现场竟然就在武元衡住宅东北隅墙外，当时，正是夜露未尽，官员们骑马上朝的时候，事情发生之后，捕卒连呼"贼杀宰相"，百官听到这个消息之后议论纷纷。

几乎与宰相武元衡被杀的同时，在长安城通化坊发生了裴度被袭击的恶性事件，裴度被事先埋伏好的刺客用刀砍伤头部，受伤之后从马上跌落到了水沟之中，险些丧命，他的随从王义冲上去从背后死死地保住了刺客，大声呼救，刺客挣脱不得，竟将王义的手臂砍断，仓皇逃走。因为裴度戴的毡帽很高，这才得以幸免。

长安城在一天之内发生了袭击大臣与宰相的恐怖事件，宪宗感到惊恐不已。一方面他下令彻查此事，缉拿凶手，另一方面下诏命令宰相出行由金吾卫派骑士全副武装保卫，所有关口，严格盘查。据说，在朝廷下令缉拿刺客的过程中，金吾卫与长安县、京兆府、万年县的衙门都发现了刺客写有"毋急捕我，我先杀汝"的血条。兵部尚书许孟容对宪宗说："宰相被杀，横尸街头，却不抓获凶手，这是自古以来闻所未闻的事情，这无疑是朝廷的耻辱。"结果，宪宗下令在京师内进行密切查办。在6月10日，就把杀害武元衡、砍伤裴度的凶手抓获。经过一番审讯，供出了同伙。6月28日，主犯五人被斩首。

藩镇疯狂的恐怖行为，并没有动摇宪宗打击藩镇的决心，相反的，他表现出了前所未有的决心。宪宗历数李师道、王承宗等人的罪状，绝朝贡，派兵讨击；与此同时，继续重用裴度，命其亲自赴前线指挥对淮西的战争。

为了彻底除掉吴元济这个心腹大患，裴度伤势刚刚好转，就赶往前线亲自指挥作战，积极支持对淮西用兵的韩愈被裴度任命为行军司马随行。在临行之前，宪宗亲自前往通化门为其饯行。裴度向宪宗表达出此行不成功便成仁的壮志雄心："主忧臣辱。此去贼灭，回来见驾有日；贼在，归京朝拜无期。"宪宗听到这些话，感动得热泪盈眶。他将自己的犀带赐予裴度，并且命令三百名神策军战士随同担任保卫。

宪宗为了表达对前线的实际支持，特意将内库的银五千两、绢帛六十九万匹和大量的金银珠宝运往前线。此举让士兵们顿感欣慰，士气大振。

公元817年，当时担任唐邓节度使的李愬提出了一个乘虚而入，派遣精锐部队直捣蔡州，活捉吴元济的极其大胆的作战方案。李愬是德宗

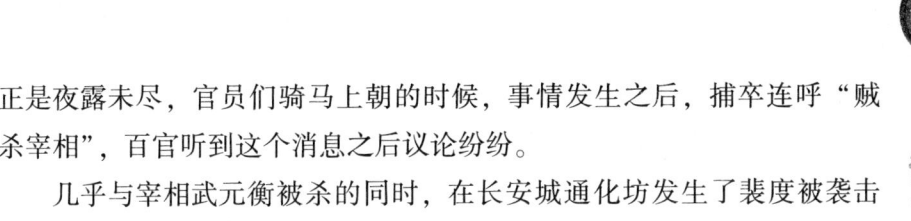

第十二章 元和中兴——唐宪宗李纯

朝中兴名将李晟的儿子，胆识过人，武艺超群。在公元816年淮西前线吃紧的时候，他毛遂自荐，宪宗因为宰相李逢吉的极力推荐任命他为唐邓节度使。他上任之后，待人宽厚，很得人心。由于他以往没有立下多少战功，吴元济也没有将他放在眼里。他上任之后，周密筹划，大胆起用蔡州的降将李祐，并且得到了宪宗的支持。当他将自己的周密计划报告给裴度的时候，裴度完全同意这个出奇制胜的方案。这年10月中旬，李愬抓住了有利的时机，在一个风雪交加的夜晚，亲自率兵悄悄开赴淮西吴元济的老巢蔡州。这样，在中国军事史上上演了一个著名的出奇制胜的成功战例——李愬雪夜奇袭蔡州。偷袭蔡州成功，吴元济不幸被俘，绵延数年的淮西叛乱终究被平定。11月，押送吴元济的囚车来到了长安城内。宪宗在大明宫内举行了隆重的受降仪式，吴元济被游街示众，最终被斩在了独柳树下。

平定淮西叛乱，大大提高了中央权威，在一旁观望的藩镇也受到了极大的威慑。公元818年的春节，算得上是宪宗即位以来过得最舒心的一个春节了。淮西叛乱平定之后，一向桀骜不驯的成德镇王承宗主动归顺，宪宗没有耗费一兵一卒就制服了王承宗。紧接着，在对淄青镇怀柔无效的情况下发兵征讨，节度使李师道最终被其部下砍杀。公元819年，淄青也宣告制服，很快，各地藩镇节度使也都纷纷入朝，同时向朝廷纳贡、献地，以表示对朝廷的归顺。

至此，宪宗以法度裁制藩镇的不懈努力总算是收到了效果，至少在表面上，宪宗结束了安史之乱之后藩镇割据的混乱局面，实现了国家的重新"统一"。其功绩被称为"元和中兴"，宪宗也被视为历代唐帝中最有作为的帝王之一。

崇尚佛教不可自拔

削藩战争的胜利，唐政权迎来了期待已久的中兴景象。宪宗沉浸在胜利之后的喜悦中，然而，他并没有将功绩归功于浴血奋战的前线将士身上，也没有归功于将帅们的未雨绸缪，却异想天开的认为是自己的礼佛诚心使佛祖感化，才得以保佑战争取得最后的胜利。于是，他对于佛祖的崇拜到了无可复加的地步。

同时，人生苦短，命运莫测，宪宗不仅希望长生不老，永享人间的荣华富贵，还幻想着来世能有一番作为。为了完成自己的愿望，他不惜一切地崇道佞佛，在佛道的信仰中让心灵得到慰藉。公元818年11月，主管京城佛寺供奉的功德使上奏："凤翔府法门寺塔所藏佛指舍利，相传三十年一开，开则岁和人丰。明年即是开塔亮宝的时间，请皇上迎奉。"宪宗看到十分欢喜。12月初，派遣宦官率领长安各大寺院僧众前往法门寺奉迎佛骨。

公元819年正月佛骨送达长安西面的临皋驿。宪宗匆忙派遣宦官头目手持鲜花，率领中使、宫女，前往皋驿恭迎佛骨。

整个长安城沸腾了，街头巷尾挤满了忙着施舍钱财的老百姓，有些信徒甚至变卖家产如数捐献，希望佛祖可以保佑一家人平安度日。佛骨在皇宫供奉三天，宪宗不分昼夜讷讷诵念，整个灵魂完全沉浸在礼佛与对来世的美好憧憬之中。王公贵族争相效仿，纷纷施舍金银财货，求佛祖永保富贵。

满城尽在礼佛时，一声炸雷从天降。这个炸雷便是唐宋八大家之一的韩愈写的《论佛骨表》。

韩愈一直以来都对宪宗沉迷于佛教表示强烈反对。这次上书，韩愈更是引经据典，说了一大套理论。他说："佛教没有什么了不起，那不过是外国人琢磨出来的一种妖术而已。本来在我们国家是没有佛教的，它是在后汉时才流传至此。在古时候，黄帝当了一百多年的皇帝，死的时候110岁；少昊当了80年皇帝，死的时候100岁；颛顼当了79年皇帝，死的时候98岁；帝喾当了70年皇帝，死的时候105岁；尧当了98年皇帝，死的时候118岁；虞舜及大禹，全都是在100岁时死的。他们当皇帝时天下和平稳定，老百姓没有什么事情需要担心，不过根本找不到佛教的影子。

"自此以后，开始了殷朝统治的时代，商汤死的时候是100岁。商汤有一个叫太戊的孙子，他当了75年皇帝，还有武丁当了59年皇帝，历史上对于这两个人活了多少岁并没有记录，但是在我想来，他们死的时候怎么也得100岁以上。周文王死的时候是97岁，周武王死的时候是93岁，周穆王当了100年皇帝，这个时候佛教在中国连影子也找不到。所以，这些人活这么大的年纪，和信奉佛教没有一点关系。

141

"汉明帝当皇帝时，佛教才逐渐在我们中国出现了。然而明帝只当了十八年皇帝。明帝一死，国家顿时失去了平静安宁，皇帝们一个比一个死得快，国运呈现出前所未有的衰败情况。从宋、齐、梁、陈、北魏至今，人们对佛教逐渐变得更加虔诚了，对待佛法的态度也越来越恭敬，然而国家的存在却不长久，皇帝们死的时候年纪也都不大。

"这些皇帝里面，仅梁武帝在位的时间稍微长一点，是48年。他曾经三次到佛寺里当和尚，他在给宗庙祭祀时连牲畜也不敢杀，他一天仅吃一次饭，而且总是吃素，从不沾荤腥。然而那又怎么样呢？他最终受侯景所迫，于台城饿死了，接着梁朝就从历史上消失了。如此看来，崇信佛教不但不能带来好处，还会招致灾难。既然这样，为什么还要推崇佛呢，这不是自找麻烦吗？

"我们唐朝的高祖皇帝曾经在天下刚稳定下来时，要将佛教这个危害人间的教派废除。不过那时候的大臣们都是一群目光短浅的无能之辈，他们理解不了天子的意思，也不知道我们中国自古以来都不需要什么佛教，所以就没能将高祖的政策实行下去。由于大臣的原因，佛法这有百害而无一利的东西没能禁止，佛教依然在我们国家存在，流毒无穷。所以每想到这一点，我都会感觉特别惋惜。"

韩愈在这篇文章的最后说："臣希望皇上能够及时醒悟，把佛骨送到有司衙门，也可以直接将它丢进火里焚毁，或是扔到江海之中，让它永远消失。这样就能把佛教骗人的根子挖除，让全天下的人清醒，也免得后人再沉迷于此道。

"这样所有人都明白圣人所做的一切，不是平常人能比得上的，这其实不是坏事而是好事，是一件让人特别高兴的好事。假如佛祖真的可以显灵，要有灾难降下来，我愿意承担一切后果，有什么罪责都加到我的头上好了。现在老天爷在天上看着我，我绝对不会后悔埋怨。"

人往往在盛怒之下，做事情容易失去理智，宪宗也不例外。宪宗览表之后龙颜大怒，下令立即处死韩愈。宰相裴度等人大为吃惊，极力为韩愈开脱辩解。因为裴度等人的劝阻，宪宗的怒气才慢慢平复，说道："韩愈说我过于痴迷佛教，我可以宽恕。我知道他是一片好心。但是他竟然说信佛的皇帝都寿命短，这不是在诅咒我吗？就凭这一点，我也绝对不能饶恕他。"于是贬韩愈为潮州刺史。

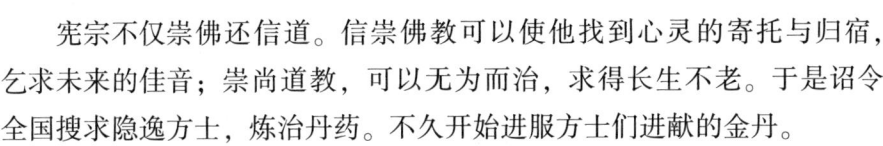

宪宗不仅崇佛还信道。信崇佛教可以使他找到心灵的寄托与归宿，乞求未来的佳音；崇尚道教，可以无为而治，求得长生不老。于是诏令全国搜求隐逸方士，炼治丹药。不久开始进服方士们进献的金丹。

宪宗希望自己长命百岁，当然每天服食不辍，当有大臣劝阻时，还大发雷霆，劝诫急了，就贬官，当真是伴君如伴虎啊。

公元819年10月，宪宗在服食丹药之后感到身体不适，喜怒无常、躁怒不已，侍立左右的宦官接连获罪，人人危机。本来，宪宗是凭借宦官的拥立和发动宫廷政变才得到了现在至高无上的地位，因此，他十分信任宦官，在军队中的很多将军都是宦官，而且部分宦官拥有很高的军权。

公元820年正月，宪宗身染重病，内侍陈弘志因受人指使参与了弑逆阴谋，亲手杀死了宪宗。宪宗在位15年，享年43岁。

第十三章

吃喝玩乐样样精通的皇帝——唐穆宗李恒

帝王档案

☆姓名：李恒（李宥）

☆民族：汉族

☆出生日期：795年

☆逝世日期：824年

☆配偶：王皇后

☆子女：5个儿子，8个女儿

☆在位：4年（820年~824年）

☆继位人：李湛

☆庙号：穆宗

☆谥号：睿圣文惠孝皇帝

☆陵墓：光陵

☆生平简历：

795年7月6日，出生于京师长安大明宫的别殿。

806年8月，被封为遂王。

812年7月，被册立成太子，并将名字改成李恒。

820年，登基当上皇帝。

821年，和吐蕃议和，并且设立"长庆会盟碑"。

824年，在寝殿驾崩，享年30岁

人物简评

唐穆宗李恒当皇帝时特别不务正业,他每天做的事除了吃喝玩乐之外没有别的,一点也不关心国家发生了什么事,把朝政抛在一边不闻不问。他对那些一心为国的忠臣不屑一顾,却和油嘴滑舌的小人们整天混在一起。他发布了很多有弊端的政令,还把军队的实力降低了不少,不仅如此,他还加重了赋税,使老百姓们的日子越来越不好过。

因为李恒根本没有想过将国家治理好,时间一长,终于在河北三镇发生了叛乱,同时朝廷里的情况也变得特别糟糕,不仅太监的势力变得越来越大,官员也形成许多小团体,相互斗来斗去。太监王守澄与宰相李逢吉沆瀣一气,经常对国家大事强行干涉,他们的势力特别强大,几乎覆盖了朝廷上下。种种情况掺杂在一起,使原本便腐朽的唐王朝变得更加不堪。

唐穆宗李恒当皇帝的时候,除了吃就是玩,没有干过多少皇帝应该干的事,让人觉得他生下来就是为了玩的。但是好在他在皇位上的时间不是很长,因此他给国家带来的危害也不算特别大。

生平故事

唐穆宗李恒坐上龙椅时的年纪是26岁,本来这应该是一个黄金时期,他完全可以在当上皇帝以后放开手脚大干一场,创造一番不可磨灭的丰功伟绩。这在唐朝早就有先例了,唐太宗李世民当皇帝的时候是29岁,唐玄宗当皇帝的时候是28岁。但是李恒却不是一个成大事的人,他本来也没有什么胸襟抱负,皇位对于他来说没有什么特别的,他在那一坐,便开始将注意力集中在大吃大喝上,一刻也不愿意停下来。于是,这个本来可以成就一番大事业的黄金时期,就在玩乐中过去了。

与众不同的爱好

唐朝的皇帝爱好各有不同,有的爱诗文,有的爱书法,有的爱音乐,不一而足。但是李恒的爱好却和一般人有很大不同，他除了玩什么都不喜欢。唐宪宗李纯刚去世没多久，人们还都沉浸在悲伤中的时候，李恒便已经表现出他天生爱玩的一面了。实际上，从唐宪宗一入土，李恒就已经开始玩了，他不愿意让任何事耽误他玩的时间。他经常领着一队人到外面打猎，玩到尽兴的时候甚至不愿意回宫。

后来皇太后郭氏要搬到兴庆宫去住，李恒就趁着这个好机会，让人于兴庆宫摆下了丰盛的宴筵，开始大吃大喝。李恒到军队去的次数非常多，他隔上三天就会到神策右军去一次，不过他可不是去视察军队的操练情况，而是到那里去看节目了。由于军队里有的节目表演得特别出色，比如杂耍、摔跤之类的，李恒总能在观赏时获得极大的乐趣。军队的人看到皇帝这么关注他们的节目，不管别的，第一时间先把节目练好。

李恒还在皇宫里面搞各种建设，准备盖很多亭台楼阁，以供游赏。但是他却又不怎么关心施工的安全性，于是一座假山在修的时候突然倒下来，当场便砸死了七个工匠。不过这可挡不住李恒的建筑热情，于是一座新的殿宇很快就建成了，李恒将它命名为永安殿，意思大概是想要永远安宁。眼看宫殿盖好了，李恒特别高兴，而且又有玩的机会了，他可不会错过，马上就搭台子唱戏，尽情玩了起来。

有一回，李恒觉得平时那样玩没什么新鲜的，就于永安殿里秘密举办了一次宴会。他把中宫贵主们全都邀请过来，而且命令自己的嫔妃参加，搞得现场一片混乱。只是在宫中玩还不能让唐穆宗李恒感到满足，他要到外面去，到更广阔的天地里玩，于是他拨款把京城里很多寺院都重新修整了一遍，然后把吐蕃的使者叫来，一起到那些寺院游玩。

如果你认为李恒玩到这种程度就已经差不多了，那你就错了，他在玩上点子多得是，而且精力旺盛，似乎怎么闹都不会累。他传下命令，叫军队出马，帮助搞土木工程，还找了两千士兵，让他们把他父亲当皇帝时就已经淤塞的一个皇宫里的鱼藻池挖开。那个鱼藻池已经淤积了很长时间，挖开它可不是一件容易的事，但是李恒才不管那么多，他想干什么就干什么。于是，两千名士兵废了九牛二虎之力，终于把水池挖开了。

李恒一看目的达到，赶紧按照设想好的步骤进行安排，一边于鱼藻宫大摆宴席，一边让宫里的人在鱼藻池上举行划船比赛来助兴。眼看就要到重阳节了，李恒便准备继续设置宴席。这时候拾遗李珏和别人一起进行劝

第十三章 吃喝玩乐样样精通的皇帝——唐穆宗李恒

谏："皇上您登基的时间还不长，连年号都没有改呢，宪宗刚刚入土为安，现在总是在皇宫里面宴饮欢歌，这似乎有点不妥吧？"本来这些话非常有道理，但是唐穆宗可不是一般人，这样的话对他来说完全可以当成放屁。李恒可不管别的，他就是要玩，什么事都不能阻挡他。

重阳节很快就来临了，李恒整天都在玩，普通的宴会已经不能让他获得乐趣了，为了让这次的聚会与众不同，他邀请了很多人参加。他把驸马、公主、朝廷的那些贵族亲戚全都叫来，还找来了他舅舅郭钊兄弟，这群人在宣和殿中玩得昏天黑地。

现在我们看李恒这么精彩的玩闹史，对这个皇帝感到佩服万分，他的精力真是非同一般，似乎怎么折腾都不会感到累，如果他能将这些精力都用在正道上，相信一定可以成就一番事业。除了精力旺盛之外，他身体的各个器官似乎都非常健康。我们现代人经常会因为吃饭不注意而得胃病，但唐穆宗李恒整天喝酒吃肉，宴会的时候更是毫无顾忌什么都吃，他的胃却非常好，酒量也特别好，简直令人不敢相信。然而他是一个爱玩的人，他不爱江山社稷，也不爱黎民百姓，精力再充沛、身体再好，他也不会去管朝政，不可能给国家造福。

唐穆宗李恒不理朝政，整天沉迷在玩乐当中，因此国家变得更加羸弱。这种情况被别人看在眼里，于是西北有些少数民族决定趁机对唐朝发动进攻，他们先是统帅军队在边境一带进行骚扰，准备时机一到就攻打进来。情况对于唐朝来说非常危险，神策军的中尉梁守谦亲自带了四千多士兵到前线去支援。但是这时候李恒却一点也没有紧张感，他甚至传下旨意，表示明天要到华清宫去一趟，傍晚的时候才会回来。

李恒可是淡定得很，前线在打仗，他却依旧想着跑出去玩。御史大夫李绛等人对皇帝的行为实在看不下去了，他们极力劝说李恒，认为现在军事才是第一要务，必须把注意力放在前线的战场上，不能去华清宫玩。见李恒不答应他们的请求，他们就一直跪着不肯走。面对大臣的忠心劝谏，李恒依旧是不屑一顾，他只说："我已经决定明天去华清宫了，不能更改，你们说什么也没用，别再啰嗦了。"李绛等人还不死心，依旧苦口婆心地拼死劝说，但是李恒却连理都不理他们了。

到了第二天，李恒就领着他的驸马还有王爷等一大批人，组成了一千多人的队伍，浩浩荡荡直奔华清宫而去。李恒置前线战事于不顾，在华清宫大吃大喝，玩了整整一天，在天很晚时才返回宫中。

按说皇帝不理国家大事，只知道玩，别人什么办法也没有，只能由着他胡来。但是似乎历朝历代都有几个大臣是勇不畏死的，当然在李恒当皇帝时也是如此。李恒把皇宫当成了他的游乐场，把京城当成一个后花园，整天只知道胡闹，终于引起了某些大臣的强烈不满。大臣们本来担心自己的安危，不敢进行劝谏，但是想到李恒一直这样下去，会给国家带来非常大的危害，他们就不能再忍了，再不阻止皇帝的荒唐行为，大唐江山将岌岌可危。

于是，谏议大夫郑覃领着一些大臣开始劝李恒："目前边关的战火刚起，情况不容乐观，假如皇上还是整天沉迷于玩乐，居无定所，一旦有紧要的军情传来，却找不到您，该怎么办呢？还有，皇上您总是和演员们过从甚密，赏赐他们时不管钱物多少。您知道这些钱财可都是百姓们交的赋税，它们属于国家，是不能随便赏给无功之人的！"

这些劝谏的话是通过奏折递给李恒的。李恒读了他们的奏折以后觉得非常有趣，便询问上折子的人是干什么的。宰相马上回答了他的问题，表示这些人是谏官。李恒似乎对这些话引起了高度重视，马上把郑覃等人叫来，说他们的话都是金玉良言，自己今后一定要改掉以前的坏毛病，做一个好皇帝。大臣们见皇上突然变了个人一样，认为他可能是忽然开窍了，都欣喜万分。

但是马上大臣们就发现了一件让他们非常失望的事，这个爱玩的皇帝没有任何改变，他说过的话根本不算数。通常情况下，皇帝们说什么都是君无戏言，一定要做到，但唐穆宗李恒显然是个例外。大臣们见李恒还是该吃就吃，该喝就喝，一点也不在乎自己的承诺，都气得快疯了，却什么办法也没有。

李恒可不管什么承诺不承诺的，他把别人的话当成耳旁风，自己的话也是说过就算了。他认为，只要可以进行一场欢乐的宴会，其他再重要的事情都得靠边站，于是他还是不停地举办各种宴会。在麟德殿摆酒席时，李恒心情特别愉快，问给事中丁公著："朕好像听身边的人说过，文武百官经常也会大摆宴席，所以依朕看来，天下人现在都安居乐业，生活非常富足，真是让人欣慰的事啊！"没想到丁公著不那么认为，他神色庄重地回答："任何事情都必须有一定的程度，超过了这个程度以后就不好了。以前

那些风流雅士，逢见好风景时，可能会摆下宴席，一起吟诗作曲，是件风雅的事。但是从天宝年间以来，人们变得越来越奢侈，摆宴席为的是寻欢作乐。大臣们手握重权，却不知道洁身自好，也不顾自己的体面，竟和衙门里打杂的人一起胡混。既然为官者如此，上行下效，平民百姓自然也只是注重玩乐，全都不务正业。社会风气如此奢靡，国家的现状可想而知。"丁公著说的这些话特别诚恳，李恒虽然是个只知道玩的人，但却不糊涂，明白这是事实，表示对他的观点完全同意。然而同意归同意，李恒是绝对不会改变自己的生活习惯的，他依旧玩得很欢乐。

唐穆宗李恒的精力充沛，点子又多，所以他虽然一直在玩，却总能变换玩的方式，不会因为玩得多而产生厌倦。李恒每天都在玩，玩了很多年以后，他才突然收敛，不再玩了。这种变化令人非常惊讶，但如果知道原因以后，就不会感到奇怪了。李恒在玩马球的时候出现了意外，导致他生病了，因此他不得不停止玩闹。

事情的经过是这样的。李恒像以前一样正在玩，他打马球的技术虽然不是顶尖的，但也玩出了一定的水平。一群人玩得很高兴，这时突然有人从飞奔的马上掉下去了。本来这不关李恒什么事，但因为事情发生的猝不及防，着实让李恒大吃一惊，所以他就不再打球了，先到不远处的大殿中歇息。但是他忽然发现自己的两只脚不听使唤了，脑袋也感到天旋地转的。经过这件事以后，李恒就躺在床上起不来了，太医的诊断是中风。

李恒生病以后，没心情也没能力再玩了，他的身体很长时间都没能恢复。公元823年的正月，本来皇帝是要被大臣们朝贺的，但李恒因为生病，没有让大臣们进行这项活动。

得了病才能明白健康的可贵，李恒现在开始有点后悔，觉得应该早一点注意身体。卧病在床，他害怕自己将不久于人世，于是产生了吃仙丹长生不老的念头，爱上了炼药。处士张皋见皇上沉迷于炼丹，便上书表示不能总是服食丹药，否则一旦中毒，后果不堪设想。然而世事无常，谁也没想到，不等丹药的毒性发作，李恒就一命呜呼了。

李恒是在公元824年的正月去世的，死在他的病床上。这时候他的年纪还不大，仅仅30岁。李恒整天吃喝玩乐，不注意保养身体，玩起来不懂得适可而止，并且他害怕死亡，为了长生而服食丹药，更让他的死期来得早一些。

推行新办案程序

别看穆宗李恒整天一点皇帝的样子也没有，像个孩子似的只知道玩，但他在当皇帝的过程中也不是一点实事也没干。总的来说，他除了玩，也存在一些值得表扬的业绩。

李恒对任命官员比较重视，特别是对刑部、御史台和大理寺这些地方的官员，他总要精挑细选一番，才会委派。他要求在这几个地方为官的人一定要有品德、有学问，还必须对法律方面的事特别熟悉。由于眼光独到，李恒确实发现了不少人才，其中最有名的一个就是牛僧孺。

牛僧孺这个人是个倔脾气，只要他认定的事，谁说话也不好使，所以他在执法的时候非常公正。那些达官贵人如果触犯了法律，最怕的就是被牛僧孺抓住，因为他们都知道，不管官多大，一旦让牛僧孺抓住把柄，他都会依法严惩，从不手软。

牛僧孺虽然脾气倔，坚持立场，但他却不笨，在处理案件时头脑灵活，点子特别多。公元821年，由于元和时出现了一种"刑狱淹滞"的情况，所以李恒便打算对司法部门办案的流程以及时间限制重新设定一下，并把这个艰巨的任务交到了牛僧孺手上。

牛僧孺经过一番思考后，提出了一套方案。如果遇到重大案件，大理寺要在三十五天里对案件进行详细调查，并作出推断，然后报到刑部，刑部接到案件以后，必须在三十天里上奏给皇上。如果案件的程度在中等范围，大理寺要在三十天里处理完，刑部要在二十五天里处理完。如果案子的程度特别轻，例如有人偷盗或者两个人言语不和打了起来，处理这类事件，大理寺要在二十五天里处理，刑部要在二十天里办完。对于怎样区分一件案子是大案还是小案，牛僧孺也作了相应的规定。如果一件案子有超过二十条罪状，就可以认定为是重大案件；如果罪状在十条以上，二十条以下，就是程度中等的案件；如果罪状连十条都不到，就是小案件，程度很轻。此外，牛僧孺还规定，如果官员在办案的时候徇私枉法，不按照规矩来，就要根据不同程度来追究他们的责任。

李恒看了牛僧孺制定的方案以后，觉得逻辑严密、简单实用，特别欣赏，马上就批准了，并很快将这套新办案程序公布出来。经过一段时间的实践证明，新方案确实不错。不仅司法部门的办案效率明显提高，徇私枉法的事也比以前少了很多。

坚决抵制作弊行为

李恒在玩乐之余，还做过一件大快人心的事，那便是他在对待公元821年3月那次考试作弊行为时，对作弊人毫不姑息。

当时负责监督考试的主考官有两个人，他们就是右补阙杨汝士以及礼部侍郎钱徽。

这场考试还没有展开，宰相段文昌就收到了贿赂。一个叫杨浑的人把家里世代收藏的著名画作交到段文昌手里，希望他能让自己在这次考试中脱颖而出。段文昌收了礼之后，马上就到钱徽那里嘱咐了一番，要他帮助杨浑。但是叮嘱完以后，段文昌还是有点不放心，于是又额外写了一封推荐信。与此同时，翰林学士李绅也替一个特别看好的名叫周汉宾的考生，给钱徽递了一封保举信。

白居易刚从家乡来到京城时才16岁，他初来乍到没有什么名声，所以便将平时写的几首诗带上，去拜见那时候特别有名气的顾况，希望能够得到他的举荐。顾况一开始并不知道他有才华，看他诗稿上写的名字是"白居易"，随口说道："京城的东西都很贵，住下来可不容易啊。"白居易马上明白了他的意思，知道他是在拿自己的名字开玩笑，也不气恼，一笑了之。不过顾况读了他的诗，顿时刮目相看，觉得眼前这个青年非常有前途，文采和思想都极为出众。特别是顾况读了他那流传千古的名篇《赋得古原草送别》，当念到"离离原上草，一岁一枯荣。野火烧不尽，春风吹又生。"时，心里顿时万分惊讶，不相信这首诗竟是出自一个少年之手，不停赞叹，并说："这么有才华，在哪里住下来都很容易啊！"得到了顾况的好评，白居易一下子便在京城出了名。

从白居易用一首诗便名声大噪可以看出，在唐朝，自荐是很有必要的事。实际上唐朝在科举方面也有这样的风俗，考生们在参加科举考试之前，可以将自己的才华展现给当时的名士或者大官们看一看，并请他们保举自己。甚至考生会仗着自己和名人的关系好，请他们替自己向主考人说情，这也是人们都心照不宣的。不过杨浑给宰相送那么重的礼物，明显就是贿

153

赂朝廷大员，做得就过分了。当然，宰相也不该接受贿赂。

不管收没收贿赂，这两个人得到了保举，按说前途肯定不会差。然而等考试结果一下来，他们全都傻眼了，杨浑和周汉宾都没有考中，排在榜单上的都是一些有背景的人。段文昌见主考官杨汝士的弟弟杨殷士还有宰相裴度的儿子等全都金榜题名，榜上官宦人家的子弟多达十四个，而自己保举的人却名落孙山，感觉特别气愤。段文昌觉得钱徽他们在选拔人才时一定是徇私了，所以就告到皇上那里。

李恒接到奏报以后，认为科举考试是一件关系国家命运的大事，对于作弊者必须要严肃处理，因此就下令把主客郎中白居易以及中书舍人王起叫过来，让他们对榜单上的人员再进行一次考试，看看他们到底有没有才能。为了表示这次考试是公平公正的，李恒随口说了两道题，分别是《鸟散余花落》与《孤竹管赋》。

李恒用这种复试的方法来对付作弊，简单又有效。如果他们能交出令人满意的答卷，说明他们没有作假；如果他们答不出考题，肯定是在考试时作弊了。

经过考察，上榜的人里面能答出这两道试题的仅有三个，就连这三个人的答卷也是差强人意，只能算勉强过关，根本毫无文采可言。其他人更不要提了，全都狗屁不通。结果一出来，把唐穆宗李恒气得够呛。主考官如此大胆，徇私的程度这么严重，选拔的人才竟没有一个是真正有才的，简直是无法无天。

李恒决定对参与这次作弊事件的官员进行严肃处理，首先将两个主考官直接赶出京城，贬到边远的地方去，然后调查和这件事有关的官员，也全都严惩不贷。有趣的是，尽管这件事是段文昌告发的，但因为他也收受了考生的贿赂，所以过了一阵子，也被派到西川镇守了。

这回考试作弊事件受到了皇帝的关注，还牵连了那么多的官员，一时间在朝野上下引起轰动。文武百官对皇上刮目相看，谁都想不到，向来只知道玩的他，竟会突然变得这么关心正事了，而且表现出来的精明也很让人佩服。

搞好民族团结

自古以来，身处各个国家包围的中原国家都面临一个非常重要的问题，

就是与周边各国搞好外交。如果不能与其他国家和睦相处，整天摩擦不断，边境上的人民苦不堪言，想要取得发展将会难上加难。

唐穆宗李恒还没有登基时，唐朝边上的回纥与吐蕃的势力便一天天增强了，而且他们还不甘寂寞，总是时不时骚扰一下唐朝的边境，给唐朝制造了很多麻烦。李恒刚当上皇帝，吐蕃就好几次向灵武、盐州以及泾州等多处发动进攻，不过只是试探式的，还不算特别严重。虽然这和以前外族人一直打进到内地连长安都受到威胁相比，不算是什么大事，但也足以让唐朝人心惊胆战了。

过了一段时间之后，随着各国形势的不停变化，再加上李恒想了很多方法，唐朝与回纥以及吐蕃又开始和平共处，而且随着时间的推移，这种友好格局变得更加牢固了。

到了公元821年，唐穆宗宣布了一道圣旨，命妹妹太和公主和回纥通婚，以便使两国的和睦关系更加长久。回纥人知道这个消息以后，非常高兴，他们组织了一个多达两千人的队伍来迎娶太和公主，以表达对李恒的崇敬之情，与此同时，他们还将一千头骆驼和两万匹马送给唐朝当聘礼。

为了表示对和亲的重视，唐穆宗李恒为他们准备了一场规模巨大的送别典礼。而且李恒还亲自给他们送行，一直随队伍走到了通化门，文武百官当然全部跟着队伍前进，队伍浩浩荡荡，异常盛大。

通过这次通婚，唐朝和回纥的关系更加亲密了，而吐蕃则显得特别孤立，势力逐渐减弱。与回纥的关系稳定之后，唐朝不用再担心西北地区会出什么乱子了。随着两国的经济以及文化方面的交流，关系变得越来越好。

在大唐与回纥刚准备和亲时，吐蕃人对这一情况非常不满，因此就在6月份发兵攻打唐朝的青塞堡，却遭到了唐朝盐州刺史李文悦的强力阻击，没能取得像样的战果。回纥听说吐蕃要扰乱和亲，马上做出反应，各命一万精锐骑兵去安西与北庭，一方面是欢迎公主，另一方面是确保她一路平安。通过这件事，就能看出回纥在和亲这件事上非常认真。

在一切准备就绪之后，公主在7月从京城出发，一路向回纥而去。吐蕃没能阻止这次和亲，顿时觉得自己被孤立了，而9月时，他们又遇到了严重的天灾，内部也出现了叛乱，因此实力更是一落千丈。明白自己再也无法和唐朝抗衡，于是吐蕃也准备与大唐和好。

唐穆宗李恒对以前两国之间的不愉快一点也不计较，答应在今后与吐蕃和睦相处。10月10日，李恒让以宰相为首的很多大官与吐蕃派来的使者在长安城的西郊盟誓，表示从今天起，两国要友好相处，再也不妄动干戈，谁都不能侵犯对方的领土。

公元823年，吐蕃人打算给这次会盟留下一些纪念，便在西藏拉萨大昭寺门外面放了一块大碑，这块碑便是"唐蕃会盟碑"。直到现在，那块碑还在那矗立着，旅游的人们经过那里时，都要停下来看一看。由于此碑意义重大，人们经常会提到它，所以它有不少名字，比如"长庆会盟碑"以及"甥舅和盟碑"。碑上刻着两种文字，分别是汉文与藏文，文字的内容是和两国结盟有关的事。

大唐与吐蕃结盟，是为了保持和平，这是两国共同的希望。结盟后，两国也确实在很长时间里保持和睦，不断交流文化与经济，各自都有很好的发展。由此能够看出，这次结盟对于两国来说都是意义重大的。

皇帝儿子特别多

虽然皇帝的儿子接着当皇帝一点也不奇怪，但是唐穆宗当皇帝的儿子却有好几个，这在历史上可是不多见的。李恒总共才有五个儿子，便有三个坐过龙椅，真可以说是皇帝轮流做，明年到我家。

在唐朝时，皇位的继承是要论资排辈的，因此刚开始接下李恒手中权柄的，是他的大儿子李湛。李湛登基时只有16岁，年纪还不是很大，他便是历史上的唐敬宗。唐敬宗似乎将父亲的品行学得非常到位，他也是从来不理政事，整天到处乱跑，不是喝酒摆宴席，就是骑马打猎，简直把玩当成了事业。

老子爱玩，现在儿子登基也爱玩，国家本来就一直在走下坡路，又遇上这么不务正业的两个活宝，不出乱子才怪。唐敬宗做皇帝时便出现过一次让人感到特别好笑的叛乱。

在京城有一个靠算卦骗钱谋生的人，这人名气还不小，在长安城里无人不知，他就是苏玄明。苏玄明有一个朋友，名叫张韶，是皇宫染坊里的一名工匠。这两个人没事的时候经常会聚到一起喝喝小酒什么的。有一回喝酒，苏玄明很神秘地说："我昨天没事干，随便给你算了一卦，你猜怎么着，把我给吓了一跳。"张韶连忙询问原因。苏玄明接着说："卦象上说，

我们两人以后有机会在皇宫那金碧辉煌的大殿上喝酒吃肉,过上神仙般的日子。"见张韶若有所思,苏玄明又说:"你看现在的皇上平日里只知道花天酒地,皇宫里守卫空虚,我们如果抓住这个机会,一定能做一番大事出来。"

张韶因为多喝了点酒,迷迷糊糊就信了苏玄明的鬼话,马上找了一百多个平时一起工作的哥们,想要作乱。张韶的那帮哥们都是在宫里干粗活的,平时大概也受了不少气,再加上头脑简单,很快就被鼓动起来,跟着他造反了。

这群大老粗推着一辆装满柴草的车,把兵器都藏在里面,打算这样混进皇宫里去,然后找机会大干一番。然而他们把兵器都装在车上,车子比平时重了许多,很快就有士兵过来盘查,要他们把车上的柴草翻开看看。张韶觉得瞒不过去,抽出刀来便把士兵杀了,然后命手下的人抄起兵器,一块打进皇宫里去。

本来张韶领的人也不多,而且还是一帮乌合之众,战斗力一点也不高,应该连城门也攻不破。但皇宫的守卫在那时真的是形同虚设,因此他们不费吹灰之力便闯入皇宫。唐敬宗听说有人犯上作乱,大闹皇宫,吓得拔腿就跑,很快就从皇宫溜走了。

皇帝都跑了,张韶很快就占领了皇宫,接着他就坐在皇帝的龙椅上,旁若无人地喝酒吃肉。酒足饭饱,张韶觉得实现了自己的人生理想,非常满足,向苏玄明竖起大拇指,说:"兄弟,你算卦果然很准,你看咱们现在不是在皇宫里喝酒吃肉吗?"苏玄明有点担心地问:"咱们是喝酒吃肉了,但接下来该怎么做呢?"张韶很诧异地说:"接下来,什么接下来?"苏玄明马上意识到自己完了,这个张韶一点头脑也没有,竟然没想好攻下皇宫以后要做什么。

苏玄明的担心完全正确,还没等他们走出大殿,就被军队围了起来,后果可想而知。这次叛乱事先连个计划都没有,参与的人数也不多,真是荒唐至极。由此可以看出,当时的唐王朝已经腐朽到十分不堪的程度了。

唐敬宗显然没有他老子那么好的身体,胡闹了没多长时间,就一命呜呼了。接下来当皇帝的是李恒的二儿子李昂,便是历史上的唐文宗。李昂当皇帝时的年纪是18岁,虽然也不算很大,但成熟稳重,与他父亲和哥哥完全不同。李昂不喜欢大吃大喝,也不喜欢玩闹,他体恤百姓,甘心政事,一心想让大唐王朝重新兴盛。他应该算是一个好皇帝，但却命不长久，只活了32岁。

唐文宗死后，接掌皇权的还是李恒的儿子。李恒的五儿子李炎当了皇帝，便是历史上的唐武宗。于是，唐穆宗李恒有三个当皇帝的儿子，真是让人感到惊讶。

第十四章

身不由己的皇帝——唐文宗李昂

帝王档案

☆姓名：李昂（李涵）

☆民族：汉族

☆出生日期：809 年

☆逝世日期：840 年

☆配偶：王德妃、杨贤妃

☆子女：2 个儿子，4 个女儿

☆在位：14 年（826 年~840 年）

☆继位人：李炎

☆庙号：文宗

☆谥号：元圣昭献孝皇帝

☆陵墓：章陵

☆生平简历：

809 年，李昂出生，刚开始的名字叫做李涵。

821 年，被封为江王。

826 年，李昂登基当上皇帝，也就是唐文宗。

828 年，平定李同捷的叛乱。

831 年，平定卢龙节度使的叛乱。

835 年，唐朝的大臣和太监们之间的斗争越来越激烈，产生了"甘露之变"，太监们将大权握在手中。

840 年，李昂驾崩。

人物简评

如果要评价一下唐文宗李昂，可以说他在做皇帝的王道方面完全够格，但却缺乏做皇帝的才能。在当皇帝的时间里，李昂总是勤于政务，他一心要做个百官拥戴、万民敬慕的好君王，也一心想让社会更加和谐，人民的生活更加美满。不过他实在没有那样的才能，再加上一直被太监压制，所以没有什么作为。李昂到死都觉得不甘心，他还有很多事没来得及做，他恨自己无能为力。

生平故事

唐文宗李昂本来叫做李涵，是唐穆宗的第二个儿子，唐敬宗李湛的弟弟，生母是贞献皇太后萧氏。在没有当皇帝以前，他被册封为江王。公元826年，唐敬宗被一个叫刘克明的太监领人杀死了。接着，一个叫王守澄的太监又把刘克明那些人杀掉，然后派一队禁兵将江王李涵迎接过来。李涵在宣政殿登上皇帝宝座，并把名字改成李昂，也就是唐文宗。他当了14年的皇帝，本来应该大有作为的，但却由于生性胆小，始终被太监们控制着，施展不开手脚。

天生优柔　养肥了太监

即便是将唐朝所有的皇帝放在一起对比一下，唐文宗李昂也算是品行端正的了。李昂的生活与他父亲和哥哥相比要节俭得多，他不喜欢吃喝玩乐，也从不大手大脚地花钱。登基之后，李昂便明确了努力的方向，他要对现在流行的低俗风气进行一次彻底整顿。

李昂对朝廷内外盛行的奢靡之风坚决抵制，要求国家官员必须养成勤俭节约的品格。他还传下圣旨，放一大批宫女出宫，把飞鹰走狗等动物也放生，以此来节约粮食，减少开支。以前皇家不仅在国库里储存粮食和钱财，在国库之外也有存蓄，李昂一上台便把这个制度撤除，并严令禁止官员对百姓任意勒索的行为。他的这些政策，让国家的风貌顿时改善。

李昂除了生活节俭之外，还酷爱学习。他学习时是在正途上用功，不像有些皇帝虽名为学习，却沉迷在音乐、舞蹈、女色或者是打猎方面的知识里。平时他有很多国家大事需要处理，但只要一闲下来，他便会埋头读书，看一看历史上的皇帝都是怎么治理国家的，了解一下老百姓们经常会遇到哪些生活难题等。

在处理国家事务方面，李昂可以说是尽心尽力。唐敬宗在位期间，基本上很少处理朝政，一个月有两三天上朝就已经很不错了。但是李昂一当上皇帝，就将这种上朝传统打破了。他对上朝似乎特别感兴趣，每逢单日必定上朝，并且每次上朝的时间都很长，不把大臣们提出的问题解决掉，他就不退朝。

在朝堂上，李昂关心的事情非常多，大事小事都在他询问的范围当中。国家军队的发展情况如何，官员的任命合适不合适，国库的钱粮储存怎么样，地方上哪里闹灾了，这些都是他关注的问题。不管是发展方向，还是具体到实际操作步骤，他都要和大臣们细细商量一番。

为了能多处理一点国家事务，李昂让人将休息以及放假的时间全都排到双日，这样就不会对单日上朝产生影响了。李昂相信谏官们针对时政的弊端所提的一些建议都是非常好的，所以他对大臣进言特别重视。在公元835年，他曾经命人制作了一块"谏院之印"。有了这块印章以后，谏官们再想上书陈事，就不必再到别处去了，直接盖上印章，就可以把折子递到皇上手中。这样一来，上书的程序更加简单了，而且奏折不用经过太多人的手，保密性得到了加强。

看起来李昂特别关心国家，他殚精竭虑只为把朝政处理好，让百姓安居乐业。他的出发点是好的，也确实努力去做了，但结果却并不理想。究其原因，就是他的性格上存在一个弱点，做事犹豫不决。如果一个普通人，偶尔拿不定主意，也许不会有什么事，但李昂作为一个皇帝，遇到问题总是优柔寡断，情况就非常严重了。我们都知道，皇帝向来都是金口玉言，说一不二的。然而李昂经常已经作出决定了，没过多久，就又反悔，给政策的实施带来很大麻烦。更重要的是，皇上反复无常，大臣们就揣摩不准上意，不知道该怎么办，这样如何能把国家管理好？

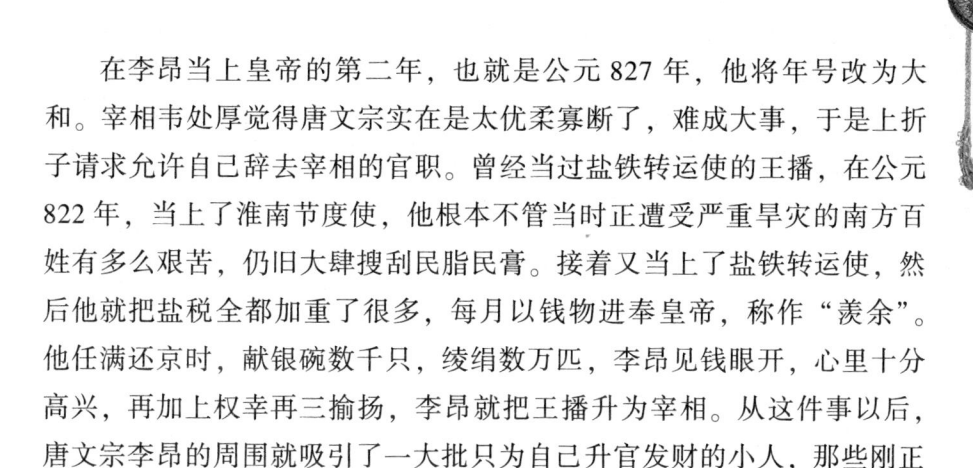

在李昂当上皇帝的第二年，也就是公元827年，他将年号改为大和。宰相韦处厚觉得唐文宗实在是太优柔寡断了，难成大事，于是上折子请求允许自己辞去宰相的官职。曾经当过盐铁转运使的王播，在公元822年，当上了淮南节度使，他根本不管当时正遭受严重旱灾的南方百姓有多么艰苦，仍旧大肆搜刮民脂民膏。接着又当上了盐铁转运使，然后他就把盐税全都加重了很多，每月以钱物进奉皇帝，称作"羡余"。他任满还京时，献银碗数千只，绫绢数万匹，李昂见钱眼开，心里十分高兴，再加上权幸再三揄扬，李昂就把王播升为宰相。从这件事以后，唐文宗李昂的周围就吸引了一大批只为自己升官发财的小人，那些刚正不阿的人却经常不受赏识。

太监们经历过一次杀掉当朝皇帝另立一位新皇帝的事件之后，变得比以前更加猖狂了，他们俨然成了这个皇宫真正的主人，什么时候看皇帝不顺眼了，就能把这个皇帝给杀了，再重新立一个。皇帝在这些太监们操纵下，有些成为太监手中的工具，有些不甘屈辱，伺机而起，想夺回失去的权力。皇帝尚如此，那些大臣们就更不必说了，他们有的对掌权的太监俯首称臣，有的则和皇帝站在同一阵线上抵制太监专权，他们能不能升官，能不能得势，就要看皇帝和太监们之间的斗争谁胜谁负了，这和赌博也差不了太多。

后来，唐文宗下旨在全国范围内挑选有才有德、敢于说真话的贤良之士，他自己临轩亲策，确定题目并提出各种问题。昌平进士刘蕡十分痛恨那些祸国殃民的太监们给国家带来的危害，在谈到对策的时候滔滔不绝地写了一万多字，公开和那些太监们作对。刘蕡的对策，切中时弊，考官非常赞赏。只因太监王守澄等盘踞宫禁，势焰逼人，一旦录取，必遭陷害，不得已将他割爱。当时有二十二人中第，都被任命了官职。道州人李郃也在其中。他愤慨地说："刘蕡下第，我辈登科，岂不是厚颜无耻吗？"所以，李郃联合那些和他一起考中的人，例如崔慎由、杜牧、裴休等人，一起联名上折子，情愿把他们的科名让给刘蕡，让天下的人看到这场考试的公平公正。但是因为唐文宗现在没有多少势力，虽然一直都想着将专权的太监除去，但是根本没有那样的能力，而且他还担心太监们会因为这件事威胁他，所以就把那道折子放在一边不去管它。这样一来刘蕡始终没有当上官，后来就在非常忧郁的心情中死去了。

就在这一年冬天的时候，横海留后李同捷耐不住寂寞，带领着手下的那些人起兵造反。当平定了李同捷的这场叛乱以后，唐文宗将殷侑任命为横海军的节度使，又把齐州归到横海军里，一年之后兵力便雄厚了起来，二年之后粮食也足够吃了，三年之后人口数量有了明显的增长，家家的粮仓里都有不少粮食，那里再次变成一个东海的重镇。

然而国家正处在多事之秋，唐文宗根本不能消停下来，虽然旧的威胁已经被处理掉，然而又有一个新的威胁出现了。副兵马使杨志诚用言语煽动他的那些士兵们，将卢龙节度使李载义驱赶走，又把莫州刺史张庆初给杀了。唐文宗听说了这件事之后不知该怎么办，于是就询问宰相牛僧孺要如何处理这件事，牛僧孺居然说管他对朝廷的态度是什么样的呢，只要有能力就行了。于是唐文宗就让杨志诚当了卢龙节度使。杨志诚在此任上，骄恣不法，屡遣使求兼仆射，文宗即命为右仆射。杨志诚既得右仆射兼衔，踌躇满志，居然有了自己当皇帝的想法。由于其骄侈淫暴，酿成众怒，结果被手下将士赶跑，另推部将朱元忠主持军务。于是唐文宗就又将朱元忠升成卢龙节度使。在成德节度使王庭凑去世以后，士兵们将他的儿子王元逵拥立成留后，唐文宗也同意了他们的做法，后来还让长寿安公主嫁给了王元逵。唐文宗在处理这些节镇方面的事物的时候之所以一点原则也没有，大概主要是因为他想管也管不了吧。

心有余而力不足

唐文宗李昂在当皇帝的这些年里，主要做的事情就是清除宫中的阉党势力，然而由于他天生就不是一个刚毅果决的人，以至于拖拖拉拉，最后到死的时候也没有把这点事儿办成。太监们手握大权，危害国家，是唐朝后期一直存在的问题，文宗对太监权势过于强盛十分忧虑，他即位之始，就开始采取措施，总想物色一个合适的大臣，与之商议诛除太监的大计。根据他的细致挑选，他认为宋申锡应该可以帮助他把这些太监们整治掉。

到了公元830年，文宗将宋申锡提拔成当朝宰相，将铲除阉党恢复皇帝权威这个十分重大的任务交到了宋申锡手中。宋申锡接到这个秘密任务之后，将王璠任命为京兆尹，和他一起商量应该怎样将这些太监们一网打尽。然而这个王璠是个成事不足败事有余的窝囊废，他将这个机密给泄露了，于是还没等他们行动呢，王守澄就已经提高了警惕，并且首先发动了攻势。公元831年，王守澄唆使豆卢著诬告宋申锡谋反，并趁机逮捕了宋申锡的亲信官吏和家人，制造罪证。关键时刻，文宗显示了他性格中怯懦的一面，他不但不敢保护宋申锡，反而将其贬为开州司马。公元833年，被皇帝抛弃了的宋申锡，想着自己受到皇上的信任，本来是要将作乱的太监们除掉的，现在反而被那些人给陷害了，真是窝囊至极。但是现在皇上已经把他贬到开州了，他只能卷铺盖离开京城，怀着满腔的悲愤之情，到开州去赴任。

公元836年9月，宰相李石对皇帝说："前宰相宋申锡为人朴实敦厚，做事刚正不阿，然而受到那些小人的陷害，被贬到开州那样边远荒凉的地方去了，直到现在还蒙受着冤屈，没有平反昭雪。"听了他的话，文宗把头低下去，一句话也没说，就那样沉默了很久，突然他泪流满面地说："其实不用你说我也完全明白是怎么回事，从一开始宋申锡就是被人陷害的。我虽然知道他蒙受着不白之冤，但是因为那些奸臣们威胁着我，我不得不考虑到整个国家的大势，从全局来考虑问题，我甚至连亲兄弟李凑都差点不能保全，更不要说是宋申锡了！你知道吗，那个时候陷害他的并不只是那些太监，还有很多官员也和太监勾结在一起陷害他，我是没有办法才那样做的啊。不过所有的这些错误，都是因为我不是一个贤明的君主，这才造成了他的悲剧。如果他遇上的人是汉昭帝那样的明君，一定不会有这种事情发生！"就这样，第一次消灭太监势力的行动，被太监们轻而易举就击败了，还狠狠地反咬一口，让唐文宗损失惨重。

经过了这次宋申锡事件，大太监王守澄的声威更加强大了，朝廷上的那些官员们没有一个不怕他的，因为这些大臣们的任免甚至生死，都是由他一手操控的，皇上差不多快变成一个摆设了。

甘露之变

第一次的计划失败以后，唐文宗并没有就此罢休，而是接着想办法对这些太监们进行削弱和铲除。这一回他没有任命什么宰相之类的大官，而是在那些大臣里面找了几个资历相对较浅、官职也不高的舒元舆、李训、郑注等人拼成一个全新的集团,一起进行消灭阉党的大计。然而唐文宗不仅自己懦弱无能,用的那些人也不怎么样,以致于这次剿灭太监势力的计划又失败了。而且,这次的失败比上次还要严重,连唐文宗的命都差一点丢了。这次事件就是历史上非常有名的"甘露之变"。

公元835年7月的时候,李训以国子博士的身份被提拔为兵部郎中、知制诰,依前侍讲学士,太仆卿郑注被提拔为工部尚书,充翰林侍讲学士。时间不长,李训就又被提升成宰相,郑注则变成了凤翔尹、凤翔节度使。

刚开始的时候李训曾经和郑注秘密商议,要把这些祸国殃民的太监全都除去。他们商量出一条妙计,当郑注到凤翔上任以后,立即选出几百个精明强干的士兵当成亲兵。由于那年11月要在浐水把大太监王守澄埋了,郑注就向皇上请示让他来保护举行丧事的队伍,然后率领着那几百名亲兵前去,让他们都带着兵器。同时奏请文宗下诏令内臣中尉以下都去浐水送葬,届时郑注关闭城门,指挥亲兵将这些太监一网打尽。但是在郑注启行前往凤翔后,李训又改变了计划,他和舒元舆等人商量道:"假如这件事成功了,功劳全是郑注的,没我们什么事儿啊,不如我们别这么干了。我想让郭行余和王璠你们两个借口要外出赴镇,赶紧多找一些孔武有力的人作为亲信,然后再加上那些台府、金吾的军士们,足够办这件大事了。这样一来,我们完全可以先动手将这些太监们杀掉。"于是李训就这样又制定了一个新的方案,为了抢功,要提前动手铲除太监。

公元835年11月,李训这些人按照新的方案开始了行动。

这天,唐文宗来到紫宸殿处理国事,文武百官在跪拜之后根据以往的顺序在下面站好,在李训精心安排之下,左金吾卫大将军韩约开始说话了:"左金吾厅后面的一棵石榴树上在晚上出现了甘露,臣不敢隐瞒,因此如实奏讫。"说完就退了回去。

这里说的"甘露",跟据传说,似乎是一种和雨水那样从天上掉下来的东西,但是和雨水完全不同,它就像是一种液态的水晶,附着在东西上面不会掉下来,而且不像雨水或露珠那样会被太阳照射而蒸发消失。"天降甘露"是一种千年难遇的吉兆,预示着君王的圣明,国运昌隆。历代的封建统治者均认为"甘露"是一种延年益寿的"圣药",说它长得

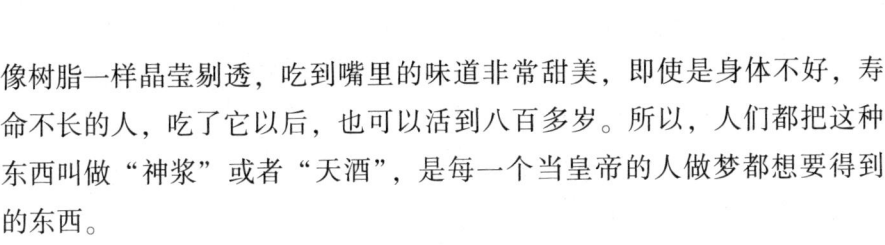

像树脂一样晶莹剔透，吃到嘴里的味道非常甜美，即使是身体不好，寿命不长的人，吃了它以后，也可以活到八百多岁。所以，人们都把这种东西叫做"神浆"或者"天酒"，是每一个当皇帝的人做梦都想要得到的东西。

听说居然有这样的事情，唐文宗顿时感到非常高兴。趁此机会李训和舒元舆连忙带领那些官员们朝文宗贺喜，说了一大堆颂扬的话，最后李训还劝文宗亲自去观看："甘露降祥，俯在宫禁。陛下宜亲幸左仗观之。"文宗立即同意了他的请求，然后领着这群官员来到含元殿，然后先让李训领着两省的这些官员们去那里欣赏一下甘露的样子。

在唐朝时期，皇城分成宫城和皇城两个部分。宫城位于皇城的正中间，除了皇帝、妃嫔和那些太监们之外，其他的人是不允许进去的，除非有皇帝的密诏。左金吾府的位置是在皇城里面宫城外面，那里有一批保卫宫城的部队驻扎着。李训等人离开含元殿后，过了很久才回来。回来后，李训奏称："臣与众人验之，殆非真甘露，未可遽宣布，恐天下称贺。"文宗这时配合得很好，故作不知地问道："韩约妄耶？"也就是说，难道是韩约说谎了吗？其实这种事情本来就是虚无缥缈的，而且韩约根本就是在胡说八道。于是为了验证一下是不是真的，唐文宗就让左、右中尉仇士良和鱼弘志领着那些太监们到那里去看一看，到底有没有天降甘露的事。

看着仇士良那些人走了，李训马上将郭行余和王璠这两个人进殿接受任命。王璠在这个时候突然害怕起来，哆哆嗦嗦的不敢往前走，只有郭行余拜受殿下。此时，这两个人招来的那些手下已经不少了，达到好几百人之众，都手拿兵器站在丹凤门的外面。

仇士良领着那些人监到了金吾厅的时候，正好碰见了韩约，看见他的表现非常异常，不仅神情慌张，额头上直冒汗，还低着头不敢正眼看人。仇士良顿时起了疑心，就说："将军为什么这个样子？"韩约忙以生病搪塞。正在此时，一阵风将帷幕吹起，露出了里面埋伏着的兵士，同时传来了兵器碰撞发出的声音。仇士良久历仕宦，经验丰富，见此心知情况不妙，慌忙朝回跑去。本来金吾厅的侍者准备把大门关上，但是这里的人好像个个都是草包，在仇士良大声叫骂下，居然不敢动了，这种行为导致那些太监们大多数都逃跑了。韩约同样没有什么胆识，不然也

167

不会一开始就吓成那样了，这时更想不到要让手下的军士们冲出去把那些太监杀死，眼睁睁地看着仇士良他们跑了。

仇士良领着那些人跑到含元殿，告诉唐文宗说有叛乱出现了，让他赶紧回到宫城里面去，接着就把唐文宗坐着的软舆抬了起来，想要把他抢回后宫里面去。李训一看仇士良领着那些人活着回来了，马上便猜到是韩约那里出现了什么变故，赶紧向守在殿外的那些金吾卫士们求援，大声叫道："金吾卫士上殿来，护乘舆者，人赏百千。"此时仇士良已经指挥众太监将文宗扶上软舆，抬起来从含元殿后向北跑去。李训见势头不对，急忙跑上去抓住文宗所乘软舆大呼："臣奏事未竟，陛下不可入宫！"此时金吾兵从外面冲了进来，罗立言领着三百多名京兆府的军士们从东边掩杀过来、李孝本率领着二百多名御史台的士兵从西边夹击，最后和那些金吾卫士会合一处，于含元殿里面斩杀太监，不一会儿就死了十几个人，那些受了重伤的太监们血如泉涌，大声呼叫哀嚎着。

然而，仇士良已经领着人把唐文宗抬到宣政门那里去了，李训则依然在那里抓着软舆不放，大声吆喝着。可能是唐文宗被刚才那种血腥的场面吓破了胆，想快点离开这个混乱的战场，竟然大声呵斥李训。仇士良在与李训搏斗时跌倒在地，李训拔刀欲刺时，仇士良被其他太监救起，太监郗志荣颇有勇力，冲上来挥拳击中李训胸部，将他打倒在地。文宗乘舆随即入宣政门，立刻将门紧紧关闭。那些太监们终于逃离了险境，齐声大喊万岁，而那些官员们看见太监逃走了，吓得连忙四散逃命。事情到了这个地步，李训知道自己已经无力回天了，为了不让太监们有抓住自己的机会，他准备立即动身逃命，于是趁着混乱，换上了一身从吏的衣服，骑着马跑了。剩下的那些人一见他们的头都跑了，还打什么啊，于是也纷纷逃命去了。这场精心准备的计划，就这样被一个胆小怕事的皇帝，以及一群草包的大臣和将领给搞砸了。

当然这还不算完，仇士良逃过一劫之后绝不肯善罢甘休，他让左、右神策副使刘泰伦、魏仲卿等人每人领着五百名禁兵前去杀贼。这些禁兵得令以后，一路上横冲直撞，也不管是什么样的官，见一个杀一个。

李训经过改扮以后混出皇宫，路上装成一个疯子，好不容易才跑到终南山的寺院里躲了起来。但非常不幸的是，没过多久他就被当地的官员给逮住了，他担心押送到太监手中会遭羞辱和酷刑，在到达京师附近

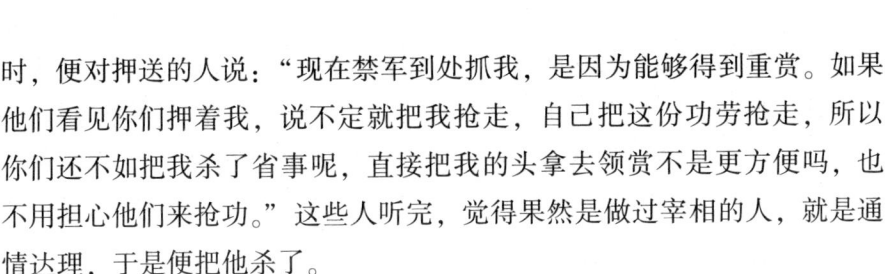

时，便对押送的人说："现在禁军到处抓我，是因为能够得到重赏。如果他们看见你们押着我，说不定就把我抢走，自己把这份功劳抢走，所以你们还不如把我杀了省事呢，直接把我的头拿去领赏不是更方便吗，也不用担心他们来抢功。"这些人听完，觉得果然是做过宰相的人，就是通情达理，于是便把他杀了。

不仅李训被杀死，没有参与这件事的郑注和他的家人全都被仇士良给残忍地杀害了。若说郑注还可以算是和李训一伙的，但是其他的那些大臣们也纷纷被杀，有的根本和这件事一点关系也没有。总之那些太监们是杀红了眼，不管是谁，见着就杀，死在这次屠杀中的官员竟达一千多人。不仅是官员，他们甚至连老百姓也都不放过，还杀了上千的平民。"横尸流血，狼藉满地，诸司印及图籍、帷幕、器皿俱尽"，不但皇宫让他们掀了个底朝天，连住在长安城里的人们也惨遭他们的血腥洗劫。他们不像是官兵，简直就是一伙强盗。

除了对大臣和百姓们的屠杀之外，仇士良这些人知道唐文宗就是这次对太监屠戮事件的幕后黑手，全都对他非常痛恨。而且他们毫不掩饰这种恨之入骨的情感，时不时就对唐文宗大声吆喝，喝骂几句，文宗既羞愧又惧怕，不敢作声。而且文宗还传下圣旨，凡讨伐贼党有功的禁军将士以及追捕逃亡贼党的有功人员，各根据功劳的大小授予官爵和赏赐财物。仇士良、鱼弘志这些功不可没的太监们，都参照所立的功劳大小进行升官并提高级品。

在这次"甘露之变"发生以后，所有的朝政大事全都是"北司"的太监们说了算，而"南衙"宰相根本什么都管不了，唯一能做的事情就是根据太监们的指示发布公文。太监们的势力变得空前强大，唐文宗李昂终于变成了一个名副其实的傀儡皇帝。

抑郁而终

公元839年11月的一天，唐文宗曾经与翰林学士周墀进行过一次谈话。唐文宗非常伤感地提出一个问题："爱卿，你认为我可以比得上以前的哪位皇帝呢？"周墀想了一想，马上拍马屁道："臣以为，您是像尧、舜那样贤明的皇帝。"文宗说："我哪里能跟尧、舜这种贤明的君主相提

169

并论呢。其实我现在就想问你一下，如果我跟周赧王和汉献帝比起来会不会比他们好一点呢？"周墀大吃一惊，赶紧回道："陛下怎能这样说？周赧王、汉献帝乃亡国之君，他们哪有资格和陛下相比！"文宗叹口气说："你是不了解我现在的情况啊。人家周赧王和汉献帝这两个人是因为藩王太过强大，他们难以驾驭，才受到胁迫，但是再看看我，连自己的家奴（指太监）也管教不了，还要受他们的摆布。这样说来，就连这两个君王也比我强多了啊！"说着禁不住哭了起来，周墀也赶紧跪在地上陪他一起大声痛哭。

当然，唐文宗这么伤感完全有他的理由，并不是无病呻吟。在"甘露之变"以后，经过和那些太监们多次的斗争，懦弱无能的唐文宗完全败下阵来，变成了一个受太监摆布的玩偶。而在这次谈话结束以后，唐文宗甚至连朝也不上了。当然，他之所以不再上朝，并非和前面的两个皇帝一样是为了自己吃喝玩乐，只是因为他感觉自己已经不配继续当皇帝了。

尽管唐文宗可以很卖力地处理国事，也很想把这个国家治理好，但遗憾的是，他根本不是那块料。弄到最后，连自己也搭了进去，变得像一个囚犯一样。他在非常郁闷的情绪笼罩中挨过了四个年头，于公元840年，带着他那不甘的心，以及没有将太监势力铲除的遗憾，走完了他受人摆布的一生，享年32岁。

第十五章

致力会昌中兴的皇帝——唐武宗李炎

帝王档案

☆姓名：李瀍、李炎

☆民族：汉族

☆出生日期：814年

☆逝世日期：846年

☆配偶：韦皇后

☆子女：5个儿子，7个女儿

☆在位年数：6年（840年~846年）

☆继位人：李忱

☆庙号：武宗

☆谥号：至道昭肃孝皇帝

☆陵寝：端陵

☆生平简历

公元840年正月，文宗病重，仇士良、鱼弘志等人矫诏废掉了皇太子，立李炎为皇太弟。同月文宗去世，李炎即位。

公元841年改年号为会昌元年。武宗在位的时候，任用李德裕为宰相，对唐朝后期的弊政进行了一些改革。

公元843年，泽潞镇节度使刘从谏死，他的侄子刘稹准备袭位割据。武宗采纳了李德裕的建议，命令诸道出兵进行征讨。

公元844年，刘稹被部下杀死，叛乱被平息。

公元845年，李炎下令拆毁佛寺，并派御史分道督察。数月之后，全国拆毁的寺院、招提、兰若共有4.46万余所，被迫还俗的僧尼有26.1万人，奴婢有15万人，同时还没收了大量寺院土地。

公元846年4月22日，驾崩，终年33岁。

第十五章 致力会昌中兴的皇帝——唐武宗李炎

人物简评

唐武宗在位时期，继承了宪宗的削藩政策，同时还抑制了宦官势力的发展，除此之外，还采取了毁佛政策，有效地扩大了唐朝政府的税源，巩固了中央集权，让本有些衰败的唐王朝恢复了一些生机，被史学家称为"会昌中兴"。虽然武宗不信佛，却常年沉迷于道教长生不老之术，在位时间仅六年，其后的宣宗没有继承他的政策，所以根本无法挽救唐王朝衰败的颓势。

生平故事

公元821年3月，唐穆宗封诸位皇子为王，李炎受封为颖王，同时被封为王的还有景王湛（唐敬宗）、江王涵（唐文宗）、漳王凑、安王溶等，这些人都住在皇宫之外的十六宅。

在十六宅中安居的诸王，每日无所事事，沉迷于酒乐美色之中，胸无大志。颖王却与众不同，他没有被骄奢淫逸的生活所诱惑，对事有着自己的看法，也非常善于谋划。两位兄长敬宗、文宗先后当上了皇上，对他的刺激很大。这段时期，人们对嫡长子嗣位观念已经开始淡漠，颖王心里也开始萌生做天子的欲望。

抓住时机　乘机称帝

公元838年10月，皇太子永突然去世。这位准皇帝的突然离世，为李炎的称帝提供了可能。虽然文宗在第二年10月准备将自己的侄儿也就是敬宗的第六子陈王成美册立为皇太子，但是事实证明，这根本就无法阻止李炎称帝的步伐。公元840年正月初二，文宗突患疾病，无法处理朝政。所谓国不可一日无主，失去了主心骨的决断之后，朝廷上下一下子乱成了一团。

173

这样的局势对于颖王来说却是再好不过的一次机会，皇太子尚未册封，趁皇上重病之际，自己正好有机会废掉皇太子，夺取继承权。于是在文宗病重当天晚上，李炎就与两军中尉仇士良、鱼弘志二人联合，让他们假传圣旨，率领大军来到十六宅，迎接自己到少阳院受旨。躺在病床上的文宗根本拿李炎无可奈何，只好把皇太子废掉重新立颖王为皇太弟，临时掌管军国政事。

正月初四，文宗驾崩，皇太弟李炎名正言顺地在文宗的灵柩之前即皇帝位。14日，27岁的唐武宗终于登上了梦寐以求的皇位，正式执掌大唐江山。

赏罚有度　稳定朝纲

武宗刚刚即位，就马上将有可能对自己皇位造成威胁的陈王成美、安王溶以及杨贤妃赐死在府第。然后对帮助自己即位的人进行了封赏，将有援立之功的右军中尉仇士良封为了楚国公，左军中尉鱼弘志封为了韩国公，太常卿崔郸封为了户部尚书判度支，同中书门下平章事，升为了宰相。同时初登大位的武宗还不忘扩充自己的后宫，将宫人刘氏、王氏册封为妃。

当然对于反对自己即位的人，武宗也不会轻易放过。文宗在位时，对知枢密刘弘逸、薛季棱十分宠信，在文宗弥留之际，曾召见二人。因而二人也知道文宗本意并不想立颖王李炎为帝，同时两人与仇士良也向来不和，在仇士良的多次劝说之下李炎最终将刘、薛二人赐死。

薛季棱、刘弘逸被赐死的同时，当时没有拥立颖王的宰相杨嗣复、李珏也被罢相。杨嗣复被贬为检校吏部尚书、潭州刺史，充湖南都团练观察使，李珏则被贬为检校兵部尚书、桂州刺史，充桂管防御观察等使。仇士良等也劝说武宗将二人处斩，但是在宰相崔郸、崔珙等的劝说之下，杨、李二人幸免于难，但又再被贬为潮州刺史。

经过这一赏一贬，武宗成功清除了朝廷中的反对势力。不过，武宗很快发现，宦官仇士良等人仗着有援立之功开始把持朝政，甚至想要控制自己。这是武宗最为讨厌而且曾经发誓要清除的现象。他强烈地意识到，尽快摆脱自己的被动地位才是当务之急。要想要清除宦官势力，自己一个初登大位的皇上也是很难搞定的。想来想去，武宗认为可以让一位才能卓越的宰相逐渐取代宦官势力，控制朝廷的大权。经过慎重的精挑细选之后，李德裕成为了武宗的理想人选，于是就把他从淮南节度使升为宰相，让其入朝秉政。

李德裕是河北赵州人，出身于士族之家。他的父亲李吉甫是唐宪宗十分信任的一位宰相。李德裕在年轻时对科举十分不屑，从门荫入仕。穆宗初年，被升为了翰林学士、中书舍人，开始参与朝廷机要，后来被牛僧孺排挤，离开了朝廷，出任浙西观察使、西川节度使等地方官职，长达17年之久。

平定叛乱　树立威严

武宗在李德裕的帮助下，确立了削藩的政策，暂时平定了泽潞镇的叛乱，有效地震慑了其他藩镇。

公元825年8月，昭义（即泽潞）节度使刘悟突然去世，他的儿子刘从谏在亲兵的支持下担任总军务。宰相李绛对泽潞的形势进行了详细的分析，认为昭义镇辖有5州31县，节度使在潞州驻守，是临近两京的战略要地，不能随意姑息。然而从前的执政者都犯了一味姑息的错误，轻易地承认了刘从谏为昭义节度使，让昭义开始脱离朝廷的掌控范围。

公元843年4月，刘从谏在弥留之际，与幕客张谷、陈扬庭商议效仿河北诸镇，让其侄子刘稹作为牙内都知兵马使，准备在死后让其继任节度使。刘从谏去世之后，他的侄子刘稹准备顺理成章地代理泽潞节度使的职务，不过，朝廷这次可不想让他们继续继承下去。朝廷为了弄清楚刘从谏的死讯，先后派了三批使者进行考察。到底要不要让刘稹继承泽潞节度使的问题，一时之间成为了朝廷上下讨论的主要问题，最后李德裕力排众议，主张出兵对其进行讨伐。李德裕建议讨伐的理由是非常充分的，他认为刘稹之所以敢挑战朝廷的权威，主要是倚仗着河北三镇的支持，朝廷只要把成德、魏博两地拉拢过来，让其帮助进攻刘稹，刘稹必亡。当然，正所谓将欲取之，必先予之，想要拉拢成德、魏博的支持，一定要给人家一些好处，于是朝廷就承诺成德节度使王元奎与魏博节度

使何弘敬，子孙世袭的政策保持不变。为了说服成德、魏博的节度使，朝廷还派人去劝说称：泽潞与河北不同，河北可以世袭而泽潞不可，且河北不用担心唇亡齿寒之忧。事实证明诱惑与劝说对这些节度使还是很有效的，不久河北表示服从朝廷，这样，朝廷巧妙地避免了陷入藩镇连兵的被动局面。

当一切准备完毕之后，征讨泽潞的行动就开始了。公元843年5月，朝廷的军队开始向泽潞四周进发了：河阳节度使王茂元率领3000步骑驻守在万善（今河南沁阳），负责南线；河东节度使刘沔率领2000步骑驻守在车关（今山西武乡之北），另派1500步兵驻守榆社（今山西榆社），负责北线；成德节度使王元逵率领3000步骑驻守临沼（今河北永年），并攻掠尧山，负责东线；河中节度使陈夷行率领1000兵骑驻守翼城（今山西翼城），并派500步兵增援翼城，负责西线。

6月，负责南线的王茂元派出其兵马使马继率领2000兵骑进屯天井关（今山西天井关）南的科斗店。刘稹见此，也派出其衙内十将薛茂卿率领2000亲兵进行阻击；负责东线的王元逵也开始出兵驻扎在赵州（今河北赵县）。同时负责北线的刘沔率领大军攻取仰车关路以逼进泽潞。

7月，诸路大军一起进攻，势如破竹。李德裕向武宗请示对各路兵马下达明确的进攻目标，命令王元逵攻取邢州（今河北邢台）、何弘敬攻取沼州（今河北永年以东）、王茂元攻取泽州（今山西晋城）、刘沔攻取潞州（今山西长治），随后又命令武宁节度使李彦佐率领大军从徐州赶来，与刘沔相配合一起攻取潞州。王元逵成功拿下宣务栅（在尧山县内），对尧山（今河北永年一带）发起进攻，在邢州境内驻扎长达一个月之久，而其南的何弘敬还没有出兵的动向，为了促使何弘敬出兵，李德裕请武宗下诏书给何弘敬，并命令唐军经过何弘敬辖区到磁州（今河北磁县），在东面发起进攻，让泽潞对西线的压力得到牵制，何弘敬担心官军经过魏博，引起军变，只好慌忙出兵，渡过漳水，直赴磁州。

8月，南线的战情出现了反复，叛军薛茂卿率领大军南下，到达了距离怀州（今河南沁阳）只有5公里的地方，对东都造成了直接威胁。朝廷大臣担心自身受到威胁，于是纷纷请求罢兵，赦免刘稹，武宗对攻打刘稹的计划也开始怀疑起来。李德裕却坚定地认为，小小进退，乃兵家

常事，希望武宗不要听信外面的议论，此战唐军必胜！他认为南线官军的败退主要是因为东线的魏博消极应对向泽潞发动的攻势，而西线官军又因为地势险要无法很快出击，所以才促使泽潞没有了后顾之忧，可以聚齐兵力南下。

9月，朝廷对南线进行了重新部署，命令王宰兼任河阳行营攻讨使，统一指挥万善的官军，命令河南尹敬昕担任河阳节度使，负责向王宰军队供应军需。西线的统帅李彦佐留驻不动，命令石雄取代李彦佐为帅，与冀氏一起对潞州发起进攻，并分兵驻扎在翼城防备泽潞的侵扰。石雄取代李彦佐之后就率军越过了乌岭，成功攻克了泽潞5座营寨。10月，朝廷又对北线的指挥做出了调整，河东的刘沔与幽州张仲武一向不和，调李石作为河东节度使，以代替刘沔。

12月，薛茂卿私通大唐官军，让王宰率领大军进攻天井关。茂卿一战就撤，官军对天井关发起进攻。在天井关附近驻扎的泽潞军得到茂卿败退的消息后，也都退走了。刘稹得知茂卿私通官军的消息之后，就诱杀了茂卿，命令刘公直代替茂卿。同时对军将部署进行了及时的调整：在西线，他命令安全庆驻守乌岭，李佐尧驻守雕黄岭（今山西长子西）；在北线，命令郭僚驻守石会（今山西南关一带），康良俭驻守武乡（今山西武乡）；在南线，刘公直成功打败了对泽州发起进攻的王宰，并乘胜追击重新夺回了天井关，对陵川（今山西陵川）进行围攻。西线河东节度使也成功拿下了石会关。

公元844年正月，驻扎在北线的太原官军发生了叛乱，一部分叛军居然投靠了刘稹，镇守石会关的杨珍寡不敌众只好向刘稹投降。朝廷一片哗然，越来越多的人主张罢兵，王宰也向皇帝上书，要求主动接受泽潞投降。李德裕认为不能因为太原兵变而放弃攻打泽潞，建议武宗派人到前线，督促官军继续进攻。朝廷下令让王逢把太原兵留守榆社，而自己则要率领易定千骑、宣武、兖海步兵3000讨伐叛军，并命令王元逵率领5000步骑从土门（今河北获鹿南的井陉口）对王逢的军队进行接应。在榆社镇守的河东兵得知朝廷命令易定、兖海、宣武的军队对太原的叛军进行讨伐，担心自己在太原留守的妻子受到牵连遭到屠戮，就兴兵自取太原，平定了兵变。

177

4月，王宰对泽州发起进攻，7月，刘稹手下大将高文端投降，同时高文端还建议朝廷不要硬攻泽州，可以先在城外立垒栅对泽州进行围困，待其出击再进攻消灭。这时候，邢州、洺州的守将素来与刘从谏不和，乘着官军进击之机，向朝廷投降。磁州守将也随之投降。

原属于泽潞的太行山以东的三州都成功被朝廷控制，泽潞陷入了被动。8月，刘稹部将郭谊等人见三州皆已投降，就调集了官军，发动了兵变，将刘稹杀死，并灭掉了刘氏宗族，开城门，迎接朝廷军队进城。就这样，唐朝军队花费了十三个月的时间，成功光复了五州三十一县。

改革前弊　排挤宦官

由于成功平定了叛乱，朝廷上下被武宗的威慑力镇住了。武宗与李德裕君臣两人相互的默契配合，让群臣瞠目结舌，就连侍奉了多朝皇帝，权势显赫而且有援立之功的大宦官仇士良等也不得不刮目相看，重新审时度势。正当宦官们对这个皇帝重新审视之际，武宗君臣立刻推出了一系列限制宦官的政策。

武宗采纳了李德裕的意见，按部就班地开始对宦官的权力进行剥夺。这个首先被剥夺权势的就是宦官头子仇士良。武宗从即位之初就开始对仇士良进行了限制，不准他参与政事。公元840年8月，仇士良奏请武宗以自己从一品的开府仪同三司的职务荫补自己的儿子为千牛官。千牛又被称为千牛备身，是中央禁军左右千牛卫的属官，专门负责保护天子。虽然官位很低，但是选拔非常严格，而且威胁到唐武宗的自身安全，所以对于他的请求唐武宗没有理会。

公元842年4月，武宗下令让中书省起草诏书，对禁军的粮饷进行削减。在此之前，天子的诏令是由大宦官传递经办的，而现在仇士良等却被排挤在外。仇士良听到这个消息之后，恼怒地说："果真如此，我将会率领禁军兴兵作乱。"武宗得知这个消息之后，气愤地说："纯为奸人之诃！"当面对仇士良斥责说："削减粮饷之事，是朕的意思，而且还没有实行，你又何必要出此狂言呢？"仇士良一听深知自己的话语传到了皇帝耳边，十分惶恐，赶紧俯首请罪。自此，仇士良的权势受到了极大的限制。会昌三年，仇士良见武帝对自己十分厌恶，自己请退，不久死去。一年后，武宗下诏，追削仇士良生前所受官爵，并没收了他的家产。

同年，唐武宗没有与枢密使商量，直接将崔铉任命为宰相。唐朝中后期，任命官员都要与宦官出任的枢密使商量。这些宦官掌控着禁军，掌握国家机密，取代了中书省的权力，权势十分显赫。武宗架空他们，无疑是对其权限的极大限制。

当时宦官不仅把持着朝政，还控制着部分兵权，并利用兵权扩大自身的势力。李德裕担任宰相之后，上书武宗，对德宗以来朝廷对藩镇作战失败的原因进行了总结，他认为朝廷作战失败一共有三个原因：一是因为宦官军权太大，在战时诏令直接从宫廷发到前线，宰相却不能参与决策。二是宦官监军，胡乱指挥，束缚了将帅的手脚，让军队不能灵活作战。三是每军都有宦官作监使，这些监使为了自身安全，会挑选最强壮的士兵作为牙队（卫队），而让老弱士兵去与敌军作战。开战之后，监使率领牙队在远处观战，只要见势不妙，就会率先策马逃跑，阵上士兵失去了将领，随后就会溃退。武宗听后认为十分有道理，并听取了李德裕的建议，下诏命令监使不得干预军政，监使在挑选牙队的时候每千人中只能抽取十人。因为牙队的数量减少了，监使也就不敢到前线观战了，因此也就加强了将帅的指挥权，让他们可以不受束缚地到前线去作战了。

虽然武宗不能彻底地根除宦官的势力，但是对于唐王朝来说还是十分有利的。唐武宗能够摒绝近宠，在历代皇帝中也是十分少见的。

毁寺灭佛　重振经济

武宗在位期间发生的另一件大事就是毁灭佛教。

佛教在中国的传播，主要经历了三个时期，从西汉末年开始到魏晋以前为传入时期，到东晋南北朝为传播时期，而到隋唐时已经到达鼎盛时期。

由于佛教的快速发展，大量的劳动人口出家为僧或者投靠寺院成为了寺户、佃户，寺院由此控制了大量的土地和劳动力，政府的税收开始大大减少。当佛教的发展影响到统治的稳定性时，抑制佛教的活动就开

第十五章　致力会昌中兴的皇帝——唐武宗李炎

179

始了。

当然唐武宗灭佛的原因除了要增加国家的税收，稳定国家的经济之外，还有一个原因就是他信奉的是中国的本土宗教——道教。为什么武宗会信奉道教呢？这就要与他身为李家子弟有关了。由于唐朝的皇族都姓李，而道教的创始人被认为是老子李耳。唐朝统治者为了提高自己的地位，就把自己归为了老子的后代，所以对道教十分推崇。高宗的时候，还曾隆重地追尊老子为太上玄元皇帝。对于老子的代表作《道德经》李家人也不放过，玄宗就曾亲自为《道德经》作注，让众人一起学习。

因为唐代对道教十分推崇，因此很多道士就得到了皇帝的宠信。道士们当然不允许僧人的势力不断壮大，因此极力在皇上耳边提佛教的坏处。因此唐武宗灭佛虽然是为了打击佛教寺院的经济势力，但也与道士赵归真等人每天在皇上身边说佛教的坏话不无关系。

武宗前面的两个皇帝敬宗与文宗虽然会照旧做佛事，但是敬宗十分推崇道教，道士赵归真可以自由出入皇宫。文宗的时候，已经开始下令禁止度僧和营建寺庙。武宗在还没有即位的时候，就对道教十分痴迷。即位之后，将道士召入宫中。赵归真利用这一点，对武宗说，佛教乃为外来宗教，应当彻底清除。

从公元842年10月开始，武宗开始了自己灭佛的第一步，他下令称，僧侣只要违反了佛教的戒律就必须还俗，并将其财产没收。在这期间，有位僧人做出了一个十分荒谬的行为，让武宗对佛教更加厌恶。这个僧人声称自己可以做一个"剑轮"用来打败敌军，武宗就让他试着做，结果当然是没有成功，随后武宗就把这个人给杀死了。此后，武宗相继下了多个命令对佛教寺院的僧侣数进行限制，并要求不能私自剃度，同时还限制了僧侣蓄养奴婢的数量，拆毁了很多寺院。在武宗的一系列措施之下，大量僧侣被强迫还俗。

公元844年2月，武宗下旨不能供养佛牙，同时还规定不能供养和瞻仰五台山、普光寺等存有佛指骨的地方，如果发现有人送一钱，就杖责其二十棍；如果在这些地方施舍给僧尼一钱，也要"享受"二十杖的待遇。到了公元845年，灭佛行动进展得更加如火如荼。40岁以下的僧侣通通被迫还俗，随后这个年龄线又被提升为50岁以下，不久就连50岁以上的如果没有祠部的度牒也必须还俗，就连那些来自天竺与日本的求法僧人也被迫还俗。日本圆仁和尚在他所著的《入唐求法巡礼行记》中详细地记载了这次"法难"的情况。

公元845年7月唐武宗下令着手把天下佛寺拆毁。天下各地上州留寺一所，如果寺院破落不堪，也要一起拆毁；下州寺院则全部拆毁。长安和洛阳两地最初允许保留十所寺庙，每个寺庙允许留下十个僧人。后来又规定两地各自只能留下两所寺庙，每寺只能留下三十位僧人。就连京城，也只能留下四所寺庙，分别是左街留的慈恩寺和荐福寺，右街留的西明寺和庄严寺。一时间天下的佛寺都被强拆，铜像由盐铁使负责熔化铸钱，铁则交给本州铸为农器，还俗的僧侣各自回归本籍充作国家的纳税户。如果是外国人，则被送回到本处收管。

武宗浩浩荡荡地灭佛行动，一共拆毁了天下四千六百多所寺庙，以及四万多所招提、兰若，有二十六万余僧侣还俗成为了国家的纳税户，同时还没收了千万顷寺院的土地，释放了十五万的寺院奴婢。有效地增加了朝廷的水手，扩大了国家的经济来源，增加了国家的实力。

虽然皇上在灭佛行动中自得其乐，一直为自己取得的丰硕成果洋洋得意，但是总体来说，人们是不赞同皇上的做法的，不过因为对武宗的威严有所忌惮，即便朝中大臣对这个政策持反对意见也不敢公开反对。这一点从送日本僧人圆仁回国的时候，就能看出。圆仁在被遣送回国的时候，很多官员都为他提供了方便，并让他保留了本该没收销毁的佛教物品。普通百姓也十分反对灭佛，那些寺院蓄养的奴婢被谴送会原籍之时如同末日来临一般，市井百姓对武宗重道轻佛也极尽嘲讽，甚至有人说："祈雨即恼乱师僧，赏物即偏与道士。"因而，灭佛的政策并没有得到官员百姓的拥护，所以武宗一死，灭佛运动也就结束了。

求生不成　反遭其害

每个皇上都喜欢做长生不老的梦，武宗也不例外。在即位之初，他就把道士赵归真召入了宫中，向他请教道家长生不老之术。为了能够长生不死，武宗还在宫里建了一所道观，抽空就会跑到观中听讲法典，十

第十五章　致力会昌中兴的皇帝——唐武宗李炎

分虔诚。见皇上对长生不老如此执着，归真就把徒侣引入宫中，称要为皇上修炼长生不老的仙药——合金丹。武宗服用完这种药之后，精神十分振奋，精力十足，每夜都要与数女交合。其实，这合金丹根本就不是什么仙药而是提高性欲的毒药。因此这传说中的长生不老药最后竟然变成了催命的毒药。武宗年纪轻轻就因为每日服用此药，容颜日渐憔悴，形如枯槁，身体越来越差。

公元846年武宗因为长期服用这种药毒发身亡，年仅33岁。宦官首领、左神策中尉马元贽等人拥立武宗的叔叔光王李忱为帝，是为宣宗。武宗就这样结束了自己短暂而精彩的一生。

第十六章

有「小太宗」美誉的皇帝——唐宣宗李忱

帝王档案

☆姓名：李忱

☆民族：汉

☆出生日期：810年

☆逝世日期：859年

☆配偶：晁皇后

☆子女：12个儿子，11个女儿

☆在位年数：13年（847年~859年）

☆继位人：李漼

☆庙号：宣宗

☆谥号：圣武献文孝皇帝

☆陵寝：贞陵

☆生平简历：

公元810年，唐宪宗李纯之子李忱出生，原取名为李怡。

公元846年，武宗逝世，宦官拥立李忱即位。

公元848年，罢免了李党领袖李德裕，将其流放崖州而死。

公元859年，唐宣宗李忱因为服用了过多丹药而死。

人物简评

　　唐宣宗是一个勤奋上进的皇帝,他为了守护祖宗留下的基业不断努力着,在一定程度上放慢了唐朝走向灭亡的步伐,只可惜他最终没能扭转局面。唐宣宗的性格沉稳,可以明察秋毫,一直严格地按照法律裁决朝中之事,最重要的是善于纳谏,且注重对官员的赏罚,心系百姓,所以有"小太宗"之称。

生平故事

　　李忱虽然出身皇家,但却是庶出。在古代,庶出的子女与嫡出的子女在待遇上有很大的区别,而且李忱的亲生母亲正是一个身份卑微的宫女,这更让这个庶出的皇子在诸多皇子面前抬不起头来。虽然被封为了光王,但是由于母亲卑微的身份,让这个皇上的亲儿子丝毫体会不到皇家子弟的优越感,只能在一个没有人注意到的小角落长大。这也就让他从小就显得落落寡合、呆滞木讷,即使偶尔与亲王们一同赴宴但却从不讲话。

宦官觅傀儡　光王继皇位

　　这种情况并没有因为光王的长大成人而有所好转,反而越发严重。人们纷纷猜测,这可能与他在穆宗年间受到的一次惊吓有关。当时光王进宫谒见懿安太后,不料却在途中遇到了行刺事件,虽然最后有惊无险,并且没有造成任何人员伤亡,但是自此之后,光王变得越来越沉默寡言了。住在十六宅的皇族宗亲们于是认为,这个本来就有些木讷的家伙肯定是被这次事件给吓坏了。所以从此之后,无论大小场合,光王成为了人们嘲笑与捉弄的对象。

　　不过,历史是最会捉弄人的。公元846年春,唐武宗李炎突然病危,

185

他的几个儿子年纪尚幼，国不可一日无君，更不能在皇帝病危的时候没有储君，朝廷上下顿时慌成一片。就在这个十分敏感的时候，早已被世人遗忘的光王，忽然在宦官仇公武、马元贽等人的拥护之下，出现在了长安城中。

这一年暮春，光王李怡顺理成章地成为了"皇太叔"，并改名为李忱。

皇叔中间多了一个"太"字，这里面暗藏玄机，因为当时所有人都认为"太"是一种储君的象征。一直默默无闻、傻头傻脑的光王，居然马上就要成为这个国家的最高掌控者了！几乎所有的人都感到不可思议。

不过，这些人马上就回过神来了。在他们看来，光王是由宦官仇公武、马元贽等人带回来的。而宦官们需要一个可以任他们摆布的窝囊废和应声虫来做傀儡！既然如此，光王就成为最符合条件的一个人。在李唐宗室的诸多亲王中，还有谁比光王更适合当一个傀儡呢？

马元贽等人最初的设想与这些人猜得一样，他们确实想要让光王成为他们掌控朝政的最佳傀儡。不过，没过多久，这些宦官就发现自己的算盘打错了。当李忱开始着手处理政事的时候，在人们眼中那个呆呆傻傻的光王仿佛一瞬间消失的无影无踪。他神色威严，目光从容而淡定，言谈举止恰到好处，决断政务一丝不苟，与之前简直判若两人！原来在宣宗木讷愚钝的外表之下，就隐藏着常人难以企及的才华和韬略。

排挤李党　任用牛党

宣宗以皇叔的名义继位之后，并不承认自己是唐武宗的继承人，而是将自己看成是父亲唐宪宗的直接继承人。他指责哥哥穆宗大逆不道，并称穆宗的三个儿子敬宗、文宗和武宗都是侄子。因此，他即位之后，立刻对唐武宗时期的一切施政方针进行了否定，并斥逐了唐武宗时期十分受宠信的宰相李德裕以及他的同党，罢免了李德裕、李让夷的宰相之职，改任与李党集团相对立的牛党成员白敏中为宰相。

白敏中的堂哥是唐朝著名诗人白居易，宣帝之所以重用他，其大部分还是因为白居易。白敏中在李德裕的推荐下进入了中央机关，但是没过久就投奔了牛党，所以他在担任宰相之后，开始对以李德裕为首的李

党进行攻击。白敏中首先指使自己的党羽李威为李德裕编造罪名，使已被罢免的李德裕再次遭到贬谪，随后又把李德裕贬为潮州司马。公元848年1月，李德裕再一次被贬为崖州司户参军，最后于崖州去世。同时，白敏中加快了对付李党集团其他成员的步伐，甚至连支持李党的人都要受连累。

在贬斥李党集团的同时，白敏中开始提拔和重用在武宗时期被李党集团贬斥的牛党成员。他刚担任宰相职务，就将曾经被李党贬斥的牛党的首领牛僧孺提拔为了衡州长史，第二年有把牛僧孺调回了东都洛阳让其担任太子少师的职务。同时，又撤销了牛党重要成员李宗闵的流刑处分，让其担任了郴州（今湖南永兴）司马。大中元年，白敏中又将潮州长吏杨嗣复升为了吏部尚书，第二年，让李珏出任户部尚书。经过这一系列的打击报复与提拔重用，李党集团的成员与支持者基本上都被逐出了京都；而牛党集团的成员则得到了升迁，有些甚至在中央当上了高官。

在白敏中担任宰相的6年时间里，除了充当了宣宗排挤李德裕的工具之外，没有其他的贡献，尸位素餐而已。继他之后被唐宣宗重用的宰相是令狐绹，也是牛党集团的成员。令狐绹号称是宣宗最信任的宰相，前后秉政长达十年之久。据说任用令狐绹担任宰相其中还有一个故事。据记载，大中元年六月的一天，宣宗在与白敏中谈话时突然问道："我过去参加宪宗之丧，路上遇到了大雨，百官与六宫都四散去避雨，只有一个高个子而蓄有很多胡须的山陵使，岿然不动，那个人是谁？"白敏中答道："这个人是令狐楚。"宣宗说："他现在有儿子吗？"白敏中说："他的大儿子令狐绪现在正在担任随州刺史。"宣宗说："这个人有将相之才吗？"白敏中答道："令狐绪自幼有病，身体状况不佳。不过他的小儿子令狐绹，曾经担任过湖州刺史，很有才器。"于是宣宗就将令狐绹提拔为考功郎中、知制诰。大中四年（850年），令狐绹被正式任命为宰相。不过，这位唐宣宗最为信任的宰相才能比白敏中还要差，不仅没有丰功伟绩可以称颂，反而留下了斑斑劣迹。在他担任宰相的十年里，史书上没有记下他任何政绩，倒是他与自己的儿子令狐滈擅权乱政的事被清楚地记录了下来。

其实宣宗对大臣的猜忌与过度防备是导致令狐绹擅权的根本原因。善于处理政事的宣宗对宰相等大臣的尊重不过只是表面现象，骨子里对包括宰相在内的诸位大臣都相当不信任。宣宗规定，刺史赴任之前，一定要当面向自己辞行，以考察他们处理政务的能力。有一次，宰相令狐绹推举故人出任邻州刺史，没有向宣宗当面辞行直接赴任。宣宗看到这个刺史的谢表之后，就问令狐绹是怎么回事。令狐绹回答说："他是去邻州担任刺史的，因为境界相接，所以没有来向您辞行，也省去了迎来送往的麻烦。"宣宗看似不着边际地说了一句："原来如此。宰相的权力真是不小啊！"当时正值寒冬，听闻此言，令狐绹马上惊出了一身冷汗，直透重裘。令狐绹是当时宣宗最为信任的大臣，尚且如此，别的大臣就更不用说了。

重视科举　严于律己

唐宣宗善待儒士，对通过科举考试取得功名的人十分重视，认为这些人才是真正的人才。他在位期间，每次上朝召见新上任的官员，都要询问新上任的官员有没有取得功名，是否中过举人进士。如果被召见的官员取得过功名，是进士或举人出身，宣宗就会喜笑颜开，甚至会把其他事情放置一边，当场与被召见的官员讨论起他们考试时所做的诗赋以及当时主考官员的名字，如果龙心大悦，甚至会将这些官员的名字以及他们的诗赋文章记在宫殿的柱子上，以备日后赏阅。如果听说哪个人才学俱佳，但是没有被任中，宣宗就会扼腕叹息，默默不乐地罢朝回宫。

宣宗十分关心和重视科举制度，他在位期间，经常会穿着普通百姓的衣服，到民间去私访，听取人们对科举取士的意见。为了进一步扩大科举考试的规模，让更多的有才之士为自己所用。宣宗对科举制度进行了进一步的完善与修改。公元847年2月，礼部侍郎魏扶向宣宗奏报取录进士的情况，当谈到封彦卿、崔琢、郑延休三人，虽然才学俱佳，本应该被录取为进士，但是因为他们的父兄都在朝廷担任重要的官职，因此按照常例没有录取他们。宣宗认为这样的做法限制了对人才的选拔，当即下令让礼部重新对三人进行考试，如果考试合格，可以将三人录取为进士，并强调从此之后科举取士，可以不必遵循这种规定，只要有真才实学就可以被朝廷所用。除此之外，宣宗也十分厌恶考场作弊之事。一旦发现有人违反了科举制度，弄虚作假，就会严惩不贷。公元856年3

月，礼部在对宏词科的举人进行测验的时候，出现了泄露试题的情况，被御史台弹劾。宣宗勃然大怒，当即下令将主管考试的官员分别处以降职、免职和罚俸禄等处分，并取消了已经被录用的十名举人的资格，并将伪造堂印、堂帖、替人考试并贪污受贿的官员黄续之等人依法处以了死刑。宣宗对考试作弊一事的严肃处理，在朝野上下起到了很大的震慑作用，在一定程度上打击了科举考试中的营私舞弊现象。

第十六章 有「小太宗」美誉的皇帝——唐宣宗李忱

宣宗认为，要治理好一个国家，首先君主要能明察慎断，并能正确的选拔和任用官吏。在他即位之初，就开始着手改革并完善选官制度。以往吏部选官，只要有家世资历就能在朝中混个不错的官职，宣宗认为这样并不能选拔出具有真才实学的。为了改变这种情况，宣宗下诏规定："允许观察使、刺史任用那些有奇才异政的人，并可以根据其在试用期间表现出来的实际能力，决定是否正式任免。"同时，宣宗还将户口的增减作为官员升迁的考核标准之一，规定观察使、刺史任期届满的时候，如果所管辖的州县户口增添到一千户，则加以升迁，反之，如果户口减少到七百户，不仅会将其罢官免职，还会让其在罢官三年之内不再任职。大中元年正月，宣宗下诏指出："为政之本，在于能够选拔出亲民之官，而作为侍奉皇帝左右的中央各部官员，必须要从地方官员中选拔，因为这些人有治民理政的经验，了解百姓疾苦。"宣宗要求宰相在推荐谏议大夫、给事中以及中书舍人等政府高级官员的时候，首先要看其是否担任过刺史县令，如果没有则不予推荐。即使这个人担任过刺史县令，如果在任职期间曾经发现其有贪污受贿等不法情况，也不予以举荐。同时，宣帝还发现当时地方官调动十分频繁，针对这个情况，他对地方官员的任职时间作出了明确规定。如县令在一个地方任职必须要满三年，才能调任，以免当地百姓的迎送之劳。

不仅如此，宣帝还会亲自抓对州刺史的考核工作，规定州刺史在上任之前，都要拜见皇上，由皇上亲自对其进行考核，然后再决定任免。为了掌握各州的情况，方便对刺史进行考核，宣宗还特别下令让翰林学士韦澳秘密编辑了一本名叫《处分语》的关于各州户口田亩、山州境物、风俗人情的书籍。一次，邓州刺史薛弘宗进京朝拜宣宗，退朝后私底下对韦澳说："皇上对邓州的情况如此了解，太让人惊讶了！"经过询问之后，书澳才知道宣宗对薛弘宗所说的都是自己编辑的《处分语》中记载

189

的事情。

除了对待管理严苛之外，宣宗对待自己的亲属也不留情面。宣宗生母郑太后的弟弟郑光，原本在河中做镇守官，进京朝见的时候，宣宗见他言语粗俗，仪态放肆，认为他没有治民的资格，于是就将他改任为京师中级别比较低的右羽林统军，不让其再担任地方官。郑太后多次要求宣宗给郑光安排一个好点的官职，但是宣宗对这位国舅只是赏赐了一些金帛，始终没有让他担任重要官员。

另外，宣宗在管理子女方面也十分严格。他的大女儿万寿公主下嫁给了起居郎郑颢，按照惯例要用银箔饰车，可是从宣宗开始，改为铜饰。公主出嫁的时候，宣宗曾经亲自告诫她，到了夫家要严守妇道，不得轻视夫族。有一次，驸马的弟弟郑顗患了重病，宣宗派中使前往探望。中使回朝之后，宣宗询问公主在否。中使回答说，公主去慈恩寺看戏去了。宣宗听后大怒，说："朕有时对士大夫家不愿意娶公主为妻感到十分奇怪，到现在才知道其中的缘由。"于是命人将公主叫来，当面斥责道："小郎有病，你为何不去探望，反而到寺院里去看戏？成何体统！"公主见父皇大怒，赶忙磕头谢罪，表示洗心革面，敢犯不再。

收复河西　内乱不断

除了内政处理的不错之外，唐宣宗在位期间，还成功地收复了河西。安史之乱爆发之后，唐朝政府将用来防御吐蕃的军队调回了内地参与平叛战争，一时间西面边境空虚，吐蕃乘机占领了唐朝西部的领土。唐朝耗费了巨大的人力物力将安史之乱平定之后，消耗过大，元气大伤，与吐蕃的战争开始处于不利地位。在此后的短短数十年间，唐朝先后失去了对西域、河西、陇右（即河、湟地区）等地区的控制。虽然一直以来，唐朝的诸位帝王想要收回这些地区，但是却有心无力。在此期间吐蕃不断壮大自己的实力，让唐朝有所忌惮。

公元842年，吐蕃赞普达摩不幸遇害，王室的内部发生了内讧，斗争波及到周边的很多地区。吐蕃鄯州（今青海乐都县）节度使尚婢婢与洛门川（今甘肃陇东东南）讨击使论恐热拥有重兵，开始互相攻打。吐蕃内讧大大削弱了自身的力量，也给唐朝收复失地创造了有利的机会。

早年在武宗时期，宰相李德裕就已经计划着收复河湟的行动，可是没有具体的措施，一直到宣宗即位之后，继续推行武宗收复河湟的政策。

公元849年2月，吐蕃的原（今宁夏固原）、安乐（今宁夏中卫县）、秦（今甘肃秦安）三州及石门等地的人们不堪忍受战乱之苦，纷纷归唐。宣宗命太仆卿陆耽为宣谕使，并且下诏书让凤翔（今陕西凤翔）、邠宁（今陕西邠县）等地的节度使出兵进行接应，等到六七月份时便成功收复了三州、七关。

公元851年1月，沙州大族张义潮也借着吐蕃内乱之际在沙州发起战争。10月，张义潮已经初步平定了兰州、廓州、瓜州、甘州、伊州、鄯州、肃州、西州等十州。之后，张义潮派他的哥哥张义泽奔赴长安，向唐宣宗呈上了十一州图籍。11月，宣宗又将"归义军"安置在沙州，并且让张义潮担归义军节度使。多年之后，沙州终于归到了大唐的版图中。

虽然河西地区已经成功收复，但是在朝中，农民暴动与藩镇军乱依然此起彼伏，频频发生。公元849年4月，幽州（今属北京）卢龙节度使张仲武不幸去世，其儿子张直方成为军队的领导者。朝廷封张直方担任卢龙留后，很快就晋升为节度使，不久，张直方又面临被逐，将士们又选举张允伸为留后，朝廷应军中的要求，册封张允伸为节度使。这一年5月，徐州（今属江苏）的军营中发动叛乱，节度使李廓不幸被放逐。社会的动荡不安最终引发了农民暴动。公元853年，华州（今属陕西）发生了农民暴动，公元855年，浙东军中发生了兵变，观察使不幸被罢免、放逐。

虽然全国各地的农民暴动大多数都被宣宗平定了，但实际上大中朝的政治统治并不安定。特别是在公元858年，在这一年的时间里南方到处发生军乱，可见，全国的局势非常混乱。这时的大唐王朝在"大中之治"的华丽外表的掩盖下已经慢慢腐化，随时都有可能崩塌。

以美德治天下

在历代的皇帝当中，唐宣宗算是一个恭俭好善、平易近人的皇帝。宫中的侍役，他都能够叫上名字，并知道这些人都干的是什么差事。一旦发现宫中有人生了病，宣宗不仅会派御医前往诊视，有时还会亲自前

191

往进行探望，并私下里给这些病人赏赐一些物品作为安慰。在与大臣们相处的时候，宣宗也总表现得恭恭敬敬，如同对待客人一般，但是听取大臣们奏事的时候，却总是十分严肃，表现出一副威严的气势，从来没有显示出烦躁和怠惰的神情。奏事结束之后，宣宗就会立刻恢复成平时和颜悦色、客客气气的样子，与臣子们谈笑如常。平日里，君臣之间经常会谈论一些开心的事情，或者谈及宫中的游宴，以及一些家常琐事，气氛融洽而又热烈。每当大臣们行礼退朝的时候，宣宗总会语重心长地告诫大家说："希望你们能够好自为之，我常常会担心你们辜负了我的期望，导致我们君臣不能再相见了。"宣宗这种平日里平易近人，谈及正事又威严不可冒犯的特点，让大臣们既尊敬他又害怕他。宰相令狐绹就曾经对自己的好友说："我为相十载，可以称得上是皇上最宠信的人了，但是每次上朝奏事，没有不流汗的时候。"

宣宗在位时期，十分节俭，平时在宫中，经常会穿着洗过的衣服，只有需要上朝召见大臣的时候，才换新衣服，当然有时也会穿着洗过多次的衣服上朝。宣宗每日的饮食也十分简单，从不奢侈浪费。以往皇帝出行，都会用龙脑（冰片）、郁金等珍贵药材铺撒在地面上，宣宗认为这样的做法实在是太奢侈浪费了，于是就下令将这项规定撤除了。在宣宗的带领之下，大臣们也十分节俭，从而在官场上形成了一种十分节俭的风气。

宣宗用人十分重视细枝末节，经常会以自己的观点来评价一个人的作为。例如，某次宣宗在打猎的途中偶遇了一位樵夫，随口问起了当地县令的情况，樵夫有褒扬之意，宣宗就将这个县令的姓名记了下来，两个月之后这个县令就得到了升迁。再如，宣宗见李远写下了"长夏惟消一局棋"的诗句，竟然准备取消其出任杭州刺史资格。后来经过令狐绹解劝，才勉强同意让李远去上任。更讽刺的是，李远到任之后勤政爱民，颇有政声，而宣宗却一直不重视他。又如，某次一文书有一错别字，宣宗竟然将相关官员贬谪。

除了对待政事过于主观之外，唐宣宗对待唐宪宗的死因也是耿耿于怀，认为是哥哥唐穆宗与他的生母郭太后联合宫中的宦官将父亲谋害而死。宣宗即位之后，在没有追查的情况下，就开始盲目地对那些他认为杀死唐宪宗的人进行了惩罚。先是逼死了郭太后，随后又对郭太后周围的宦官以及其他有嫌疑的官员进行了追杀，并指责已经去世的唐穆宗为逆子，对唐穆宗做太子时的东宫官属进行了诛杀。

中毒身亡　死后大乱

唐宣宗儿孙众多，长子名叫李温，册封郓王，却一直得不到宣宗的喜欢。三儿子李滋，是唐宣宗心目中的皇太子人选，可是宣宗害怕乱次建储会遭到文武百官的反对，因此一直没有将此事说出来。在裴休担任宰相期间，曾经上书建议唐宣宗早立太子，宣宗的脸色马上变了，冷冷地说："难道我老了吗？倘若这样早就册立太子，不是要将我视为闲人吗？"从此之后，大臣们再也不敢提及此事。

晚年的唐宣宗，身体越来越不好，因为长时间的病痛折磨，所以企求长生不老的愿望越发强烈。公元857年，他派人到罗浮山邀请道士轩辕集进宫炼制长生不老的丹药。轩辕集告诉他，只要不食荤食、不近女色、多施恩德，就可以长生不老。可是唐宣宗依然不死心，继续寻找炼制长生不老丹药的方法，最终被江湖术士所迷惑，偏信其谎言，服用丹药，结果身体越发不好，连续一个月不能上朝。

公元859年8月，宣宗因为服用了过多的丹药，中毒身亡，享年50岁。一直到宣宗弥留之际，才秘密嘱咐宣徽南院使王居方、枢密使马公儒、王归长三人册立李滋为皇太子。可是，宦官王宗实等人假传圣旨，拥郓王李温为皇太子，并以矫诏不法的罪名将马公儒、王归长、王居方三人处死。

第十六章　有"小太宗"美誉的皇帝——唐宣宗李忱

第十七章

滥杀的皇帝——唐懿宗李漼

帝王档案

☆姓名：李漼

☆民族：汉族

☆出生日期：833年

☆逝世日期：873年

☆子女：8个儿子，8个女儿

☆在位时间：15年（859年–873年）

☆继位人：李儇

☆谥号：昭圣恭惠孝皇帝

☆陵墓：简陵

☆生平简历：

公元833年，唐懿宗李漼出生。

公元859年，唐宣宗去世，李漼被宦官拥立为皇帝。

公元860年，改年号为"咸通"。

公元873年，唐懿宗迎奉佛骨。8月，唐懿宗因病去世。

第十七章 滥杀的皇帝——唐懿宗李漼

人物简评

要说唐朝历史上的无能皇帝，唐懿宗可谓是其中的代表。这位皇帝在位十四载，竭尽所能来贪图享乐、搜刮民脂民膏，宠幸宦官，可谓是具备了历史上所有昏君应该具备的"优秀品质"。按理说，在这样昏庸的皇帝统治下，国家一定是内忧外患不断，但是神奇的是，这位唐朝史上最昏庸的皇帝运气不错，在位期间并没有什么内外叛乱之类的烦心事，也可能是他自动把这些可能发生的内忧外患的事情给屏蔽了，因此他平平安安地度过了自己的帝王生涯。

生平故事

无名皇子当皇帝

想到唐朝，人们总是会想到唐太宗这类十分英明的皇帝代表。不过，我们要知道每个朝代都有自己的正面代表和负面代表，而懿宗就是唐朝的历代皇帝中的负面代表。这位皇帝在位期间，丝毫不管百姓的生死，对边境的动荡也是不闻不问，对于朝政更是不予理会。在他的世界里，当皇帝就是为了玩乐和享受，偶尔再信信佛。在这位皇帝的肆意妄为之下，唐朝快速地走向了灭亡。

公元833年，宣宗终于迎来了自己的第一个儿子，为其取名为李漼，原名温。李漼在武宗时期被封为郓王。宣宗到了晚年时，似乎看出了大儿子有些不务正业，因此对三儿子李滋十分喜爱，打算立李滋为太子。但是他又担心废长立次会引来兄弟间的残杀，因此迟迟没有做决定。直到宣宗病重的时候，发现这件事情已经不能再拖了，就把枢密使王归长等三人召进了寝室，打算拟立李滋为太子，并有意把李滋托付给宦官王归长、马公儒等人照料。没想到千算万算，宣宗还没写好遗书就去世了。

这可愁怀了在场的大臣们，要知道没有遗书，立李滋为太子简直是难如登天，而且宦官王宗实与王归长等人又有过节，想要让李滋为太子的可能性几乎为零。

宣宗的突然离世可是打乱了朝中原有的计划，也让宦官王宗实抓住了把柄。在公元859年8月7日，王宗实让人宣布了遗诏：皇太子李漼监国。13日，当时27岁的皇太子李漼在柩前即位，史称唐懿宗。而拥立有功的王宗实一下子升为了"骠骑上将军"。这样的变化实在是太突然了，让所有人都十分困惑。因为很多官员都根本不知道在皇宫里有这样一个皇子，还是个嫡长子。

懿宗能够当上皇上在很大程度上都要归功于宦官的功劳。正是在宦室王宗实等的策划下，不被人所熟知，也没什么作为的郓王李漼才顺利登上了皇位。懿宗的继位让很多朝中大臣心存疑惑，为什么就没听先帝提起过这个皇长子呢？以前先帝口中总是念叨着三皇子李滋多么聪明能干，为什么皇上没有立这位皇子为太子呢？不过，李漼都当上皇上了，那些朝中大臣只能把心里的疑惑埋在心里，不敢言明。要知道这时候去追根究底无疑是自寻死路。不过，懿宗的皇位确实不是名正言顺地来的，因为按照往常的规矩，新帝都在东宫产生，而李漼当时并不住在东宫而是住在诸王居住的十六宅。

穷奢极欲顾玩乐

公元860年2月，宣宗被安葬在了贞陵。在同年11月，懿宗正式告别过去，改年号为咸通。李漼即位之后，并没有像他父皇一样励精图治，而是开始贪图享乐，昏庸治国。

唐朝中后期后，社会形式更加严重，各种矛盾开始凸显出来。但是懿宗身居皇宫，根本没有意识到治理国家的急切性。当民众为吃不饱饭而横尸街头的时候，懿宗根本不予理会，或者装作并未听闻；当酷吏横行，征收重税之时，懿宗也无动于衷；当蛮夷入侵，到处兵荒马乱之时，懿宗还在深宫醉酒言欢……懿宗的种种不作为，让社会矛盾日益激烈，官员腐败现象频发，社会开始向两极分化。

不管在什么时候，土地都是农民的命根子，当土地兼并情况越来越严重，酷吏官绅不断利用手中的权力打压百姓，强取豪夺，让百姓失去维持生存的耕地时，起义也就爆发了。与此同时，南诏又开始派兵入侵边境。面对内忧外患的情况，懿宗采取了自我屏蔽的态度。他在初步平定了内忧外患的情况后，就自以为是地认为天下太平，却不知道百姓一直在忍耐。对国事根本提不起兴趣的懿宗，却对吃喝玩乐有着极高的兴趣。这位皇帝经常会举办宴会，在宫里举办大型歌舞表演，还经常跑出宫去游玩。

第十七章 滥杀的皇帝——唐懿宗李漼

懿宗像历史上其他昏君一样，对朝中之事不予理会，贪图玩乐享受。在花钱方面懿宗比其他历代的昏君有过之而无不及，他每个月都要在宫中摆上十几次宴席，山珍海味无一不全。为了不辱没自己"昏君"的头衔，皇宫里每日歌舞升平，不知疲倦，据说殿前侍奉他的乐工就有五百人。这个皇上出手十分阔绰，如果能够讨他欢心，随手赏赐上万贯的钱是经常发生的事。除此之外，懿宗还特别喜欢到宫外去游玩。为了能够见识见识外面的世界，懿宗经常会劳师动众，到长安城附近去游玩，队伍之浩荡，不下十万人，能够绵延数十里。如果在长安城附近玩腻了，懿宗就会跑出城去"历拜十六陵"。十六陵是从唐高祖到宣宗的十六处帝王陵墓，分布在六个县的不同地点，每次懿宗"历拜十六陵"，都要花费差不多一个月的时间，要知道当时的交通工具可没有现在这么发达，况且懿宗还是个爱摆排场的皇帝，因此他在游历的过程中要慢慢享受才是。

我们都知道，皇帝驾临，当地的官员一定要做好拍马溜须的准备工作。只有把皇上哄高兴了，那升官加薪才能指日可待。对于懿宗这位没事就爱出去溜达的皇帝，当地官员可是做好了充分的准备工作。因为这位皇上在出行之前从来不做提前通知，那些当地官员和行宫负责人只好随时都准备食宿，以备皇上的突然驾临。那些经常陪同皇上出行的亲王，也经常会备好坐骑，以备皇上随时召唤。京师周围的州郡，为了迎接天子的驾临，每天都会斥巨资养一批仪卫、歌女，并准备好马匹、粮草、服装等物资。如果没有准备好这些物资，官员们就被罢免甚至丧命。可以说，懿宗的出游不仅搞得官员提心吊胆，也让民众苦不堪言。

当然，每朝每代总会有那么一两个忠臣良将，不惧皇威，勇敢劝谏，不过这些人的命运无非有两种，一种是君主英明，从此改过自新，发愤图强，这位大臣更被君主赏识，升官发财；另一种就是君主昏庸，听了劝谏十分生气，这位大臣被一贬再贬，甚至会因此而丢了性命。对于懿宗热衷玩乐不理朝政，一位叫做刘蜕的官员就看不下去了，提出了劝谏，希望他能够以国事为重，能够成为一个爱民如子的好皇上。懿宗听完之后十分反感，就把刘蜕贬为了华阴令。

正所谓上梁不正下梁歪，皇上每天沉迷于玩乐，不理朝政，还想让朝中的大臣每天兢兢业业地干活，费心费力地为皇上管理政务吗？这当然是不可能发生的事情。在懿宗的带领下，官员们个个生活奢靡，贪污成风。

掌上明珠是非多

人们常说女儿是父亲最甜蜜的负担，懿宗也有一个这样让他宠溺的负担，那就是他的爱女——同昌公主。这位同昌公主虽然贵为一国公主，却不像她的父皇一样贪图享乐，恃宠而骄。这位公主出淤泥而不染，天生丽质，明眸秀靥，玲珑可爱，而且性格十分温顺，善解人意，也正是因为如此从小就被懿宗视为掌上明珠，甚是宠爱。

转眼，同昌公主已经到了待嫁的年纪，懿宗决定亲自为自己的女儿挑选一名合适的女婿。经过千挑万选，进士世家出身的韦保衡成为了这名幸运儿。公元869年，同昌公主与韦保衡正式完婚。同昌公主出嫁的时候，懿宗几乎要把当时的国库掏空了，他赐予了同昌公主一处位于广化坊的住宅，用各种珍奇异宝把这座住宅装饰了一遍，各种生活日用品皆是金银珠宝所制，可谓是富丽堂皇到了极点。除了赐予住宅之外，懿宗赐给自己的宝贝女儿两件天下的极品：一件是瑟瑟幕。传说中，瑟瑟幕"色如瑟瑟，阔三尺，长一百尺，轻明虚薄，无以为比。向空张之，则疏朗之纹，如碧丝之贯其珠。虽大雨暴降，不能沾湿"。另一件是纹布巾。传闻它"洁白如雪，光软绝伦，拭水不濡。用之弥年，亦未沾垢"。这两件东西都可以称得上是极品中的极品。

懿宗对这个女儿真是疼爱有加。虽然公主已经出嫁，但懿宗依然每日都派人到公主家，给公主赐琼浆玉露，山珍海味。

再说那位幸运儿韦保衡，自从娶了皇上的这位掌上明珠，可谓是平步青云，事业蒸蒸日上。一路从一个小小的翰林学士，升为了集贤殿大学士，年纪轻轻就坐上了宰辅的位置。

同昌公主性格温顺，又没有公主的架子，韦家人自然是喜欢得不得了。为了不亏待这位皇上极为宠爱的公主，韦家人在同昌公主的日常生

活安排上,可谓是花尽了心思,一切以让公主舒服为中心。不过,自古红颜多薄命,这位同昌公主虽然被众人捧在手心里,但是还是早早地香消玉殒了。就在新婚之后的第三年,同昌公主突然卧病不起,日益消瘦。得知爱女生病的懿宗赶紧命宫中的御医前去诊治,但是御医去了一大堆,药也吃了不少,公主的病情却依然毫无起色,甚至越来越严重,不久之后就撒手人寰了。

韦家人明白如果皇上知道公主去世的消息一定会加以怪罪,因此,为了摆脱责任和保全韦家,顾不上哀悼死去的同昌公主,韦保衡就赶紧来到皇宫禀报懿宗公主的死讯。韦保衡一边婉述公主临终时的情景,一边指责御医诊断不当。

懿宗一听自己的爱女就这样被一群庸医给治死了,一时气从心来,根本不给任何人申诉的机会,就命人将给同昌公主治病的翰林医官韩宗召、康仲殷两人处死,并准备灭了两家的宗族三百多人。

懿宗的残暴行为,震惊了朝野,连民间也对此议论纷纷,很多人都开始在私底下谴责皇上的过分行为。中书侍郎、同平章事刘瞻认为,皇帝的这个行为势必会给朝廷带来灾祸。两位御医已经死去不能复生,但是如果能让御医这三百多名的亲属免于一死,也许可以安抚一下民心。于是,他就上书陈述了自己的观点,大致的观点就是:公主的命是上天注定好的,御医已经尽力了。公主生病,人们都看到了皇上的仁慈,如今您把三百多人关进了大牢,天下议论纷纷,大多都觉得您的处理方法有些不妥当。我知道您一直挺通情达理的,现在不妨为了安抚民心,把那三百多人给放了吧!看到刘瞻的奏折,懿宗丝毫没有放在心上,他已经认定就是御医害死了自己的女儿,因此绝对不能宽恕这两个"凶手"的亲人。刘瞻一看自己的奏章石沉大海了,第二天又联合京兆尹温璋直言劝谏,言词十分激烈。这下懿宗可怒了。他大声叱责二人以下犯上,直接下旨将刘瞻贬为了荆南节度使、并将温璋贬为了崖州司马,责令二人三天之内必须离京赴任。

和为公主举办的婚礼一样,懿宗为她举办的葬礼也是相当奢侈。懿宗为了同昌公主的死,把朝廷上下搞得乌烟瘴气。折腾了好几个月,终于打算让自己的女儿入土为安了。公主的安葬仪式十分隆重,陵墓奢华至极,陪葬的服饰器具更是世间的珍品,填满了整个墓坑,送葬的场面更是极尽奢侈,队伍十分庞大,葬礼所消耗的财力物力人力是历代公主无法企及的。

用人不当　百姓受苦

　　一个只懂得大手大脚花钱的皇帝，如果能够知人善任也还算是个合格的皇帝，但是显然懿宗并不具备这样的能力。懿宗的父皇宣宗对人赏罚有度，绝对不轻易授予别人赏赐。但是懿宗对官赏出奇的阔绰，除此之外，他还打破常规，授予了伶官官职，这可是开创了唐朝的先河。唐太宗对工商杂色之流的任职有着很严格的限制，只会奖赏这些人一些财物，绝对不授予其官职。而懿宗则经常会随心所欲，高兴了就给人赏个官做，不管这个人是干什么的。因此在懿宗的身边有很多溜须拍马的官员。

　　懿宗在刚上位的时候就罢免了当时的宰相令狐绹，改任了白敏中为宰相。白敏中也是前朝的老臣，做事也算是尽职尽责，但是有一次入朝的时候不小心摔伤了。毕竟是把老骨头了，摔了一跤之后，白敏中只能卧病休养，根本没有精力去办理朝政。他三次上表请求辞职，懿宗皆没有同意。既然白敏中已经没有精力处理政务了，懿宗为什么不让人家辞职呢？贪图享乐的懿宗当然有自己的打算，在他看来白敏中有病不能上朝，正合他的心思，这样自己就可以正大光明地找借口不理朝政了，和其他的宰相朝会议论政事也可以借此来敷衍了事。

　　对于皇上这种不负责任的行为，当时担任右补阙的谏官王谱觉得该去劝谏皇上一下，于是他就对皇上说："白敏中从正月开始卧病在床，如今已经四个月了。虽然陛下也曾和其他的宰相坐在一起讨论政务，但是每次都不超过三刻钟。这样看来，陛下怎么会有时间和宰相一起讨论国家大事呢？"听了这些话之后，懿宗感到很不舒服，于是就把王谱贬出朝廷去担任了个县令。当时负责行使封驳权力的给事中认为王谱本是个谏官，向皇上劝谏合情合理，不应该遭到贬斥，于是就按照唐朝的制度退回了这一命令，没有下发。懿宗就把这件事交给了宰相复议，朝中的那些宰相早就已经和皇上一样是些昏庸的家伙，因此复议的结果就是同意把王谱贬职。

　　懿宗在位期间，一直对政事缺少兴趣，因此一人之下万人之上的宰相就开始手握大权了。懿宗在位期间一共任用了二十一位宰相。宰相的任期平均下来都不足一年，也就是说这些宰相屁股还没落座呢，就被别人给顶替了。即使有宰相想要好好处理一下政事，也是无能为力啊。因

此，大多数宰相都是混日子的，一旦当上了宰相，先填满腰包再说。比如在懿宗刚登基时担任宰相的杜悰，是德宗朝宰相杜佑的孙子、宪宗的驸马，其实本人根本没什么才华，每日占着宰相的职位领着官家的俸禄，毫无作为。还有在公元864年担任宰相的路岩，他上位之后只知道拉帮结派，不断敛财，还把国家的大事交给亲信属下小吏边咸来处理。一个叫陈蟠叟的官员就像懿宗告发了边咸，称如果皇上抄了边咸的家，能够多出国家两年的军费，懿宗听了，不仅没有处理这些贪官污吏，还把陈蟠叟给痛斥了一顿。既然说真话被皇上训斥，贬官，而说奉承的假话则会升官发财，那么谁还愿意向懿宗说真话呢！路岩和后来同昌公主的驸马韦保衡臭气相投，权势如日中天。懿宗朝的宰相贪污腐败程度相当严重，百姓饱受剥削之苦。

朝中宰相像主子一样，个个都昏庸无能，只懂得贪污享受。在君臣的"完美配合"之下，唐王朝的统治危机更加严重了。

我们都知道，古代选拔人才的主要途径就是科举考试。科举可是读书人一辈子最重要的改变命运的机会。进士科在唐朝享有很高的声誉，唐人甚至有"三十老明经，五十少进士"的说法。历代，每年都由礼部负责考试选拔，懿宗登基之后，彻底改变到了这种情况，懿宗完全以个人的爱好为自己选拔官员，经常命身边的亲信不用参加科举考试，直接以"特敕赐及第"的方式授予其进士出身。懿宗的做法根本没有考虑底层读书人的心声，而进士的授予变成了统治阶级内部的游戏。皇帝的敕书代替了礼部的金榜，君主成为了主宰人民命运的独裁者，国家制度从根本上受到了破坏。国家的灭亡也就不远了。

官逼民反

懿宗刚即位的时候，浙东地区的农民就因为无法忍受酷吏的剥削爆发了农民起义。东南地区一直以来都是唐王朝比较富庶的地方，百姓富了，官员看不下去了，他们开始四处搜刮民脂民膏，而浙东又是东南地区最富有的地方，因此这里的老百姓成为了官员酷绅搜刮的主要目标。所谓没有压迫就没有反抗，饱受压迫的浙东百姓开始在裘甫集结起来，反抗朝廷。起义大军一路攻克泰山（今属浙江），官军屡战屡败，震惊朝野。公元860年正月，起义军在裘甫的带领下一路拿下了剡县，打开了府库，募集壮士，赈济贫民，一下子扩大到了几千人。2月，懿宗终于有了动静，派浙东观察使郑祗德领兵前去镇压起义大军。裘甫不惧朝廷大军，在剡西三溪迎战。被朝廷养懒了的军队怎么能够抵挡为了养家糊口拼命的农民呢？因此起义军轻而易举地打败了浙东官兵。两战两胜的起义军决定乘胜追击，一举北上拿下了余姚（今属浙江），杀死了余姚的县丞和县尉，后又向东进军，攻破了慈溪，占领了奉化，到达宁海（今属浙江）之后，杀死了当地的县令，占据了城池。

整天只知享乐的懿宗终于坐不下去了，东南局势的动荡，让这个昏庸的皇帝终于感到了危机。于是朝廷开始组织军队对这批起义军进行围剿，懿宗派王式率领数万大军浩浩荡荡地开始了围剿活动。恰逢此时，起义军的内部也发生了变故。因起义军错失战机等诸多原因，朝廷的军队居然开始扭转战局，打得起义军屡屡败退。王式到达浙东之后，为了缓解当地的矛盾，采取了开仓放粮的措施。农民有饭吃了谁还没事跟朝廷作对啊，因此很多群众都开始脱离起义军。在减少起义军群众基础的同时，王式征集了留在江浙、淮南的回鹘和吐蕃人来充当骑兵，并把浙江地主组成的军队配备到军中做向导，通过双管齐下，朝廷的军队迅速反败为胜，将起义军包围在了宁海。

起义军连连失利，最终因为寡不敌众被抓了起来。公元860年6月，起义军的领袖裘甫、刘暀等人被抓，被押送到长安后问斩。起义军将领刘从简率领五百人成功突围之后，依然没有逃脱被杀的命运，最终命丧大兰山。至此，起义军全部战败。虽然这次农民起义被成功镇压，但是却奏响了唐末农民起义的前奏，而懿宗在成功镇压起义之后，更加洋洋得意，丝毫没有意识到李氏家族的危机。

懿宗刚登基时，还真是个大忙人。这边国内的农民起义刚刚平定，那边边陲南诏的战争又打响了。为了驻守边境，原本服完三年兵役的士兵就可以回家了，但是因为戍守边境的士兵迟迟没有来接班，这批士兵不得不在边境待了整整六年。后来，连率领官兵驻守的庞勋都看不下去了，自行返回。朝廷认为这个举动是反叛行为，庞勋在回程时遭到了封杀。被逼无奈之下，庞勋大军不得不举旗反唐，一不做二不休，一举打败唐军，占领了都梁城；随后庞勋又率领大军进占淮口，控制住了江淮运输线。江淮运输线的断绝，对唐王朝来说无疑是釜底抽薪，震惊朝野。

为了扭转战局，唐朝政府采取了剿抚并用的态度，一方面调集各路

的军队，进行镇压；另一方面则利用庞勋等人的幻想，对叛军进行安抚，争取备战时间。庞勋不断调兵遣将，有条不紊地进军攻城，得到了农民的热烈响应，军势强盛，一下子就发展到了二十万人，至此，庞勋领导的戍兵兵变，因为广大农民的参与已经变成了农民起义。

　　节节胜利的庞勋毕竟只是一方将领，难有胸怀天下之心，不断的胜利冲昏了他的头脑，渐渐骄傲自满起来，每日饮酒作乐，不听谋士劝阻，变得残暴不仁，干起了夺人钱财，抢夺女人的勾当，慢慢失去了人心。随着唐王朝的围剿官军不断逼近，义军的内部矛盾不断激化。在如此严峻的情况下，一些义军因为庞勋的残暴骄纵而叛逃。在外忧内患的情况下，一年之后，庞勋就败下阵来战死了。虽然这次起义以失败告终了，但是在起义之初，起义军纵横千里，跨越数十州，攻城略地，声势浩大。庞勋起义前后历时一年零两个月，是唐朝末年继裘甫起义之后的又一次大规模农民反抗斗争，再一次打击了唐朝的统治。

　　由于两次起义都用剿抚并用的策略获得了成功，懿宗对这种策略深以为豪，自此不管哪里又出现了反抗，这位皇帝都会采用这样的策略来对付，可谓是屡试不爽啊！当然剿灭是目的，安抚不过是剿灭义军的辅助手段而已。虽然屡试不爽，懿宗却从未想过要通过安抚直接缓解社会的矛盾，革除弊政。不过通过血腥的高压政策，李氏家族颤颤巍巍地安全度过了十几个春秋。不过社会矛盾的激化，早晚有一天是高压政策无法镇压的，李家也终将会吃到暴政带来的苦头。

痴迷佛教入巅峰

　　懿宗除了喜好吃喝玩乐，人手大脚的花钱之外，还有另外一个爱好，那就是崇佛。懿宗在位期间崇尚佛教，其中他的第六次奉迎法门寺佛骨，将唐朝帝王崇尚佛教推向了巅峰。唐朝从唐太宗时期，首次开启法门寺地宫展示佛骨之后，在之后的高宗、武则天、肃宗、德宗、宪宗和懿宗六位皇帝等都举办过大规模迎佛骨入洛阳或长安的佛教活动。而懿宗举行的这次是迎佛骨仪式中规模空前，耗资最多的。

　　人在极度恐惧，前途未知的情况下，总是会不由自主地把命运交给上天来安排，懿宗也不例外。随着年龄越来越大，懿宗无可避免的生病了，而且多方治疗都没有效果。在疾病威胁的恐惧下，懿宗感觉自己时日不多了，就把国家的前途以及自己的命运交到了佛祖的手中。

为了能让佛祖他老人家多给自己留些时日，懿宗准备迎奉佛骨舍利。皇上胡闹，大臣们可不能跟着皇上胡闹，因此懿宗准备迎奉佛骨的诏书一下来，朝中的一部分大臣就开始极力劝阻了。这些大臣认为皇上的这个做法并不妥当，不仅劳民伤财，还不祥，因为宪宗就是在迎奉佛骨之后暴毙的。懿宗对大臣们的劝谏充耳不闻，拿出了难得的勇气说："朕要是能活着见一见佛骨，就是死了也没什么遗憾了！"

从公元871年奉迎佛骨的仪式开始，到公元873年，佛骨到达长安，诏还法门寺结束，不得不说这次迎佛骨仪式声势之浩大，耗资之空前，都是历代之最。

公元873年迎佛骨的盛况达到了鼎盛时期。当时的相关史料记载，在公元873年2月22日，懿宗下诏让众多负责迎奉佛骨相关事宜的人士与自己一起前往法门寺迎请佛祖真身舍利。当时任凤翔监军使的王景殉、观察判官王充也前来护送。京城到法门寺这长达150公里的路程中，一直是车水马龙。4月8日，佛骨终于到达京城，宫中的御林军马上变身仪仗队，而那些皇上平日里养的音乐班子也开始展现他们的艺术才华，顿时全城都沸腾起来了。这次的仪式真是太隆重了，皇宫里从未有过这么隆重的仪式。在长安城的大街上，道路的两旁都建起了高大的彩楼，这是那些当地的富豪为了表现自己的虔诚之心，在举办大型的室外法事活动。在皇宫里的懿宗皇帝早就等不及了，亲自来到了安福门礼拜，迎请佛指舍利，他实在是太激动了，竟然流下了眼泪。皇上都感动的落了泪，那些参与相关事宜的僧人和官员的赏赐是跑不了了。懿宗当场就把金帛赏赐了参与法事的僧人和京城内曾经见到元和迎奉佛骨盛况的耆老之人。随后佛骨就被迎入皇宫了，佛骨在皇宫里待了三天之后，就被请出，在安国、崇化两寺供养。皇上如此痴迷于佛教，官员当然也要投其所好，于是宰相之下的官员开始竞相施舍金银珠宝，两个寺庙收到的施舍一时无法计数。城里的很多富豪人家，也开始组织僧人举行盛大的佛事活动。一时之间，僧人成为了唐朝最受欢迎和尊重的职业。

虽然懿宗对佛祖十分虔诚，但是佛教似乎并不看好他的前途，因此在这一年秋天，也就是公元873年秋，只懂得骄奢淫逸、痴迷佛教的懿宗皇帝终于结束了他的一生，享年41岁。

第十八章

被迫逃亡的皇帝——唐僖宗李儇

帝王档案

☆姓名：李儇

☆民族：汉族

☆出生日期：862 年

☆逝世日期：888 年

☆子女：2 个儿子，2 个女儿

☆在位：16 年（873 年~889 年）

☆继位人：李晔

☆庙号：僖宗

☆谥号：惠圣恭定孝皇帝

☆陵墓：靖陵

☆生平简历：

公元 862 年，唐懿宗第五子李儇出生，本名李俨。

公元 873 年，宦官刘行深和韩文约杀死唐懿宗长子，立李儇为太子。同年唐懿宗崩，李儇即位。

公元 874 年，王仙芝和黄巢起义，揭开了唐末农民起义的大潮。

公元 880 年，在黄巢起义的攻击下，李儇不得不南逃四川，并于公元 881 年抵达成都。

公元 883 年，黄巢在各路军阀的围剿下撤离长安。

公元 885 年，李儇回到长安，随即又在宦官田令孜的逼迫下离开长安。

公元 888 年，李儇再次回到长安，于武德殿驾崩。

第十八章 被迫逃亡的皇帝——唐僖宗李儇

人物简评

生活在唐朝末年的僖宗，像个被历史牵动的木偶。不管僖宗是贤明的还是昏庸的，都难以改变唐朝走向灭亡的命运。可能僖宗早就料到了唐朝的最终结局，因此他在上位之后，根本就不想跟命运作斗争，成为了一个视国事为儿戏，长期被宦官控制的皇帝。虽然最后这位皇帝也曾想励精图治，但是为时已晚，命运难改啊！

生平故事

在宦官的支持下登上皇位

唐僖宗李儇生在了一个唐朝史上最坏的时代，内忧外患不断，还摊上了一个只知玩乐的昏庸父皇，注定是个可怜的帝王。李儇原名为李俨，是唐朝历史上著名的昏君唐懿宗的第五个儿子，被封普王。公元873年7月，懿宗病重，大宦官左、右神策军中尉刘行深和韩文约趁机杀死了懿宗的长子，拥立李俨为太子，改名李儇。

李儇被迫登上皇位之时年仅12岁，还是一个只知玩乐的孩子。宦官立这样一个孩子为太子，目的很明确，就是要让李儇当一个傀儡皇帝。虽然当时的宰相韦保衡在名义上是托孤大臣，辅助李儇处理政事，但是实际上当时的政权都掌握在宦官刘行深、韩文约的手中。不久之后，韦保衡就被贬为了贺州刺史，逐出了朝廷。即便把韦保衡逐出了朝廷，刘、韩二人依然不愿善罢甘休，为了斩草除根，不久又令其自杀。一时间，宦官掌控了朝廷的大权，开始以皇帝的名义随便杀人。但刘、韩的统治并没有维持多久，就被另一个宦官田令孜给取代了。

这个把刘、韩二人挤下去的宦官田令孜，可是一个宦官界的奇葩。他在懿宗时代跟随义父到了内侍省当了一名小太监。由于天资聪颖，还读过不少书，田令孜很快就从一名普通的太监上升为了一名左监门卫大将军。当年李儇还是普王的时候，田令孜负责照顾他的饮食起居，因此主仆二人产生了很深的感情。李儇被迫当上皇上之后，刘行深和韩文约等宦官其实并不能真正控制他，因为这个12岁的少年只听田令孜的话。李儇从即位之初，田令孜便在幕后默默地操纵者一切。韦保衡被迫自杀之后，接任的路岩也没蹦跶多久就下台了，朝廷重臣更换频繁。田令孜马上抓住这个大好时机，策划了一系列事件，让刘行深和韩文约两个宦官相继被迫因"病"致死，朝政大权由此便落在了他的手中。

公元875年正月，田令孜正式接替了韩文约的职务，出任了右神策军中尉。这标志着这个当年的小太监正式成为了宦官的首领，而且还掌握有对中央和地方重要官员的任免奖惩权，成为了唐朝实际的执政人物。田令孜掌管大权之后，不允许别人说一个"不"字，甚至连提也不能提，右补阙萧踽就因为在上书中涉及到了宦官，很快就被贬为了郴州司马。

马球忠实爱好者

虽然当皇上，唐僖宗很不靠谱，成为了别人的玩偶，但是在玩方面，李儇可是一个大行家。李儇是个智商很好，玩心重，有很高天分，能够精通各种玩乐游戏的皇帝。不管是斗鸡、赌鹅，这些比较低级的游戏，还是骑射、剑槊这类考验体能的游戏，抑或是音乐、围棋这类比较文雅的游戏，李儇都能玩得得心应手，成为其中的佼佼者。

在诸多游戏中，李儇十分钟情于马球，他的马球技艺高超。马球所用的球是木制的，把中间掏空，外面涂上朱漆。用来击球的鞠杖也是木制的，杖头呈月牙状。击球需要有很高的技巧，特别是在马上击球。首先马术要过得去，能够控制好马，这样才能轻而易举地在马上击球。这种运动最早起源于波斯，汉魏时代传入中国，到了唐朝时十分盛行。这项运动被皇家贵族和上层名流所钟爱，因为耗资巨大，普通老百姓根本玩不起。马球比赛不仅要有国际标准的马球比赛场地，还要有专业的马匹、装备和教练，同时马球比赛靠队友之间的相互配合。可谓是一种高端大气上档次的运动。

僖宗李儇马球玩得特别好，他曾经洋洋得意地对身边的优伶说："如果真有什么马球进士考试的话，朕大概能中个状元吧。"优伶并没有附和他，而是毫不客气地说道："如果碰到尧舜这样的贤君来做主考官的话，恐怕您不但不能中状元，还会被驱逐出考场吧！"如果一般的皇帝听到一个区区的优伶就敢借机嘲笑自己，恐怕早就恼羞成怒了。不过，僖宗的脾气还是蛮好的，听到这样毫不客气的话，只是笑笑不语。

虽然唐僖宗自己不能凭借马球的技艺为自己赢个状元，但是他在挑选官员的时候，还真的用马球来决定过。在挑选四川节度使的时候，唐僖宗一时兴起决定用打马球的方式来决定。当时的大臣陈敬瑄、师立、牛勉、罗元果等人都是四川节度使的候选人，他们比赛表演了马球技术，最后陈敬瑄因为高超的马球技艺赢得了出任四川节度使的资格。

除此之外，唐僖宗还多次下令让各地官员注意发现和挑选马球的专业人才，大力推荐球技高超的青年入宫陪他击球，因此有很多人因为马球技艺高超而升官发财，也有很多人因为球技太烂而丢了性命。如果在太平时期，皇上搞点业余爱好倒也无可厚非，但是僖宗即位之后，国家内忧外患，而皇上不想想法子拯救黎民百姓于水火之中也就罢了，还要推老百姓一把，任命一些只会玩球的人当官，也难怪李儇的庙号为僖宗了。

逃跑到蜀地

就在李儇把他的马球运动搞得红红火火的时候，各地百姓终于忍无可忍爆发了大规模的农民起义。与此同时，各地藩镇割据的势力也发生了新的变化，军人势力不断扩大，开始直接干预藩镇的节度使，不愿意拥立节度使的后代，更不愿意再为其卖命。军人们好像商量好一般，纷纷发生暴动，有些人要求比较低，只是提出了一些条件，要求更多的权利；有些人则不愿再屈居人下，直接将长官驱逐，取而代之。很多地方军事长官都无力控制局面。田令孜主持的朝廷根本无力控制藩镇，对那些军人势力更是毫无办法，只能在事后承认既成事实。

公元874年，也就是唐僖宗刚刚当上皇帝那一年，全国很多地方都发生了蝗灾，蝗虫过境，一扫而空。本来就吃不上饭的百姓，想以树叶为生，还被蝗虫给抢走了。这下子，百姓们不干了，被逼上绝路之后，他们意识到只有起义才有活下去的机会。于是在这一年的冬天，濮州

第十八章 被迫逃亡的皇帝——唐僖宗李儇

（今河南范县）人王仙芝率众数千，拉起了起义的大旗。之后不久，冤句（今山东菏泽西南）人黄巢也起兵响应。两支起义军很快就联合起来，并得到了百姓积极的响应，在黄、淮间攻掠州县。前来镇压的官军根本不敌起义大军，连连败北，起义队伍不断壮大。

公元876年秋，起义军一鼓作气杀到了洛阳附近，朝野上下一片震惊。僖宗想起了父皇镇压起义军的方法，也采取了同样的策略，一边派兵前去围追堵截，一边颁诏赦免起义军将领，企图让起义军内部瓦解。当然这个策略在一定程度上起到了一些作用，至少起义军首领之一的王仙芝就动摇了。不过，第二年这个动摇的王仙芝就因为战败被杀了。自此，起义军开始由黄巢统一指挥，以推翻唐王朝为目标。黄巢率领部队转战黄淮、江淮和江南数年，于公元880年再次挥师北上，将直捣长安作为了终极目标。

随着形势越来越严峻，田令孜早就做好了撤退的打算，所以竭力建议唐僖宗去蜀地避难。这个逃避的方法，遭到了众宰相的一致拒绝，李儇本人也不愿意离开长安。不到最后一刻，僖宗都不能认识到形势的严峻。就在僖宗自以为长安还很牢固和安全的时候，义军已经攻破了洛阳，朝廷只好赶紧派兵出潼关拒敌。这批军队由宫廷卫队神策军组成，士兵大多是街上那些流浪汉和乞丐冒充的，对于有过多次战争经验的起义军来说，与这样的队伍交战简直是对自己的侮辱，因为他们的战斗力简直不堪一击。

当然，面对战斗力如此高强的起义军，很多官军还是认清现实，选择了临阵倒戈。就这样，起义军不费吹灰之力，成功杀入了长安城。田令孜一看起义军都杀进来了，赶紧保护着僖宗从西门秘密出逃。李儇一路仓皇逃窜到了凤翔，凤翔节度使郑畋希望皇上可以把这里当做行宫，以便组织力量收复京师。李儇此时早就被起义军吓破了胆，哪还有心思收复京师啊，因此想也没想，为了保住小命，赶紧离开此地，乖乖听田令孜的话南下到达蜀地。当然，李儇作为一个皇帝，还是要给自己的下属打打气的，因此在临走之前，依然不忘耐心地嘱咐郑畋可以便宜从事，尽力抓住机会收复京师。

经历了一番跋山涉水，李儇一行到兴元（治南郑，今汉中市东），决定在这里先休息休息再说。这时，那些从长安城里逃出来的文武百官也

跟在皇上的屁股后面追了过来，逃亡中的朝廷也开始恢复了一些生气。直到君臣团聚，这个朝廷才想到要颁发一个诏书，号召天下的百姓和军官，发愤图强，收复京都。兴元这个小地方对于李儇这个爱玩的皇帝来说简直无聊透了。住惯了豪华宫殿，睡惯了软铺锦被的李儇，只希望早点离开这个穷乡僻壤。他派人告知西川、东川和山南西道的节度使，表示如果兴元坚持不住了，就准备到蜀地去避难，希望他们做好接驾准备。本来西川节度使陈敬瑄早就在思想上和行动上做好了准备，因此刚收到消息，就派来了三千人马来接驾。公元881年正月，经过了一个多月的跋涉，李儇一行到达了成都，陈敬瑄的府衙暂时被皇上征用做了行宫。

　　李儇逃离长安的时候，文武百官都还被蒙在鼓里。因此很多宰相之下的官员都被农民起义军抓了起来。自从到达成都，只要遇到军国大事，田令孜都不告知李儇，只是把亲信宦官召集过来商议，而把朝中的大臣放在一边，仿佛这只是他们家的家务事一般。至此，李儇也完全变成了田令孜的傀儡。这个时候，李儇已经长成一个快20岁的少年了，对自己的处境开始不满起来，看到田令孜不把自己放在眼里、过度专权，也十分恼怒。这个年轻的帝王终于开始慢慢觉醒，但是因为他没有能力和自信，根本无法改变眼前的局面，所以他现在可以做的只有等待了。

　　虽然李儇只是个傀儡皇帝，万事都做不了主，但却为中国留下了一处千古遗迹——宝光寺。李儇逃到新都之后，把大石寺当成了自己的行宫。这个从小玩到大的皇帝，即使在避难期间，也忘不了玩乐。因为不需要处理什么国家大事，僖宗反而更得其乐，每日到寺内寺外到处溜达，东瞧瞧西看看，打发无聊的时间。大石寺有一个木制的"福感塔"，一天晚上李儇闲着无聊出来以后发现"福感塔"下居然有异光，于是就跑去向方丈询问了原因。方丈告诉李儇发光的是塔下的佛骨舍利子。李儇是个好奇心很强的孩子，一听有佛骨，就想亲自瞧瞧，一饱眼福，于是就命人发掘，结果还真挖出了一个石匣，有13颗舍利子静静地躺在上面。

　　李儇和他的父皇一样对佛教十分虔诚，于是马上命方丈重修殿寺，因为李儇在夜里见到了祥光，所以把这所寺庙改名为"宝光寺"；同时李儇还把原来是木制的"福感塔"改建成了13层砖塔，将舍利子重新放回到了塔下，改塔名为"无垢净观舍利宝塔"，又称宝光塔，宝光塔自此闻名天下。

一路流亡　终回长安

李儇在四川整整待了四年，在这短短的四年中，天下形势却发生了翻天覆地的变化。虽然在黄巢起义之前，藩镇割据势力已经不受中央控制，但是在名义上还是会装装样子，毕竟他们还需要得到朝廷名义上的承认，为此，他们通常也不会与中央抗衡。

不过，黄巢起义中，李儇的逃亡，把朝廷最后的一点威严和号召力都给丢没了。可能连地方政府都觉得有这样的朝廷很丢人，所以连名义上都不打算听从朝廷的了。但是在对待农民起义上，朝廷和藩镇和军人势力是一根绳上的蚂蚱。被农民起义威胁的藩镇和军人势力，一边镇压农民起义，一边扩大势力，形成军阀，开始了大规模的兼并。经过黄巢起义之后，藩镇割据势力演变成了军阀混战。李唐王朝至此已经名存实亡。

见黄巢起义军不断壮大，一路所向披靡，很多人都决定投奔这支队伍，朱温就是其中之一。朱温经过跟兄长商议加入起义军之后，随着黄巢南征北战，立下了赫赫战功。在此期间，朱温凭借着自己的才能，以及在战场杀敌的英勇，很快就提升为队长、偏将军，黄巢率领大军攻入长安之时，朱温已经成长为一名起义军的重要将领。公元880年，起义军成功占领长安，黄巢在长安称帝，建立了大齐政权。

僖宗虽然逃了，但是在逃亡的途中不忘任命宰相郑畋为京城四面诸军行营都统，率领官军进攻黄巢，收复都城长安。听到消息的黄巢丝毫不敢怠慢，赶紧命令朱温率军去迎战。这时朱温审时度势，为黄巢献上了一策。朱温认为唐朝大军反攻，是早就预料好的事情，不过我军也不用惧怕，现在唐军江淮的给养线已经控制到了我军的手中，现在朝廷大军的给养主要来自荆襄，如果切断了他们的运输线，唐军就会很被动。因此，我们在关中最好不要与朝廷大军硬碰硬，我们要把朝廷的军队引到关外去，断了他们的给养，让他们不战而退。

黄巢一听朱温分析得头头是道，于是就接受了朱温的建议，并任命他为东南面行营都虞候，率领大军负责攻取荆襄路的要地邓州（今河南邓县）。朱温率领大军从长安向东行进，来到邓州，经过一个月的苦战终

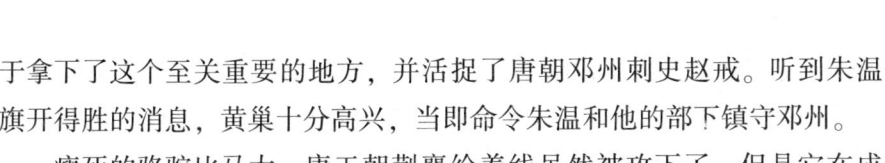

于拿下了这个至关重要的地方,并活捉了唐朝邓州刺史赵戒。听到朱温旗开得胜的消息,黄巢十分高兴,当即命令朱温和他的部下镇守邓州。

瘦死的骆驼比马大,唐王朝荆襄给养线虽然被攻下了,但是它在成都的势力依然很强大。唐僖宗逃到成都之后,利用唐王朝原有的号召力,组织天下兵马进攻长安。事实证明,唐王朝的号召力还是不错的,官军越来越多,最后竟然上演了一出瓮中捉鳖,将起义军给围困在了长安一带。

被围困在长安一带的起义军,粮草得不到补给,形势十分严峻。就在这危急的时刻,黄巢想起了机智多谋的朱温,他把朱温从邓州召回了长安。可是就在朱温镇守邓州的一年多时间里,大齐政权却发生了翻天覆地的变化,朝中的大臣因为嫉妒朱温的功劳,经常在黄巢的面前说他的坏话,还建议黄巢削弱朱温的权力,慢慢地黄巢也开始了相信这些话。不过现在大敌当前,先让朱温解决大齐被困长安的局面才是最重要的事情。不过事实证明,用人不疑、疑人不用,黄巢在离开温之后,作出了一个非常不利于大齐的选择。

当时大齐政权主要受到来自长安西南部的汉中和东北部的河中的威胁。黄巢认为既然朱温骁勇善战,就要把最艰巨的任务派给他,于是就派他去攻占同州。同州可是唐王朝的重点保护目标,四面都布满了重兵,即便成功攻了下来,没有后续部队的支持,也很难保住。为了鼓励朱温成功拿下同州,黄巢还许了一个官职给他,讽刺的是这个官职正是同州(今陕西大荔)刺史,也就是说在朱温拿下同州之前,这就是一个不存在的官职!如此看来,黄巢实在是在为难朱温。不过军令如山,朱温还是率军出发了。

经过与唐军的一番苦战之后,朱温如愿以偿地拿下了同州。虽然已经拿下了同州,但是同州附近的唐军却把朱温给包了饺子。被围困在同州的朱温一边给长安写求援信,一边出兵准备突围。但是因为唐军在河中的兵力太强大了,朱温的进攻丝毫没有奏效,只能退保同州。大齐政权掌握枢要的知右军事孟楷因为嫉妒朱温的战功,正好借此想要将他置于死地,根本无视朱温的救援要求,按兵不动。

朱温见自己的求援信去了一封又一封,却连救兵的影子都没瞧见一个,心想黄巢太狠了,竟然想要让我死在同州。就在这个时候,唐河中

215

招讨使王重荣乘机遣人来劝降，称只要朱温肯归顺朝廷，朝廷将给他享受不尽的功名富贵。在王重荣的种种条件的诱惑之下，再加上对黄巢见死不救的恨意，朱温终于动摇了。远在成都的僖宗听说起义军的大将朱温归顺了，甚是欣喜，马上下诏封朱温为左金卫大将军，河中行营副招讨使，还为其赐名为朱全忠。朱温为了讨好王重荣，自称母亲王氏与重荣同姓，认他当了舅父。从此之后，黄巢大军少了一名英勇善战的大将，而唐军又多了一名镇压起义的大将。

公元883年2月，朱全忠因为屡立战功，被唐王朝任命为宣武节度使，有了自己的势力范围。有了自己根据地的朱全忠野心越来越多，通过兼并群雄，成为了割据一方的藩镇。

公元883年4月，黄巢从长安撤出。在经过了各路军阀洗劫之后，原本繁华的长安城早已经残破不堪。李儇也对这样的长安城失去了兴趣，干脆赖在成都不走了。李儇任命右仆射、大明宫留守王徽为京兆尹，负责修复京师里被破坏的宫殿，同时招募流民充实京师，为朝廷返回做准备。

经过了差不多两年的修整，公元885年正月，李儇终于兴致勃勃地带着自己的小朝廷准备踏上了回长安的归程，经过了三个月的跋涉，李儇终于回到了阔别四年多的长安城。回京的第三天，李儇就宣布将年号改为"光启"，希望能够恢复唐王朝以往的繁荣。不过此时天下大势已定，虽然唐军成功平定了叛乱，但是除了四川、两广和大西北还没有形成大规模割据之外，其他地区早就被军阀们瓜分完毕了。李儇的小朝廷只能控制一个小小的长安城，不过即便如此，野心勃勃的军阀们也不打算放过这个这个苟且偷生的小朝廷。

平定黄巢起义之后，全国的大部分地区已经脱离了朝廷的统治，更不可能向朝廷纳贡。为了维持朝廷和军队的开支，田令孜想要把已经成为地方军阀的王重荣的盐税征收权收回来。王重荣自然不愿意，让自己拱手送钱给田令孜想也别想。虽然田令孜多次派人对王重荣再三劝解，但是王重荣依然无动于衷。田令孜想要借着朝廷的名义把王重荣调离河中，王重荣对田令孜的行为更加不满，再次上书，极力痛斥田令孜专权误国，还把国家衰落的责任全都推到了田令孜的身上。见诏书不起作用，田令孜决定要用武力来解决问题。

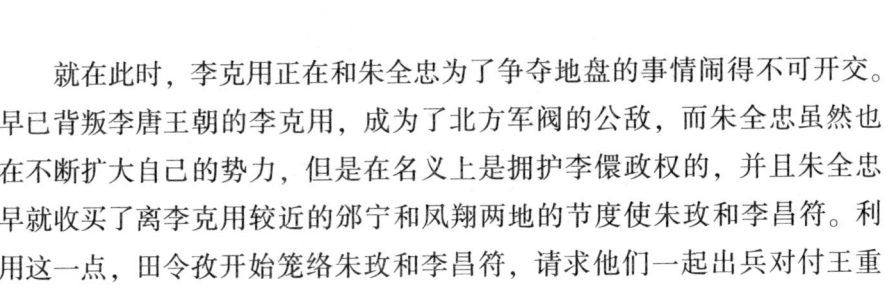

就在此时，李克用正在和朱全忠为了争夺地盘的事情闹得不可开交。早已背叛李唐王朝的李克用，成为了北方军阀的公敌，而朱全忠虽然也在不断扩大自己的势力，但是在名义上是拥护李儇政权的，并且朱全忠早就收买了离李克用较近的邠宁和凤翔两地的节度使朱玫和李昌符。利用这一点，田令孜开始笼络朱玫和李昌符，请求他们一起出兵对付王重荣，并许给了两人很多好处。

在田令孜的诱惑之下，朱玫、李昌符两人出兵，田令孜也派出部分神策军，合力围攻王重荣。受到多面夹击的王重荣，不得不向李克用搬救兵。为了能够解除后顾之忧，李克用决定要援助王重荣。整整围攻了一个多月，依然没有攻克王重荣的联军早已兵乏粮缺。就在这个时候，李克用的援兵到了，这可麻烦了，田令孜根本就打不过李克用，于是只好乖乖与李克用讲和。李克用拒绝了和谈，称如果想要和谈，必须要先杀死田令孜表示诚意。田令孜一看对方想要自己的命，这怎么可以答应呢！于是双方开战，朱玫、李昌符大败，李克用一鼓作气率兵攻到了长安城下。

公元885年12月25日，偷鸡不成蚀把米的田令孜再次保护李儇出走，逃到了凤翔。李克用、王重荣等人派人请李儇回宫，但是依然坚持杀掉田令孜。无力抵抗的田令孜可不想让李儇回宫，然后自己去送死，因此就建议李儇再去兴元，准备再次到蜀地去避难。此时已经做了十几年傀儡皇帝的李儇，早就对田令孜心怀怨恨。这一次他鼓足了勇气，否定了田令孜的建议，表示要继续待在凤翔。既然软的不行，只好来硬的了，于是在公元886年正月初八夜里，田令孜率兵劫持了李儇强行将他带离凤翔，前往宝鸡。3月17日，田令孜带着李儇再次来到兴元。其间，朱玫等人拥立了皇族的后裔建立了新朝廷。田令孜知道李儇此时已经没有什么利用价值，而且对自己很不满，随时可能使自己遭遇不测。因此田令孜果断放弃僖宗，把朝廷的大权交给了杨复恭，自己投向蜀地的兄长陈敬瑄。

公元886年12月，拥立皇族后裔建立新朝廷的朱玫被部将杀死，因此他所建立的小朝廷只存在了八个月就解散了。李儇如今又成了抢手馍馍，形势一片大好，于是李儇就带着随从人员在公元887年3月离开了兴元，准备返回京师。从田令孜出走之后，杨复恭顺利地接管了一切。逃亡中的小朝廷本来就闲得很，随着形势好转，这些闲得发慌的官员们就开始勾心斗角了。为了巩固自己的专权地位，同时消灭那些与自己政见不同的人，杨复恭开始大肆杀戮。刚刚缓和的政局又因为杀戮开始重新紧张了起来。在长安驻守的李昌符听说了杨复恭的党同伐异的行为，不由开始担心起自己的未来，所以当李儇一行到达凤翔的时候，李昌符干脆以京师残破、宫殿需要修复为借口，拒绝李儇一行进入长安。

虽然杨复恭执掌了政权，但是他却对李昌符的行为无可奈何。李儇只好暂时待在凤翔。不过虽然杨复恭咽下了这口气，但是杨复恭的干儿子可不想就这样做窝囊废，因为在6月时，杨复恭的儿子杨守立故意找事与李昌符发生口角，引起了双方士兵的混战。虽然李儇以皇帝的身份出面调节，但是双方都觉得他多管闲事没有理睬他。毫无办法的李儇，只好让宫廷守卫严守门户，自己则待在行宫中，不再过问混战的事。可是自己不管这件事之后，第二天李昌符的军队又因为气不过，纵火把李儇的行宫给烧了，幸好李儇从火灾里逃了出来，没有丢了性命。要知道怎么说李儇还是一代君主，李昌符这样无视君王的权威，甚至威胁君王的性命的嚣张行为是不可饶恕的，因此李昌符的军队再次与杨守立的神策军打了起来。结果，嚣张的李昌符败下阵来，李儇这才能够再次安静地生活。在逃亡的过程中，李儇把唐王朝列祖列宗的牌位给遗失了，这让李儇又惭愧又自责，觉得很难向祖宗交代，于是决定先派人到长安把太庙修复一下，重制牌位，自己则依然暂时留住在凤翔。

糊涂皇帝促良缘

因为身为顶级玩家的李儇，一旦对某种游戏玩上了瘾，就会深陷其中，废寝忘食，再加上青年时期大多数时间都在逃亡，所以他根本没有时间和精力去临幸宫中的那些佳丽们，只留下了几个地位不高的妃嫔和两个儿子、两个女儿，在历朝历代的皇族中是很少见的。

生活在唐朝末年的宫女们十分孤苦、寂寞，她们高贵的青春全都被无情的岁月所吞噬掉了。待在皇宫里，一个小小的宫女根本不会引起任何人的注意，更不可能上演灰姑娘邂逅王子的烂俗戏码，因此宫女们每天都想着如何逃脱皇宫这个牢笼。没想到僖宗竟然把不可能变成了可能，

在无意间促成了一段才子佳人的佳话。

一天傍晚,年轻诗人顾况闲来无事就在宫墙下瞎溜达,当时正值深秋,长安城内到处都是已经凋零的落叶。顾况走累了,就蹲在一条从宫内流出的小河边洗手,无意间竟然发现在水中漂浮着的一片大红叶上竟然有墨印。像很多小说中的主人公一样,顾况因为好奇就把这片红叶捞了上来,细细端详之后发现红叶上竟然题的是一首诗:"流水何太急,深宫尽日闲。殷勤谢红叶,好去到人间。"红叶上的墨迹还没有干透,字体娟秀,一看就是一个女孩子的作品。顾况看了看身边的宫墙,猜想一定是哪个宫女写下的诗句。于是他就把题诗红叶带回了家,妥善珍藏。从此之后,顾况每次看到那片红叶,就会想起那位从未谋面的姑娘。

不堪忍受相思之苦的煎熬,几天之后,顾况找来了一片大红叶,在上面也写了两句诗:"曾闻叶上题红怨,叶上题诗寄阿谁?"写完之后,就来到了同一条河沟的上游把这片红叶放入了水中,让它缓缓地流入了宫墙之中。因为久久地不得答复,几年之后,顾况就把这件事渐渐淡忘了。顾况这几年的境遇也诸多不顺,科举不成,落魄不堪,于是在一个叫做韩泳的有钱人家做家教。

有一天,僖宗因为玩得高兴,竟然大发慈悲,放了三千宫女,让她们回到民间,重新婚配嫁人。一天,韩泳告诉顾况,唐僖宗释放了三千后宫侍女,其中有位叫韩翠苹的女子是韩泳的同乡,正住在韩舍,他想要为二人牵线结缘。当时顾况还没有娶亲,听说韩翠苹是位宫女,形貌一定差不到哪儿去,于是就点头答应了下来,不久之后,二人就拜堂成亲。婚后二人感情很好,相敬如宾。

才子佳人的传说总逃不了美满的结局,一日,韩翠苹无意间在顾况的书中发现了一片红叶,细看之下上面的那个诗句不正是自己闲来无事题写的吗?于是,韩翠苹就跑去问自己的丈夫,这片红叶是怎么来的,顾况如实地告诉了自己的妻子。韩翠苹告诉自己的丈夫,这正是当年自己所写,而且自己当年也收到了一片红叶,不知是何人所题。说着就把那片那片红叶拿了出来,顾况一看正是当年自己的墨迹。看到当年的红叶,两人一时激动不已,这时何等的缘分啊!

很多人都认为这件事着实和僖宗扯不上关系,但是如果没有僖宗的大发慈悲,将韩翠苹释放出来,这件事顶多是个无果的悲剧。因此僖宗

219

在这件事上还是出了一把力的。

公元888年2月初，这位曾经在无意间成全了一段佳缘的皇帝李儇生了重病，不久之后杨复恭主持拥立李儇的七弟寿王李晔为皇太弟，让其代为主持朝政。三月初六，年仅26岁的李儇驾崩，同年葬于靖陵，结束了他匆匆忙忙的一生。

第十九章

无力回天的悲情皇帝——唐昭宗李晔

帝王档案

☆姓名：李晔

☆民族：汉族

☆出生日期：867年

☆逝世日期：904年

☆配偶：何淑妃

☆子女：17个儿子，11个女儿

☆在位：16年5个月（888年~904年）

☆继位人：李柷

☆庙号：昭宗

☆谥号：圣穆景文孝皇帝

☆陵墓：和陵

☆生平简历：

公元867年3月31日，李晔出生。

公元872年，李晔被封为寿王。

公元888年，李晔继承王位，被称为唐昭宗。

公元890年，昭宗削夺李克用的官爵，未能成功。

公元898年，昭宗被宦官废黜。

公元904年，昭宗复出，同年八月昭宗被杀。

人物简评

唐昭宗李晔是一个极具悲剧色彩的人物,虽然他不如李渊那样英明神武,也不如李世民有安邦定国的谋略,更不如李隆基早年安定时局、巩固皇位的魄力,但却不能因此否定他的雄心抱负。不得不说,他是一位英明之君,可以在统治初期就清醒地认识到宦官专权与藩镇割据这两大痼疾,并为了唐王朝的延续不断努力着。当他还是藩王的时候,就对宦官的嚣张跋扈深恶痛绝,登基之后更是采取了一系列措施打击藩镇和宦官势力。可是,自从安史之乱被平定后,唐朝不管在经济、还是政治、军事等方面每况愈下,这已然成为不争的事实,随着宦官专权、藩镇势力地不断壮大,唐昭宗的努力不但没能挽回大唐走向灭亡的命运,就连自身也因此被迫害身亡,最终也未能逃脱命运的安排。

生平故事

混乱中即位

公元888年3月,长安城皇宫内出入麟德殿的人都悄声细语,惶恐不安。原来,刚从汉中避难回来的唐僖宗得了重病,药石无效,已经陷入半昏迷的状态了。

唐僖宗12岁的时候,由宦官扶植,即位为君。那个时候,唐朝已经进入了晚期,社会矛盾日渐激化。均田制已经遭到了彻底的破坏,土地兼并现象十分严重,土地私有制迅速发展,富有的人田连阡陌,贫穷的无立锥之地。基于庄园经济上的两税法,其剥削愈加严酷。徭役繁作,征发无时,唐朝统治集团的腐败与贪婪一天比一天严重。再加上接连好几年的灾荒,贫穷人家都磨蓬作为食物,采槐作为菜,很多地方居然出现了人吃人的的惨状。百姓忍无可忍,以浙东裘甫与桂林戍兵的起义作为标志,拉开了唐末农民大起义的序幕。

僖宗即位的那一年,爆发了规模更大的王仙芝与黄巢领导的起义。

公元880年，黄巢军将唐京城长安拿下，僖宗向西逃入蜀，调集了各道节度使以及沙陀、党项等部骑兵，对长安进行围攻。公元884年，黄巢兵败，在山东泰山狼虎谷自刎。公元885年，僖宗返回了长安。没过多久，因为宦官和藩镇争夺两池盐利引发了在沙苑、长安附近数道节度使大战，僖宗被迫再一次出奔，直到公元888年才再次回到长安。

僖宗在位的15年间，大多数时间均是在战乱与逃亡中度过的。因为僖宗的年龄仅仅只有27岁，所以还没有确定皇位继承人。在他病重之后，朝臣们连续数天紧急商量嗣君的问题。大多数人认为，天下不靖，应该立长君，而僖宗诸子年纪还很小，应该在他的兄弟中选一个人为君。排行第六的吉王李保，年纪稍大，素有贤德之名，所以朝臣都很看好他。

这一天，僖宗病情加重，居住在长安六王宅中的僖宗各位兄弟，焦急地等待朝旨的到来。果然，将近中午时分的时候，一位宦官急匆匆地赶来，宣读诏书：立排行第七的寿王李杰作为皇太弟，监军国事。这个决定可以说是出人意料的。原来，掌管禁军的大宦官杨复恭想要独享拥立的功劳，并想要通过这件事情来显示自己驾驭朝政的权力，因此，在最后的紧急时刻，与朝臣唱起一出对台戏。他长时间跟在僖宗的身边，也揣摸到了僖宗内心的想法。寿王与僖宗是一个母亲生的，自然要比其他诸王更加亲厚一些。僖宗两次出奔，都带着寿王一起走，并且委以重任。寿王没有辜负众望，表现出了一定的才能，深得僖宗的信任。于是杨复恭趁着僖宗迷糊之际，将这件事情奏明，僖宗连眼睛都没有睁开，只是微微地点点头，就算是同意了。就这样，事情定下来了。

寿王立即被迎进少阳院。不久，僖宗在宫内驾崩。寿王在其枢前即位，这一年，他22岁。依据遗命，寿王改名为李敏，在即位之后改名李晔。他就是历史上的唐昭宗。

雄心大志

昭宗长得十分俊朗，自幼喜欢研读诗书，尤其喜欢历代史籍与儒家经典，并且从中学习了很多统治阶级所谓的治世临民经验。在刚即位的时候，昭宗也非常想有所作为，做一个像西汉宣帝那样的"中兴"之主。

然而，唐朝已经是落日余晖，农民大起义将这座将要倒塌的大厦冲击得四分五裂。尽管黄巢最终被镇压下去，但是导致农民起义的原因，

第十九章 无力回天的悲情皇帝——唐昭宗李晔

一个也没有消除,而且还在继续发展着。黄巢的余部与各地重新爆发的起义相互结合,在中原甚至岭南各处活动,随时都有可能成为燎原之势。而藩镇势力在镇压农民起义的过程中,进一步坐大,各霸一方,"自擅兵赋,迭相吞噬,朝廷不能制",中央的权力已经逐渐地地落到了藩镇的手中。有的时候,他们也表示拥护中央,但只不过是要挟天子以令诸侯。两个最为强大的藩镇宣武节度使朱全忠与河东节度使李克用,已经对局部割据感到不满足,逐渐地有了问鼎中央的意图。在朝廷上,中央仅有的一点儿权力则被宦官集团(也称北司)所把持。自唐玄宗开始,宦官势力就快速膨胀。他们控制着中央宿卫部队的指挥权,在宫中形成了一种特殊的势力。他们可以随便废立甚至杀害皇帝,唐宪宗、敬宗都被宦官所害。自宪宗以来的几乎所有的皇帝,都是由宦官拥立的。为了把皇帝牢牢掌控在自己的手中,宦官想方设法地引诱皇帝沉溺在财货、声色、打猎、踢球等游乐中,同时排挤、迫害有见识的朝臣。朝官集团(也称南司)大多数是科举出身,受正统的儒家思想的影响非常深,也相当鄙视与仇恨宦官,所以,发生过数次反抗宦官的活动,结果都是以失败告终,而每一次失败之后,都使得宦官权势进一步增长,皇朝统治也进一步腐朽。藩镇势力强大后,宦官与朝臣又分别勾结强藩,作为外援。已经有名无实的李唐王朝,只好在这各种的矛盾与动乱中苟延残喘。

唐昭宗鉴于皇权旁落、权力不张的局势,决定首先抑制宦官,解决近在肘腋的威胁之后再削弱强藩。他幻想着凭借自己个人的努力,重振朝纲,恢复盛唐时期的局面。

昭宗深深地了解历朝历代宦官专权的危害,自己也曾数次亲身体验到宦官的专横。在跟着僖宗出逃的时候,有一次行进在山间小路上,山势险峻、道路崎岖,僖宗与诸王累得走不动,躺在一块巨石旁休息。一个大宦官从后面赶上,扬鞭猛抽,并且高声怒骂,像赶牲畜一样,驱赶诸王向前走。这件事,昭宗深深地刻在了心中,发誓要报这个仇。即位之后,大宦官杨复恭自以为拥有拥立的功劳,更是专权骄恣。他全力控制禁军,收养了很多人为义子,让其分掌军权,号称外宅郎君。又收六百名宦官,分派到各道去做监军使,内外进行勾结,威赫无比。昭宗对此十分忌惮,心想,这些人既然能立自己为帝,当然也能够废掉自己。如果不将这些除去,自己根本不能安心。所以,昭宗想要通过尊礼朝廷大臣、擢用贤才的方法,依靠朝官的力量,寻找机会削弱宦官的力量。

225

打压杨复恭

公元890年，宣武节度使朱全忠上表唐廷，请求征讨李克用。朱全忠原名朱温，宋州砀山县人，少年时期家庭贫困，曾经与人为佣。黄巢起义之后，前往参加，并且成为了其部下大将。他生性凶猛残暴，又阴险狡猾。后来叛变投降，反过来镇压起义军，唐僖宗赐名为全忠，封其为宣武节度使，成为镇压黄巢起义的大刽子手。李克用是沙陀部人，曾经率领兵将打败黄巢，攻占长安，被封为河东节度使。有一次，朱全忠被黄巢部将尚让围在了汴州，情势十分危急，朱全忠连忙求援于李克用，将尚让被打败。朱全忠邀李克用饮宴，在席间，李克用言行傲慢，朱全忠对此有些恼怒。野心勃勃的的朱全忠，疑忌李克用将来可能会成为与自己争雄之人，于是就起了杀心，但是他表面上还是假装谦恭，殷勤劝酒，把李克用灌得酩酊大醉。到了晚上突然发兵围攻，并且放火焚烧李克用的宿地上源驿。李克用冒着生病危险才突出了重围，与朱全忠结下了深仇大恨。双方之间你攻我打，争斗一直不断。

昭宗召集众大臣进行商议。杨复恭以"宗庙甫安，国家粗定"作为理由，反对再起兵端。而宰相张浚等人却想要借助朱全忠的力量斥逐杨复恭，大力主张采纳朱全忠的请求。昭宗想到如果出兵，可以先讨平一个强藩，为自己的新朝廷树立威望。另外，故意要不听杨复恭的话行事，以便挫挫他的锐气。最后他逞强地下定决心用兵河东，任命张浚为河东行营都招讨制置使，协同朱全忠等一起进攻李克用。

昭宗知道这场战争的成败，对自己有着非常大的影响，所以在出征之前，他专门召张浚进宫，郑重地对张浚说："这件事情关系重大，我就将重任交付给你了，望你好自为之。"张浚也恳切表示："陛下重托，臣万死不辞。您尽管放心，我先排除外忧，然后为陛下再除内患。"君臣的这番对话，早已经被杨复恭偷偷听去，他心里非常明白"除内患"的真正含义，不由地冷笑一声，同时，暗暗加强了戒备。

张浚率领五万大军，直抵晋州。尽管他豪气满怀，但是哪里懂得行军、布阵、作战，杨复恭又在暗处多方掣肘，所以与李克用刚开始交战，就被杀得大败，最后被迫放弃了晋州，十分狼狈地逃了回来。李克用大兵南下，朝野一片惊慌。昭宗不得不将张浚等人的官职罢免，下诏恢复李克用全部官爵，才使得他退回晋阳。

昭宗没有考虑周全就出兵，第一炮就没有打响，心中非常懊悔，而杨复恭却幸灾乐祸、暗自得意，并且气焰更加猖狂，根本不将皇帝放在眼中。昭宗的舅舅——王环想要做节度使，杨复恭就是不允许，气得王环大声谩骂。杨复恭假装道歉，奏请任命王环为黔南节度使，而暗地里却指使他的义子潜伏于桔柏津中流，等到王环到来的时候，将他乘坐的船掀翻，导致他活活淹死。有人把这件事情密报昭宗，气得昭宗七窍生烟。这个时候，已经没有朝官敢公然与宦官作对，昭宗破釜沉舟，直接与杨复恭发生冲突。他下令将杨复恭调出了京城，去凤翔镇做监军。杨复恭假装有病，拒绝前往，并且以辞官相对抗。昭宗顺水推舟，干脆批准，赐给他上将军的虚职，让他回家养老。杨复恭不甘心，私底下与他的干儿子们秘密谋划作乱。昭宗知道这件事情之后，勃然大怒，亲自登上安喜门，命令宰相刘崇望率领禁军包围了杨复恭的住宅。杨复恭突出重围，到了兴元投靠他的干儿子山南西道节度使杨守亮，想要积蓄力量，等待机会，反叛朝廷。

在这次与杨复恭的冲突中，昭宗最终获得胜利，他才感到有些庆幸，另一种压力又接踵而至。

皇权卑弱

公元892年，以凤翔节度使李茂贞为首的五个节度使，相继上书，以征讨杨复恭为名，要求朝廷任命李茂贞为山南西道招讨使。凤翔原本是临近京城的一个重镇，李茂贞想借助这个机会把自己的势力扩展到汉中一带。昭宗与群臣进行商议，大家都认为，倘若山南地盘再落到李茂贞的手中，那么他的势力将没有办法控制了。于是，昭宗颁诏奖慰，但是令和解，不允许出兵。李茂贞根本不把朝廷的命令放在眼中，擅自出兵进攻山南，占领兴元，杨复恭等逃向四川。昭宗还想改任李茂贞专任山南西道节度使，免去他的凤翔节度使职务。李茂贞不但根本不听任命，把两地都占着不放，而且上书讥骂昭宗说："陛下贵为万乘，不能庇元舅之一身；尊极九州，不能戮复恭之一竖。但观强弱，不计是非，体物锱铢，看人衡纩。"作为一个节度使，公然这样戏骂皇帝，却也是非常无礼的。昭宗又愤怒又生气，毅然决定出兵征讨李茂贞，命令宰相杜让能全面筹划军事,覃王李嗣周为京西招讨使,率领三万禁军,直逼凤翔。李茂贞出兵六万截击。禁军大多数都是临时招募来的少年,没有什么实际作战经验,一经接战,便败下阵来。李茂贞乘胜直捣京城,要求惩办兴兵祸首。昭宗在万般无奈的情况下,下令杀西门君遂等三大宦官,说主张用兵的是这三个人,现在已经正法了。但是李茂贞仍然不依不饶,点名要杀宰相杜让能。昭宗尽管气得咬牙切齿,但是没有办法,只好忍痛将杜让能处死。又明令诏布李茂贞为凤翔节度使,并且兼山南西道、武定、天雄三镇节度使,管辖十五个州,还赐官中书令。从此之后,李茂贞已经成为关中最为强大的一个藩镇,不管唐朝廷有什么举措,都要首先禀报凤翔,然后才能够实行。唐昭宗在这次事件中,将宦官与朝官两大集团都得罪了,从此之后变得更加孤立。朝官与宦官看到皇权卑弱,为了给自己谋取利益,都选择了依附强藩。

没过多久,又发生了一件让昭宗感到左右为难的事情。护国节度使王重盈因病去世,军中推举他的养子王珂担任留后,但是王重盈的两个儿子对此坚决反对。王珂是李克用的女婿,就向李克用求救。李克用代王珂向朝廷奏请,昭宗不敢得罪,就批准王珂为留后。尽管事情已经定下来了,但是王重盈的儿子并没有甘心,他们用厚礼贿赂了李茂贞等三个节度使。李茂贞等人为了争夺对护国镇的控制权,联名上书,说王珂不是王重盈的亲生儿子,不应当袭职。对于这三个节度使,昭宗也惹不起,只好复书,说先答应了李克用,不好食言,请他们见谅。

原先李茂贞曾经擒获杨复恭及其同党多人,械送京城,当然是枭首了事。李茂贞认为自己替皇帝做了一件好事,对皇帝有恩惠,自己出面要求肯定会准,而没想到居然撞了一鼻子灰。于是,他恼羞成怒,与其他三镇帅各自带领精兵数千,直入京城。昭宗听说这个消息后,急忙登上安福门,看到门下旌旗飘动,甲士环列,不禁惊问:"你们带兵入朝,是为了什么事情?"三人耀武扬威,强逼昭宗任命王重盈的儿子王珙为护国节度使,并且指挥军士,捕杀昭宗亲信大臣李溪以及退职宰相韦昭度等多人。昭宗不敢多说什么。三帅在京城还秘密策划,准备将昭宗废掉,另立昭宗的弟弟吉王李保作为新君。正在此时,李克用向河东发兵,斥责三帅称兵犯阙,戕害大臣,自己将要为国讨贼。三帅得知此消息后,心中十分慌乱,急急忙忙地返回了本镇。

李克用兵临长安城下的时候,李茂贞与静难节度使王行瑜的党羽都想着劫持昭宗，分别联络左、右神策军，使得这两支原本保护皇帝的军队，居然在皇宫前厮杀起来。昭宗匆忙地登上奉天楼，高声喝止。两军根本不听，箭羽如蝗，有的居然向宫楼上射箭，箭头拂过昭宗的御衣，情况非常危险。侍从看到这个情况，连忙把昭宗扶了下来。二军最后干脆放火点着了宫殿，一时间，浓烟冲天，烈焰滚滚，宫中喊声、哭声一片，乱作一团。昭宗仓皇逃离京城，躲到了终南山。跟着昭宗逃出来的士民有几十万。这天正是天气暴热的时候，几乎有30%的人都中暑而亡。晚上，他又遭到了强盗的抢劫。长安城人民遭遇了一场前所未有的大灾难。

李克用占领长安之后，派兵把昭宗迎接回了京城，并且对昭宗表示恭顺。但是昭宗总是惴惴不安，有一种猛虎坐在身边的感觉。自己在刚即位就曾下诏征讨过他，而这位胡帅又是一位性格桀骜不驯的人物，说不定什么时候就会忽然变脸。每每想到唐玄宗时期，安禄山乱唐的情景，昭宗总是不免一身冷汗。

一天，昭宗任命李克用担任邠宁四面行营都招讨使，率领兵将攻打王行瑜。如此安排，一方面是对王行瑜等人的犯上作乱十分愤怒，想要要给予一些严惩；另一方面，也是更重要的，是要将李克用从京城调离。李克用表示应命，但是昭宗仍是不放心，回到后宫，不免唉声叹气，愁眉不展。这个时候，宠妃魏国夫人陈氏悄悄来到他的身边。陈氏才色双绝，聪慧娇媚，又善解人意，昭宗非常喜欢她。她见昭宗日益消瘦，心情烦躁，就温语劝慰道："皇上为国事焦心，但是也应该保重自己的身体。"昭宗头也没抬，只是深深地叹了口气。陈氏见此，自言自语道："恨臣妾不是男身，不能够为主上分忧解难。"昭宗抬起头来，看到陈氏眼中含满了泪水，如带雨梨花，更觉得楚楚动人，心中不禁一动，脑中忽然冒出来一个念头，随即面色一红，又摇了摇头。陈氏见状，依偎到昭宗身旁："皇上有什么心事，为什么不告诉我，虽然不济事，但是总比整日憋在心里要好得多。"昭宗盯着陈氏看了很久，最后将脸一扭，又是摇了摇头。自己的想法，想想都感觉脸红，怎么能够说出口呢？原来，昭宗是想把陈氏送给李克用，以博取李克用的欢心。他深知，普通的办法是不能够笼络住李克用的。但是英雄难过美人关，倘若把自己的宠妃送给他，他必定会感恩。但是，一想到自己贵为天子，居然到了把嫔妃送人的地步，而且自己对陈氏又非常宠爱，实在割舍不得，所以感到左

第十九章　无力回天的悲情皇帝——唐昭宗李晔

右为难。陈氏已经明白昭宗心中想的必定与自己有关，再三要求昭宗讲出来。昭宗最后不得不吞吞吐吐地把自己的想法说了出来。陈氏听完之后，怔了怔，然后跪在地下，毅然说道："古有西施、貂蝉，或为复国，或为除奸，不惜割情献身，臣妾虽不敢与之相比，但为唐室江山，为报主上宠恩，虽赴汤蹈火，也万死不辞。"昭宗将陈氏扶了起来，两个人相互拥抱着痛哭起来。第二天早上，昭宗就将陈氏送上了车。陈氏泪长垂，三回首，最后把一方素帕交给昭宗，掩面而去。昭宗打开一看，上面写着几行娟秀的字迹，题着晋朝刘妙容的一首《宛转歌》：

月既明，西轩琴复清。寸心斗酒争芳夜，千秋万岁同一情。歌宛转，宛转凄以哀。愿为星与汉，光影共徘徊。

昭宗还没有看完就已经泪眼模糊，等到他抬头再望，已经是只能听到车声响，再也看不到佳人面了。

昭宗被废

李克用得到这样的美人，自然十分高兴，竭力为昭宗效命。没用多长时间就攻占了邠宁，擒杀王行瑜，转而又请求攻打李茂贞。昭宗担心沙陀势力太盛，如果失利，就变得更加不妙了，还不如让他们互相牵制，或许更为有利。于是颁诏，褒奖他的忠勇，以兵旅屡兴，应该休兵息民作为理由，拒绝了他进攻李茂贞的请求。为了表示羁縻，又封李克用为晋王，子弟将佐，也都得到了一定的封赏。于是，李克用就带着丽人勒兵北归。

昭宗趁此机会，罢免了暗中与李茂贞勾结的崔昭纬的相位，宗室诸王也得到了任用。基于没有忠于自己的武装，屡次受到逼迫的情况，特意设置了殿后四军，征兵数万人，交给延王李戒丕指挥。诸王也分别招募将士，充当侍卫。如此一来，宦官独掌禁军的形势，开始有所打破了。

但是，好景不长，李茂贞上书昭宗，诬称延王即将进攻凤翔，自己要带兵入朝"请罪"。昭宗吓得大惊失色，连忙派人向李克用处告急。但是远水不能解近渴，没过两天，李茂贞的军队就已经兵临城下。昭宗没有办法，只好带着嫔妃、诸王几十人，在延王的护卫之下，从京城逃了出去，打算向太原前进，寻求李克用的庇护。

昭宗一行人到了富平，镇国节度使韩建赶来大力劝阻。昭宗的从官

第十九章 无力回天的悲情皇帝——唐昭宗李晔

也不想远去。于是，就跟着韩建来到华州，在节度使署设立了行宫，暂时住了下来。

李茂贞攻入长安之后，没有能够拘住昭宗，就气急败坏地又烧又抢，以便泄愤。皇宫内殿，基本上变成了一片废墟。李克用因为先前昭宗不准自己攻打凤翔，因此这次也不着急着派兵前去营救。到这里，昭宗就落入了韩建的手中。

昭帝在华州将崔胤的相位罢免了。崔胤秘密向朱全忠求援，并且向他献计，派人营修东都洛阳宫，以便把皇帝迎接到洛阳去。前一段时间，朱全忠忙着进攻兖、郓各州，没有时间西顾。这个时候，战争稍停，注意力立刻转到了宫廷斗争方面。朱全忠认同崔胤的计谋，能够就近将昭宗控制起来。除此之外，崔胤既然对自己表示忠诚，那么就应当充分地利用。于是，他上表昭宗，说崔胤是一个忠臣，不应当遭到贬斥，同时表示，愿意率领兵士来迎接皇帝。昭宗在华州，完全是一个傀儡，罢免崔胤完全是韩建的主张。韩建见到朱全忠的表章到来，难免也有一些慌张，连忙又奏请恢复了崔胤的相位。

昭宗因为李茂贞擅自攻占长安并且焚毁京城，拟派人征讨。韩建暗中袒护李茂贞，阻止出师。不久之后，又兴起一场大狱来。

昭宗因为使诸王任政及组建御卫亲军，早已经为韩建及宦官所不容。于是，韩建使人诬告八王密谋将韩建杀掉，把昭宗劫往河中。昭宗听了之后，非常吃惊，急忙召见韩建，韩建假装有病不来。昭宗只好让八王亲自到韩建处剖白，韩建又拒门不见，只是向昭宗上书，引晋朝八王乱政的典故，请诸王各归私邸，不得典兵。又提出殿后四军都是一些市井无赖之徒，不能担任侍卫，应该将他们遣散了。昭宗这个时候已经成为了笼中之鸟，没有能力推诿，理解下令将诸王亲兵解散，并且命令他们回家闭门思过。殿后侍卫亲军有两万多人，也都潜回故乡了。

就这样，韩建仍然不肯罢休，与大宦官左军中尉刘季述进行合谋，矫诏发兵，将诸王府围住，以莫须有的谋反罪名，强行把延王以下十一王拿下，牵往城外石堤谷。诸王们个个都披头散发，大声叫喊着冤枉，刽子手却什么都不管，举刀就砍，片刻后，十一颗人头落地了。事后，韩建才把这件事情告诉了昭宗，昭宗根本不敢有任何不满意的表现，只能把眼泪咽到自己的肚子里。

唐朝自从宪宗以来，几代都没有立过皇后，韩建为了占立嗣之功，

231

奏请立何淑妃为皇后，立何后的儿子为皇太子。昭宗也不得不按照他所说的办。

公元898年8月，韩建因为害怕李克用与朱全忠来闹事，就把昭宗送回长安。昭宗这次出奔，历时一年多，失去了自己赖以依靠的护卫禁军与宗室诸王。从此之后，昭宗即位初期的雄心壮志已经完全丧失了，再没有勇气与藩镇及宦官较量了，只好在纷繁复杂的动乱与日益尖锐的社会矛盾中，听从天命，随波逐流。

这个时候，朱全忠与李克用之间的争夺变得更加激烈，战祸连年不断。朱全忠加紧开拓地盘，慢慢地占领了大半个中原，成为了实力最为强大的一个藩镇。

宰相崔胤引朱全忠为有利的靠山，积极策划除去宦官势力，杀掉了一批宦官。宦官集团自然不会甘心失败，勾结李茂贞，与之抗衡。昭宗夹在朱全忠与李茂贞之间，只剩下唯唯诺诺的份儿了。

左军中尉刘季述曾经与韩建一起谋杀了诸王，害怕祸事会落到自己的头上，于是与其他大宦官密商，计划将昭宗废掉，拥立太子为帝，再引凤翔与华州两镇为援，挟制四方诸藩镇，以保证自己的权势。

昭宗自从华州返京之后，因为志不得申，心情抑郁而且烦躁，变得喜怒无常，经常以游宴来打发时光。公元900年11月5日，昭宗在皇家苑囿中打了一天猎，到了晚上又在苑中狂饮，喝得酩酊大醉，摇摇晃晃地回到了宫内。在灯光烛影中，似乎看到了已经死去的宦官杨复恭与左军中尉刘季述带了一批武士，正张牙舞爪扑向自己，不由大吃一惊，连忙拔出剑猛刺，把他们全部砍倒之后，才回到了寝宫，倒头就睡。其实，这只是昭宗酒后产生的幻觉，但是那几个侍从宦官与宫女可就倒霉了。

第二天，太阳已经升得很高了，昭宗寝宫的房门还未打开。刘季述预料可能发生了什么大的变故，到中书省找到宰相崔胤说："宫中发生了非常事件，做大臣的不可不管，我们是内臣，希望能够允许随机处理。"说完之后，调集禁兵千人，闯入宫内。得知昨天晚上发生的事情的全部经过之后，不禁心中暗喜，认为这真是一个天赐良机，正好借此发难。他立即退出宫去，召集众位大臣，把宫中发生的事情说了一遍，最后厉声说："皇上的所作所为，已经不能再行治理天下的事情了，废昏立明，前朝不乏其例。为了国家大计着想，这不能说是逆乱。"随后，将文武官员召到宫中，指着几具血淋淋的尸体，让每个人都在废帝署状上签名画

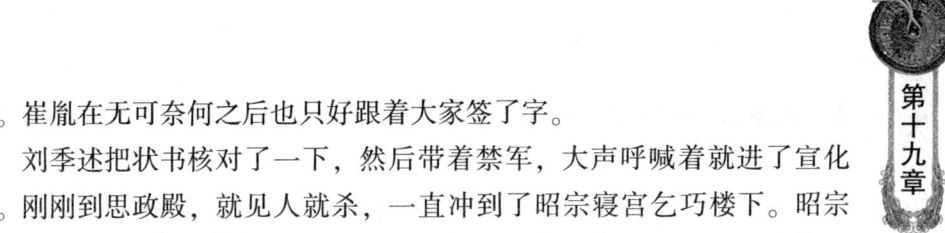

押。崔胤在无可奈何之后也只好跟着大家签了字。

刘季述把状书核对了一下，然后带着禁军，大声呼喊着就进了宣化门。刚刚到思政殿，就见人就杀，一直冲到了昭宗寝宫乞巧楼下。昭宗睁开眼睛，看到刘季述已经破门而入，后面还跟着很多恶狠狠、手持刀剑的士兵，早已经被吓醒，不自觉地从床上滚落下来，爬起来就往后跑。刘季述快步上前，一把就昭宗按到了座上，将百官署状给昭宗看，并且说道："陛下懒于政事，朝臣们都希望太子监国，请陛下到东宫去颐养。"昭宗已经顾不得皇帝的体面，赶紧认错求饶说："昨天与众卿喝得太高兴，不料喝多了，铸成大错，现在后悔也晚了。"刘季述瞪着眼说："这件事情不是我们要这么做，如今百官签名，众怒难犯，请陛下立刻前往东宫！"皇后何氏看到情势十分危急，保全昭宗性命才是最要紧的，赶紧上前说："陛下您就照中尉的话去办吧。"随后从御案上取下传国玉玺交出。刘季述喝令小宦官，把昭宗与皇后扶上一辆辇车，拉到东宫少阳院。刘季述也跟着去了，手中握着一柄银杖，就好像教训儿子一样地训斥昭宗："某日某时，你没有听我的话；某日某时，你又不照我的意思去做。"说完一条过失，就用银杖在地上画一条横线，横线总共画了几十条。最后才恨恨地说："你已经罪至数十，还有什么话可说的？"说完，转身走了出去，亲自用一把大锁锁上了院门，又对着锁孔灌入铁浆，派禁兵在院墙四面严加把守。在院墙上凿了一个很少的洞，每天从这里递送饮食。其他的，比如钱帛纸笔等，一律都不给。进入寒冬腊月之后，阴风怒号，天气变得异常寒冷，院内没有办法取暖，嫔妃也没有多余的衣服、被褥，她们被冻得手足尽裂，天天疼得嚎啕大哭。而昭宗整天呆呆木木，早已经不存能够生存的希望了。

昭宗复出

刘季述把太子李裕迎入宫中，继承皇位，改名为李缜，奉昭宗为太上皇，何后为皇太后。

宰相崔胤看见宦官刘季述专权，并且对昭宗进行残害，心中非常不安。他亲自来到朱全忠的行营，请求出兵救援。朱全忠犹豫不决，召集亲信共同商议。有人为他分析道："唐室有难，简直是帮助你成就霸业的天赐良机。刘季述只不过是一个宦官，居然敢废囚天子，倘若不能征讨，怎么能够号令诸侯?"朱全忠听了之后,连声称好,立刻派亲吏随崔胤返京,一起谋划铲除阉宦。

崔胤秘密地与神策指挥使孙德昭等人取得联络,议决在除夕之际举事。十二月二十九日,天刚刚亮,孙德昭已经指挥兵将四面埋伏。右军中尉王仲先乘着马入朝,刚刚到达安福门外,孙德昭率领兵士突然杀出,立刻把他杀死了。孙德昭拿着王仲先的人头,先奔少阳院,在门外大声呼叫:"逆贼已经被诛灭,请陛下出来犒奖将士!"昭宗正与何皇后相对而泣,听了之后不敢相信。还是何皇后有主意,对外面喊道:"倘若逆贼真的伏诛,他的人头在哪?"孙德昭立即把王仲先的人头扔了进去。昭宗仔细辨认,真的不假,不由大喜,急忙命令左右侍从砸开大门。一出门看到崔胤也已经来到,心中更是万分高兴。随后在众军护卫下,登上长乐门楼,接受百官的祝贺。刘季述也已经被拿住,押到了楼下。这个时候,每个人手中拿着一根早已经准备好的大棒,没等昭宗审问完,就一拥而上,棍棒齐下,一会儿就把刘季述打死了。昭宗命人将刘季述等大宦官灭族,又杀他们的同党二十多人。皇太子李裕年纪还小,又是宦官强迫所为,所以,仍然令其为德王,退归东宫。赐孙德昭姓名为李继昭,充静海军节度使,兼同平章事职衔,留在京城指挥侍卫亲军,以表示殊荣。与此同时,宣布改元"天复",大赦天下。

昭宗之所以能够复出,多亏了宰相崔胤,所以对他十分信任,晋封他为司徒,并且兼任三司使。事情无论大小,都要与他进行商量,几乎每天都要召见他,到了很晚才放他回去。召见的时候,昭宗也不叫名姓,只是叫字号。昭宗被废,差一点儿被囚死,都是因为宦官在作乱。崔胤与宦官之间也有着非常深的矛盾,所以,君臣二人将铲除宦官作为主要目标。首先计划将由宦官掌握禁兵的惯例改变,把指挥权移交南司,这样一来,宦官就没有办法专擅了,诸侯也不敢侵凌了,王室自然也就渐尊了。

强藩放肆

昭宗这个想法立即遭到强藩的强烈反对,李茂贞更说崔胤专权,要消灭诸侯,扬言带兵进京,吓得昭宗不得已又任命宦官韩全海等担任南北神策军中尉及枢密使之职。

不过,崔胤不肯善罢甘休,多次怂恿昭宗采用严厉的措施对待宦官。

第十九章 无力回天的悲情皇帝——唐昭宗李晔

韩全诲等四人把崔胤看作眼中钉、肉中刺，鼓动禁军在昭宗前进行喧闹，说崔胤克扣军饷，少发冬衣。又将几名知书识字的美女送到昭宗面前，让她们窥探昭宗与崔胤之间的密谋。韩全诲曾经做过凤翔镇的监军使，又勾结李茂贞留守京城的凤翔兵的军官，宦官势力又得到了极大的增加。昭宗甚至不可以单独接见朝官，就好像被软禁起来一样。

崔胤见形势十分危急，连忙写信给朱全忠，请求他进京清君侧。朱全忠这个时候已经攻占了河中，又击败了李克用，势力正是旺盛的时候。接到崔书之后，立刻打算兵发长安。

韩全诲得到这个消息之后，十分害怕，想要将昭宗劫持到凤翔。但是昭宗不愿意离京，千方百计地拖延。这个时候，朱全忠又上书，请昭宗到东都。两下交迫，昭宗不知道该怎么办。公元901年11月4日，昭宗派中使宣召众大臣商量对策，等了很久，也没有看到百官的影子，却看到韩全诲率兵闯上殿来。昭宗见状，将佩剑拔了出来，登上乞巧楼。凤翔驻京军队已经把内库财宝掠夺殆尽，并且还在宫中放了一把火。昭宗在毫无办法的情况下，只能出殿上马，与后妃及诸王等一边哭一边走，被送到了凤翔。

朱全忠率兵直逼凤翔城下。李茂贞逼着昭宗上城，说自己是外出避灾，不是臣下无礼劫持，并且命令朱全忠退兵回镇。朱全忠因为急着抢占附近州郡，又听说李克用派兵南下，也愿意听从，于是率兵转到了别的地方。

昭宗待在凤翔城中，就好像羊待在虎狼口上一样，不知道什么时候就会有生命危险。韩全诲请求将崔胤罢免，李茂贞随后推荐韦贻范担任宰相，昭宗也知道他们只是在做表面的文章，一股脑儿全部照办。韩全诲与李茂贞又胁迫昭宗征召各处节度率兵征讨朱全忠，昭宗也被迫听从。尽管昭宗感觉度日如年，但是也没有其他办法，也只好一天接着一天地敷衍过去。

公元902年6月，朱全忠再一次率兵围攻凤翔。李茂贞孤立无援，困守孤城。不知不觉已经到了隆冬，城中粮食早已经吃完了，又遇到接连几日下着大雪，天气异常寒冷，有很多兵士与百姓都冻死在路旁。人肉每斤一百钱，狗肉每斤五百钱。昭宗每日的御膳也只是这类东西，没有其他东西，但是肚子饿得十分难受，也只能闭着眼睛吃。昭宗为了维持日常所用，将自己的御衣以及嫔妃诸王的服饰都拿出去卖了。

眼看着凤翔保不住了，在走投无路的情况下，李茂贞不得不派人与朱全忠取得联络，把所有的罪名都推到了韩全诲等人身上，并且以诛戮宦官，交出唐昭宗作为条件，谋求与朱全忠进行和解。朱全忠立即同意了。李茂贞将这件事情告诉了昭宗，昭宗也非常喜欢。

公元903年1月，李茂贞斩杀了韩全诲等十六人，并且派人把他们的人头送到了朱营。昭宗也专门派后宫赵国夫人随行，可能是知道朱氏比较好色，女人更好办事的缘故吧。朱全忠尽管同意不再攻城，但是却仍然不撤兵。李茂贞猜测是崔胤从中阻挠，昭宗也非常着急地想要返回京城，就连忙下诏书，让崔胤率领百官前来迎接，没有想到却是，泥牛入海，没有一点儿信息。昭宗无奈之下，不得不让朱全忠写信将崔胤招来。朱全忠在信上戏弄崔胤说道："我不认识皇上，请你赶快来，以辨明真假。"崔胤收到信之后，马上赶到了凤翔，拜见昭宗，请他回京。这个时候，李茂贞又请求把何皇后的女儿平原公主嫁给自己的儿子。何皇后听了之后不太愿意，但昭宗却叹着气说道："只要能够早点返回长安，已经顾不上那么多了。"

1月22日，昭宗从凤翔城离开，来到了朱全忠营内。尽管他从宦官与李茂贞的控制中摆脱出来，但是又受到了野心勃勃的朱全忠的要挟。一场更大的灾难落到了他的头上。

昭宗回到长安之后，按照朱全忠与崔胤的要求，把七百多个宦官全部杀死。又诏令诸道节度使，把各处监军宦官也都斩杀掉。宫中只剩下不成年的小宦官几十人，负责洒扫等杂务。与此同时，将神策军解散，由崔胤担任六军十二卫的总指挥。崔胤又秉承朱全忠的意旨，强逼昭宗改立还非常小的第九子辉王李柷为皇太子，担任天下诸道兵马元帅，以朱全忠为副。昭宗迁升朱全忠为梁王，并且赐号"回天再造竭忠守正功臣"。朱全忠返回大梁之前，留了一万精兵驻守京城，又派自己的亲侄朱友伦担任左军宿卫都指挥使，派亲信官吏出任宫苑使、皇城使、卫使等职，把长安及昭宗都牢牢地掌控在自己的手中。

这个时候，朱全忠已经兼宣武、宣义、天平、护国等军节度使，任汴、宋、亳、辉、河中、晋、绛、慈、隰、郑、滑、颍、郓、齐、曹等州观察处置使，代替大唐自立的野心越来越大，并且慢慢地表现出来。他给崔胤写信，将自己的心迹隐约透露了。崔胤尽管依附朱全忠，但是并没有想过帮助他篡位，到了这个时候不得不想方设法抵制。经过昭宗的同意，他给朱全忠写信，以京城和凤翔比邻，不可不防，而六军十二卫又都是徒有虚名而已，要求招募六千六百兵马，作为朝廷的卫兵。朱全忠老奸巨滑，早已经将崔胤的计谋识破，表面上答应了，但是暗地里却派自己帐下武士前往京城去应募。崔胤根本不知道朱全忠的奸谋，只是每天紧张地训练士兵，缮治兵仗。没有想到的是，在一天傍晚，驻京汴兵在朱全忠的授意之下，突然将崔胤的府邸包围，将崔胤拉出来，一刀砍死了。随后，又将他的同党也杀了。

朱全忠将崔胤斩杀之后，又逼迫昭宗迁都洛阳。昭宗原本非常不愿意去，但是环视自己周围都已经是朱全忠的心腹，无奈之下在公元904年1月21日，带领后妃与诸王，急匆匆地上路了。

辗转赴死

唐昭宗一行人出了长安城，一边走，一边回头遥望。凄苦的唐昭宗不禁想到，在即位的这短短的十六年之中，如今已经是第四次离开都城了，忍不住黯然神伤。前三次是逃离，虽然吃了很多苦，但最终还能够回到长安，而这一次却是像俘虏一般被押往洛阳，生死未卜。现在，虽然尊号还没有被废除，国号也没有变，但自古以来亡国之君的命运就要降临到自己的身上。他越想越自悲，万万没有想到，如今长安的皇宫别苑，雕栏玉砌，已经成为一片废墟。

事实上，朱全忠在逼迫唐昭宗离开长安的时候，就已经下令让长安的百姓也跟着迁到了洛阳。将士们如同饿狼猛虎一般，在这座富丽堂皇的宫殿中烧杀抢掠，甚至将民宅推倒，之后把巨木珍材放到渭河中，顺流漂到洛阳，以建造新的宫殿。无论是市井百姓，还是官宦之家，都被强行从家里赶出来，拖家带口，哭着上路了。人们在路上痛骂崔胤是一个大奸贼，将朱全忠招来，导致唐朝社稷倾覆，使得百姓也跟着遭殃，崔胤真是死有余辜。

东行的昭宗的心情变得越来越沉重。沿途的百姓见到御驾到来，纷纷跪拜欢呼万岁。昭宗眼中含着泪水说："大家不要再称呼我为万岁了，现在我已经不是你们的皇上了。"

公元904年2月，唐昭宗一行人来到了陕州，因为洛阳新的宫殿还没有建造完成，所以先在这里安顿下来。昭宗借此机会，派人拿着自己亲手写的密诏，分别赶往四川王建、河东李克用、淮南杨行密等处，希望他们派兵前来救援。可是，却不见有任何动静，唐昭宗感觉事情蹊跷。原来，朱全忠为了将唐昭宗完全控制在手里，早已经将跟随其东行的左右侍从二百多人全部杀死了，精心挑选了二百多名样貌相似、年龄相当的侍从冒充。昭帝刚开始并没有注意到，几天之后才发现，自己的周围已经全是梁王的人，心中惶恐万分。

没有过多久，朱全忠说洛阳的都城已经建造完成，希望唐昭宗立刻动身赶赴都城。此时，司天监奏报，星气有变，今年秋天之前不利于东行。昭宗不想离开，就以皇后即将临盆作为借口，试图拖延到冬天。梁王怎么会同意呢，于是立即派人将司天监杀死，逼迫昭宗立刻动身。4月10日，昭宗来到了洛阳城，临殿受朝，将年号改为天祐。

李克用、王建、杨行密和李茂贞等人虚张声势，喊着要声讨朱全忠。朱全忠见唐昭宗虽然在自己的手中，可是他每天只想着挣脱束缚，万一真的逃脱，必然会对自己篡夺大唐的江山构成很大的威胁。而且，昭宗在位的十六年里，勤于政绩，是百姓心目中的好皇帝，他越想越害怕，如此倒不如干脆将昭宗杀掉，断了人们的念想。于是，朱全忠开始密谋弑杀昭宗。

公元904年8月11日深夜，宣徽南院使蒋玄晖，率领一百多名士兵匆匆赶到昭宗的宫殿，请求面见昭宗。河东夫人裴贞一刚刚开门，凶神恶煞的士兵就冲了进来。裴氏见到这种情况，原想阻拦，还未张口就死在了刀刃之下。众将士来到椒殿，蒋玄晖大声喊着："皇上呢，皇上在哪里？"侍寝的昭仪李渐荣匆匆披了件衣裳赶了出来，一进殿就看到刀光闪闪，知道他们不怀好意，便高声缓召："请蒋院使杀掉我们，不要杀掉皇上！"昭宗喝了几杯浊酒刚刚躺下，听到外面有喊杀声，来不及穿衣服，赤脚向外跑。可是，昭宗还没有逃出去，就遇到了龙武牙官史太，昭宗吓得两腿发软，魂飞魄散，绕着柱子逃跑。史太挥舞着大刀在后面追赶。李渐荣奋勇上前用自己的身体为昭宗挡了一刀，死在了昭宗的面前。他随即追上昭宗，挥起大刀，昭宗就倒在了地上，享年38岁。

虽然唐昭宗是唐朝灭亡之前的第二位皇帝，但在这个时候，唐朝已经名存实亡。昭宗的幼子虽然已经13岁，但也不过是朱全忠嘴边的一块肥肉。所以，唐朝是在昭宗的手中灭亡的。

昭宗被杀死之后，蒋玄晖下诏书污蔑李渐荣、裴贞一谋害昭宗，册立辉王李祚为皇太子，改名李柷，处理国家政事。第二天，才宣旨告知天下昭宗驾崩的消息，让李柷在灵柩前继承皇位。

第二十章

末代傀儡皇帝——唐哀宗李柷

帝王档案

☆姓名：李柷

☆民族：汉族

☆出生日期：892 年

☆逝世日期：908 年

☆配偶：无

☆子女：无

☆在位：3 年（904 年~907 年）

☆继位人：无

☆庙号：景宗

☆谥号：昭宣光烈孝皇帝

☆陵墓：温陵

☆生平简历：

公元 892 年，李柷出生。

公元 897 年，李柷被封为辉王。

公元 904 年，李柷继承皇位，史称唐哀帝。

公元 907 年，唐哀帝禅皇位于朱全忠。

公元 908 年，唐哀帝被杀。

人物简评

　　唐哀帝是大唐王朝最后一位皇帝，13岁时，被杀父仇人朱全忠扶持上位，成为朱全忠手中的傀儡皇帝。唐哀帝在位期间根本没有根据自己的意愿颁发过一个命令，那些以他的名义所颁发的政令，实际上都是朱全忠的意思。而且更为可悲的是，就连名义上的上朝，都被朱全忠用各种各样的借口停止。唐哀帝只能如同木偶一样被朱全忠任意摆弄，在朱全忠逼迫下，将皇位禅让给他。

　　唐哀帝虽然名义上是一国之君，是高高在上的皇帝，但是他却被朱全忠像玩偶一样养着，手中根本没有一丁点的实权。面对朱全忠的各种压迫与欺凌，他不敢表现出任何的不满，甚至在自己的母亲被朱全忠杀害后，他也不敢说一句话，只能强迫自己忍住无限的悲痛，到了夜深人静的时候才敢悄悄地哭泣。即便他如此听话，最终也没有保全性命。在他没有利用价值之后，朱全忠立即就将他杀了。唐哀帝还是一个可怜可悲的皇帝！

生平故事

傀儡皇帝被扶上位

　　公元904年8月，朱全忠派遣自己的亲信蒋玄晖等人害死了当朝皇帝——昭宗。第二天，上早朝的时候，朱全忠让蒋玄晖假传皇帝遗诏，册立辉王李柷，也就是昭宗的第九个儿子，作为皇太子。

　　虽然皇位继承人已经算是确定了，但是人们的心中依旧没有感到任何的依托，不管是皇宫内还是皇宫外，都为无边的恐惧与忧伤笼罩。因为害怕朱全忠，异常悲痛的人们甚至都不敢大声进行哭泣，只能躲起来悄悄流泪。

就在宣布遗诏的那一天下午，朱全忠又借助何皇后，也就是李柷的母亲的名义，让皇太子李柷在昭宗的灵柩前登基称帝。就这样，年龄仅仅有13岁的李柷被自己的杀父仇人扶持着登上了皇帝之位，历史上称为唐哀帝。唐哀帝成为唐朝的国君之后，他的母亲何皇后就成了唐朝的皇太后。在唐哀帝做皇帝期间，朱全忠掌控着一切朝政大权，唐哀帝只不过是一个任他摆布的傀儡皇帝。唐哀帝继承皇位之后，甚至都没有进行改元，始终在使用"天祐"年号。大唐近三百年的基业最终就毁在了唐哀帝这个可怜的皇帝手中。

朱全忠生性残暴，这或许与他从小就追杀野兽的生活环境有关吧。心狠手辣的他犹如杀人魔王一般，完全失去了人性。可是，他的妻子张氏却被称为"五代第一贤后"，聪明贤惠的她时常对朱全忠婉言规劝，用自己温柔似水的真性情一点点感染着朱全忠，所以在张氏在世的时候，朱全忠的行为还算有所收敛。但即便是这样，朱全忠还是动辄打骂将士，甚至用兵法惩罚犯错的将士，每次出战，如果一个分队的主帅没有活着回来，那么这一队士兵都要送葬，这种刑罚称为"跋队斩"。在如此残酷的军法的逼迫下，他的军队战无不胜。

根据《五代史补》记载，朱全忠手下的士兵因为忍受不了酷法，很多都选择逃窜到其他州郡，朱全忠也懒得追捕，就下令将所有士兵纹面，士兵纹面也因此首开先河。朱全忠在一顿暴怒之后，张氏总会含泪加以救护，很多无辜的人因此得以保全。只可惜，张氏红颜薄命，临终遗言："君人中英杰，妾无他虑，惟'戒杀远色'四字，请君留意。"可是朱全忠的性格所致，对于妻子的教诲根本做不到。

杀害昭宗是朱全忠一手策划，却为了掩人耳目极力散播谣言，想要将弑君之罪推脱到别人的身上，从而掩盖自己的罪行。但是，天下没有不透风的墙，消息很快就在全国上下传开了，一时间，朝野上下对朱全忠恨之入骨。

为了让人们悲愤的情绪得以缓解，朱全忠只好将氏叔琮、朱友恭和李彦威等人推出来做自己的代罪羔羊。这几个人一直到了断头台上才彻底醒悟，可惜为时已晚。

滥杀朝臣　打击藩镇

虽然朱全忠一心想要篡权夺位，但是他知道现在时机还不够成熟。他深知阻碍自己称帝的势力主要有两股：第一股是朝廷中那些忠于皇帝的宗室诸王与武将文臣；第二股是散布于全国的藩镇力量。因此，他为了达到目的，一方面在朝中排除异己，一方面召集兵马打击藩镇势力。

公元905年2月9日，朱全忠命心腹蒋玄晖对宗室诸王进行大屠杀。蒋玄晖马上在九曲池设下鸿门宴，邀请唐哀帝的九个兄弟赴宴。九位亲王浑然不知这是一场鸿门宴，赴约之后便开怀畅饮，一个个喝得酩酊大醉。突然，从宴会上冲出一群手持兵刃的士兵，将他们全部抓起勒死，随即将尸体丢进了九曲池。不得不说，身为贵族，生在乱世也是一种悲哀啊。就这样，14岁的唐哀帝在得知兄弟们全部被杀之后，不敢放声大哭，只能在夜深人静的时候独自一人躲在被窝里偷偷哭泣。

朱全忠将唐哀帝的九个兄弟杀死之后，再一次将毒手伸向了朝廷重臣。朱全忠之所以铲除朝臣，除了因为他们忠心于皇上，不为己用，阻挡他篡夺皇位之外，还有一个十分重要的原因，是当时的社会风气为重文轻武，文臣从不把武将放在眼里。对此，朱全忠一直耿耿于怀。而朱全忠本就是武将出身，原本投靠黄巢，后来见风使舵，投降了唐朝，这才成为了拥有重兵的地方藩镇节度使。朱全忠拥有了权力，自然就不会放过那些不可一世的文臣了。

眼看唐朝的气数已尽，在这国破家亡的危难时刻，朝中的大臣们不考虑如何救国家于水深火热之中，而是继续不知廉耻地争权夺利。朱全忠之所以可以铲除朝中重臣，各党之争的确帮了他很大的忙。朱全忠利用各朝臣之间的矛盾，一一击破。不过几个月，朱全忠前后共处死二十多位大臣，可是，朱全忠并没有善罢甘休。6月2日，他又将一批告老还乡的老臣免职，理由就是在他们任职期间没能做到敬忠职守，有负皇恩。

经过这次清剿之后，朝野上下已经空空如也，再无人敢与朱全忠作对。之后，朱全忠又将注意力转移到了藩镇上。他的首要目标就是荆襄节度使赵匡凝。赵匡凝，字尧仪，他的父亲曾经是秦宗权的部将，看到秦宗权一定会失败，便见风使舵投靠了朱全忠，并被授予忠义军节度使

243

的职务，他去世之后由儿子赵匡凝接任。唐昭宗统治时期，赵匡凝被委任为山南东道节度使，因此对唐室感激不尽。昭宗从凤翔返京之后，因为从内心惧怕李茂贞与朱全忠，曾经一度想要迁都荆襄，投靠赵匡凝。赵匡凝早已对朱全忠的专制心存不满，以匡扶唐室为己任，因此与杨行密秘密交接，又与王建联姻成为儿女亲家，对朱全忠构成了一定的威胁。

天祐二年8月9日，朱全忠派遣杨师厚率领将士们起兵南征，自己率领大军随后出发。战况进行还算顺利，杨师厚接连攻下了唐、邓、复、郢、随、均和房七个州郡，21日，又以皇上的名义下达全国诏书，主要针对削弱赵匡凝的官爵问题展开了强烈的声讨。9月5日，汴军抵达汉水境内，杨师厚指挥官兵在阴谷口（襄州西侧六十里的地方）砍伐竹子制作浮桥，7日，浮桥搭建完成之后，浩浩荡荡的大军穿过汉水直奔襄州（今湖北襄阳）。赵匡凝得到消息，立刻率领两万将士出城迎战，在汉水境内布阵整齐准备与汴兵激战，只可惜杨师厚过于勇猛，将赵匡凝率领的军队打得落花流水，丢盔卸甲，慌不择路，乘胜追击的汴军直逼襄阳城下，在城门下摇旗呐喊，士气如虹。赵匡凝眼见大势已去，绝望的他在当天晚上放火将城池烧毁了，自己带着家族与将领们顺着汉水进入了长江，向东投奔杨行密了。赵匡凝的胞弟荆南节度赵匡明在得知哥哥已经战败的消息，孤掌难鸣，寡不敌众，就率领两万兵马弃城投奔了成都王建。朱全忠到这个时候又占领了荆襄之地。赵匡凝来到了广陵（今江苏扬州市），杨行密经常与他开玩笑说："您在荆襄时，每一年都会拿很多金帛孝敬朱全忠，今天败北才归附于我吗？"赵匡凝脸色沉重地说："各路诸侯奉命孝敬当今天子，每一年进贡也是理所应当，怎能说是给了朱全忠呢，今天我会归附你，就是因为不愿意再帮朱全忠做事了。"杨行密被他的一番话感动，从此之后对他以礼相待。

朱全忠攻克荆襄之后，原本想要班师回大梁，突然心血来潮，命令军队乘胜追击，攻克淮南。敬翔深知淮南难以攻克，劝说道："自从出兵到现在还不足一个月的时间，就接连平定了荆、襄两大重镇，扩展了数千里的疆域，人们听说无不威慑，唐荣驻守在淮南地区已经久战无功，如果失去了这个威望就太可惜了，倒不如先班师回朝，养精蓄锐，等待时机。"一直以来对敬翔言听计从的朱全忠，这一次却异常固执，就是不肯改变主意。10月6日，大军浩浩荡荡从襄阳出发，第二天就进入了距离襄阳仅一百三十里的枣阳县。此时，天空突然下起了雨，大军冒雨前行，从申州到达光州，道路险峻、狭小，积水成泽，人马疲惫，士兵们还穿着秋装，饥寒交迫，很多人因为忍受不了疾苦而选择逃跑。朱全忠派遣使臣给杨行密的部将柴再用下通牒："如果投降我部，我将会荣升你为蔡州刺史；如果宁死不降，那么我将会屠城，满足你的愿望。"柴再用命令部下严加看守，自己身穿戎装登上城门见朱全忠，先是毕恭毕敬地行了一个礼，然后说："光州兵弱城小，怎么敢劳烦大王动用雄兵呢，如果大王可以率先攻破寿州，那么我一定惟命是从。"朱全忠见柴再用这样谦和有礼，光州虽小但戒备森严，无攻而退，直逼寿州，触犯了兵家大忌。寿州距离光州三百五十多里，汴军因为中途迷路又多走了一百多里，等兵临寿州城下时，淮南兵早已经得知了消息，城内外守得水泄不通，城外不要说人了，连一只苍蝇也很难找到。朱全忠看寿州的戒备森严，极难攻破，11月，只要下令班师回朝。柴再用随即命令军队包抄，汴军死伤严重。事情已然到了这样的地步，朱全忠才后悔当初没有听从敬翔的建议，返回大梁之后，心情烦躁不安。他原本想借着占领荆襄的气势，一举歼灭杨行密，壮大自己的声威，之后再称帝，可万万没有想到自己会败得如此之惨。朱全忠此时想要篡权夺位的心情变得更加强烈，回到大梁之后就急急忙忙准备着登基之事。

公元905年10月，朱全忠将成德军改名为武顺军，下辖的藁城县改名为藁平，栾城改为栾氏，阜城为汉阜，临城为房子，信都改名为尧都，如此变动的原因竟然是为了避讳朱全忠祖父朱信、父亲朱诚的名字。就连朱全忠的祖父和父亲的名字都需要避讳，这就足以说明，他已经超过了自己身为臣子的身份和权力，他的地位距离皇帝只有一步之遥了。

唐哀帝孤苦伶仃

让唐哀帝感到高兴的事情只有两件，而这两件事或许都是他身边亲信们想到的，不过，最后都以失败告终。第一件事：公元905年9月，以宫内出旨的名义将自己的两位乳母封为昭仪和郡夫人，其中，乳母杨氏赐号昭仪，乳母王氏封郡夫人，而另外一个王氏乳母早已在昭宗统治时期就已经封为郡夫人，也准备依照杨氏例晋封为昭仪。这一举措遭到了

第二十章 末代傀儡皇帝——唐哀宗李柷

245

众位大臣的一致反对，他们说："从开朝到现在，从来没有开过将乳母封为内职的先河，如果皇上执意要如此，实在是违反典制。当年，汉顺帝册封乳母宋氏为山阳君，安帝册封乳母王氏为野王君的时候就遭到了大臣们的反对。因此，臣等商量，依照现在的情势礼仪，可以册封杨氏为安圣君，王氏为福圣君，第二王氏为康圣君。"毫无主见的唐哀帝也不得不听从。第二件事：公元905年10月，唐哀帝原本打算于19日举行祭天仪式，当时，各个衙门都已经准备好了举行仪式时需要的物品，宰相也已经下南郊坛熟悉相关的事宜。可是，朱全忠出兵淮南大败之后回到大梁，情绪异常低落，听说哀帝将要按照惯例进行郊祀仪式，文武百官们也正在筹备着，并没有跟他商量加九锡的事情，顿时怒火中烧，立刻命令部将裴迪回到京城阻止。裴迪快马加鞭从大梁赶回来向百官们传达了朱全忠的意思，并且告诉蒋玄晖，在临行之前朱全忠曾叮嘱自己说："蒋玄晖、柳璨等人欲延唐祚，才会准备郊祀。"宰相柳璨听到这些话之后惶恐万分，于是决定将祭祀一事推迟到第二年进行。祀天原本是不会延续唐祚，朱全忠也是知道的，他之所以阻止，原因有两个：第一，在朱全忠的眼里，唐哀帝只是一个傀儡，他根本不允许唐哀帝行一点天子礼节；第二，他认为柳璨等以祀天的事情拖延自己加封九锡，是在公然与自己作对。

宰相柳璨与蒋玄晖等人见到朱全忠如此动怒，再也不敢拖延，第二天一上朝就建议唐哀帝加封朱全忠九锡，虽然朝臣们对此事心怀恨意，但却不敢反对，只得默不作声。公元905年11月17日，晋封朱全忠为相国，授权管理国家事务，并且以朱全忠管辖的宣武、宣义、忠武、忠义、天平、河阳、义武、护国、天雄、戎昭、武定、泰宁、武顺、佑国、眉义、保义、平卢、荆南、匡国、镇国、武宁等二十一道为魏国，封为魏王，依然加九锡，特许"入朝不趋，剑履上殿，赞拜不名"。王位、殊礼、九锡在一天之内全都加到了朱全忠的身上，如此大的荣誉依旧不能够平息朱全忠心中的怒火。哀帝对此惊恐万分，12月10日，他命柳璨、张文蔚以及杨涉三位宰相紧急入宫，一同商量对策，最终决定让柳璨带着一些药材和茶叶，立刻动身前往大梁向朱全忠谢罪，希望他可以平息怒气，可是朱全忠依旧不理不睬。

对于李柷这样一个乳臭未干的小儿，朱全忠自然不会将其放在心上，

第二十章

末代傀儡皇帝——唐哀宗李柷

等到他把唐朝宗室诸王和忠于唐朝的文武大臣与反对他的藩镇势力铲除之后，下一步的任务就是如何一步步地将唐哀帝拉下马，并且将皇帝的名分一点点转移到自己的身上。可是，究竟采用哪种方式才能让唐哀帝将帝位合情合理地传给自己，又不引起朝臣和天下百姓的议论呢？朱全忠首先想到了禅让。"禅让"的意思是军事民主制时代部落联盟首领更替的制度。相传在尧帝得知舜帝有才能的时候，就将帝位传给了舜，而舜帝得知大禹有才干的时候，就将帝位传给了大禹。实际上，禅让就是将帝位主动传给有才能的人。

宰相柳璨早就知道禅让是不可避免的事情，原本想要拖延一段时间，现在看来是不可能了，如今唯一的希望是在唐哀帝禅让之后可以保住性命。现在他唯一可以做的事情就是尽力拉拢蒋玄晖、张廷范等人，并得到他们的帮助。而且，一直以来被人们认为足智多谋的何太后，在这个时候也变得六神无主，陷入惊恐和悲痛中。因为昭宗遇害的时候，何太后苦苦哀求蒋玄晖才得以幸免，之后这两个人更是经常约会，在如此紧急的时刻，何太后当然想到了他。何太后于是派遣心腹宫女阿虔、阿秋传话给蒋玄晖，希望他可以保证在唐哀帝禅让之后，留住他们母子的性命。

居住深宫的她万万没有想到此时的蒋玄晖都已经是自身难保，又如何保全别人呢。王殷、赵殷衡为了尽快将蒋玄晖等人排挤掉，又向朱全忠诬告蒋玄晖与柳璨、张廷范在积善宫内与何太后焚香发誓，希望恢复唐祚，让大唐千秋万代延续下去。因为蒋玄晖与何太后的关系亲密，朱全忠当然不会怀疑这些话的真假，因此对蒋、张二人的背叛深恶痛绝，立刻命令河南府逮捕蒋玄晖及其亲信丰德库使应顼、御厨使朱建武。公元906年12月，蒋玄晖在洛阳城内被斩首，就连尸体也当场焚毁；而应顼、朱建武等人被杖杀。随即，朱全忠命令王殷代替蒋玄晖担任枢密使，赵殷衡掌管宣徽院。可是，朱全忠册封魏王、加九锡的建议是蒋玄晖等人提议的，于是他听从了敬翔的劝告，毅然辞去了魏王、九锡的诏命，而王殷也依照朱全忠的意思，下诏表示同意，且依旧任命他为兵马元帅，同时，朱全忠已经开始让工匠们在大梁建造宫殿。

在蒋玄晖等人被斩杀之后，王殷、赵殷衡又密谋诬陷宰相柳璨和何太后相互勾结，图谋不轨，内侍阿虔、阿秋时常当他们的信使，帮他们

247

传递消息。12月25日，朱全忠秘密指使王殷、赵殷衡在积善宫内杀死了何太后，并且逼迫唐哀帝将枉死的何太后贬为庶人，宫女阿虔、阿秋也被活活打死。29日，宰相柳璨被贬为登州刺史，太常卿张廷范被贬为莱州司户。第二天，将张廷范在洛阳街上五马分尸。柳璨于东城外斩首，在临刑之前，他突然有所感悟，痛恨自己有负唐哀帝的信任和期望，只可惜自己再也不能为其效忠，仰天大呼："负国贼柳璨，死得其所。"柳璨将朋党的恶习延续，狗仗人势，排除异己，一直到临死的那一刻，才明白自己丧尽天良，死有余辜。

宗室已经清除，朝臣也被洗得干干净净，整个朝廷都掌握在朱全忠的手上。何皇后也被害死，整个皇室，就只剩下唐哀帝一个人了。年仅16岁的唐哀帝孤苦伶仃，周围都是朱全忠的眼线，我们又怎能体会到唐哀帝内心的痛苦与恐惧呢。

禅位后惨死

公元907年正月，哀帝听说朱全忠的身体有恙，就立即派遣御史大夫薛贻矩前往大梁慰问生病的朱全忠，薛贻矩便借此机会向朱全忠献上了自己的禅让计策，正好中了朱全忠的心意，因此他领首应诺。薛贻矩返回洛阳，上奏哀帝："朱全忠元帅已经同意受禅，陛下应该早些卸去身上的重担，及早举行禅位大礼。"于是，哀帝发放全国诏书于2月举行受禅之礼。

3月初期，哀帝诏告百官，让宰相杨涉、张文蔚等人率领文武百官远赴大梁，奉宝绶，将皇位传禅朱全忠。

朱全忠随即受禅称帝，是为梁太祖，将国号改为梁，史称后梁（公元907年~923年）。就这样，持续了290年的唐王朝从此退出了历史舞台。

朱全忠称帝之后，册封哀帝为济阴王，迁至曹州（今山东曹县）。第二年，朱全忠派遣亲信将李柷秘密杀死，那一年李柷只有17岁，谥号"哀帝"，于温陵安葬。后来，后唐明宗统治时期，将其追谥为"昭宣光烈孝皇帝"。